《道德经》释义

胡叔宝 著

新华出版社

图书在版编目（CIP）数据

《道德经》释义 / 胡叔宝著.
－－北京：新华出版社，2022.8
ISBN 978－7－5166－6336－3

Ⅰ.①道⋯　Ⅱ.①胡⋯　Ⅲ.①道家　②《道德经》－研究
Ⅳ.①B223.15

中国版本图书馆CIP数据核字（2022）第120609号

《道德经》释义

作　　者：胡叔宝	
出 版 人：匡乐成	出版统筹：许　新
责任编辑：李　成	封面设计：华兴嘉誉

出版发行：新华出版社
地　　址：北京石景山区京原路8号　　邮　　编：100040
网　　址：http://www.xinhuapub.com
经　　销：新华书店、新华出版社天猫旗舰店、京东旗舰店及各大网店
购书热线：010－63077122　　中国新闻书店购书热线：010－63072012
照　　排：六合方圆
印　　刷：天津文林印务有限公司
成品尺寸：170mm×240mm
印　　张：18.25　　字　　数：255千字
版　　次：2022年8月第一版　　印　　次：2022年8月第一次印刷
书　　号：ISBN 978－7－5166－6336－3
定　　价：48.00元

版权专有，侵权必究。如有质量问题，请与出版社联系调换：010-63077124

绪 言 / 1

凡 例 / 12

第一部分 《道德经》结构分析 / 1

一、道篇结构分析 / 5

（一）悟道 / 6

    1. 什么是道 / 6

    2. 三个悟道环节的含义 / 12

    3. 对三个悟道环节含义的类比阐释 / 17

（二）修道 / 22

    1. 修道纲要 / 23

    2. 个人性修道环节 / 29

二、德篇结构分析 / 55

（一）德篇纲要 / 57

（二）上德社会 / 60

（三）下德社会 / 70

（四）上仁社会 / 75

（五）上义社会 / 79

（六）上礼社会 / 87

第二部分　各章解读 / 97

一、道篇各章解读 / 98

第一章 / 98

第二章 / 105

第三章 / 109

第四章 / 111

第五章 / 113

第六章 / 115

第七章 / 117

第八章 / 118

第九章 / 120

第十章 / 122

第十一章 / 126

第十二章 / 127

第十三章 / 129

第十四章 / 131

第十五章 / 134

第十六章 / 137

第十七章 / 139

第十八章 / 141

第十九章 / 142

第二十章 / 144

第二十一章 / 147

第二十二章 / 150

第二十三章 / 153

第二十四章 / 154

第二十五章 / 156

第二十六章 / 159

第二十七章 / 160

第二十八章 / 163

第二十九章 / 165

第三十章 / 167

第三十一章 / 169

第三十二章 / 171

第三十三章 / 173

第三十四章 / 174

第三十五章 / 175

第三十六章 / 177

第三十七章 / 179

二、德篇各章解读 / 181

第三十八章 / 181

第三十九章 / 184

第四十章 / 187

第四十一章 / 190

第四十二章 / 194

第四十三章 / 197

第四十四章 / 198

第四十五章 / 200

第四十六章 / 202

第四十七章 / 203

第四十八章 / 204

第四十九章 / 206

第五十章 / 207

第五十一章 / 209

第五十二章 / 211

第五十三章 / 214

第五十四章 / 216

第五十五章 / 218

第五十六章 / 220

第五十七章 / 221

第五十八章 / 224

第五十九章 / 226

第六十章 / 228

第六十一章 / 229

第六十二章 / 231

第六十三章 / 233

第六十四章 / 236

第六十五章 / 239

第六十六章 / 240

第六十七章 / 242

第六十八章 / 244

第六十九章 / 246

第七十章 / 247

第七十一章 / 249

第七十二章 / 250

第七十三章 / 252

第七十四章 / 253

第七十五章 / 255

第七十六章 / 256

第七十七章 / 258

第七十八章 / 259

第七十九章 / 261

第八十章 / 262

第八十一章 / 264

参考书目 / 267

绪 言

《道德经》不仅是道家最重要的经典，而且在很大程度上左右着中国文化的基本走向。在一定意义上可以说，不懂《道德经》就无法全面理解中国文化，也无法认识到中国文化的原创性。为了让读者全方位地领会老子思想，我们将从《道德经》的核心概念"道"开始说起。

一、什么是道

什么是道？"道之为物，唯恍唯惚"（第二十一章）。道就是物，一种"恍惚"之物。什么是"恍惚"？"视之不见名曰夷，听之不闻名曰希，搏之不得名曰微……是谓惚恍"（第十四章）。"恍惚"就是"视之不见"、"听之不闻"、"搏之不得"的状态。《道德经》没有具体描述这三种状态，我们可以用《庄子》中庖丁解牛的故事加以解说。庖丁是一位宰牛的屠夫。他宰牛时，根本不用刻意地盯着牛，只凭眼神去感觉，刀刃就不会割到肉，更不会碰到骨头，而是顺着牛骨间的缝隙游刃有余。因此，十九年来庖丁虽然宰了数千头牛，但刀刃还像刚从磨刀石上磨过一样。这里，凭眼神感觉就是"视之不见"之"视"，用眼睛盯着看则是"视之不见"之"见"。庖丁宰牛时就是"视之不见"。

由此类推，我们可以知道"听之不闻"、"搏之不得"的含义。当我们专心致志地看书时，窗外飘来了音乐声。这声音我们感觉到了，但没有引起注意。

我们正在学习时听到音乐的状态就是"听之不闻"的状态。我们在熟悉的小路上散步时，感觉到我们的脚踏在地面上，但没有引起注意。我们踩在地面上的状态就是"搏之不得"的状态。

推而广之，一切感觉到物（包括事情、物品、人，乃至习俗等一切存有着的东西）却没有意识到物或注意到物的状态就是"恍惚"状态。《道德经》称这种"恍惚"状态下的物为"无物之物"（第十四章），也就是《道德经》第一章的"常道"。当我们感知到无物之物后，无物之物就变成了有物之物，"常道"就变成了第一章所说的"非常道"。在不同的语境中本书称有物之物或"非常道"为万物、日常之物、分别之物或感知之物。

物只是人生在世的环节之一。人生在世包括不可分割的四个环节：物的环节、物之名环节、我的环节以及我对物的行为环节（参见拙作《庄子释义》中有关《逍遥游》和《齐物论》的分析）。以我吃米饭为例，米饭这种东西是物的环节。这种东西的名字叫做米饭，是物之名环节。吃米饭的人是我，属于自我环节。吃是我对物的行为环节。由于物的环节分为无物之物和有物之物两种状态，物之名环节就可以分为无名之名和有名之名两种状态，我的环节也可以分为无欲之欲和有欲之欲两种状态，对物的行为环节可以分为无为之为和作为之为两种状态。

《道德经》一书的第一章从人生在世的四个环节展开。"道，可道，非常道"阐释物的环节，包括常道（无物之物）和非常道（有物之物）两种状态。"名，可名，非常名。无名，天地之始；有名，万物之母"阐述物之名环节。与物的两种状态相对应，物之名也包括无名与有名两种状态。无名是对还没有产生分别对待的无物之物的称谓，本书有时称之为无名之名。有名则与日常感知之物一样，是由分别对待产生的，如日常生活中的前与后、高与低等（参见第二章），本书有时称之为有名之名。有了有名之名，物才会在有名之名中呈现，从而出现了日常事物。如我们称某物为圆桌子，圆、桌子是名，该物就在圆桌子之名中呈现出来，所以说，"有名，万物之母"。

人生在世的第三个环节是我对物的行为环节，这个环节包括无为和作为两种状态。感觉到物而没有意识到物或注意到物、完全顺随物的行为就是无为。《道德经》在第一章没有直接提出无为－作为问题,而是将其暗含在无名－有名环节之中(在第二章阐发无名－有名之玄的含义时,同时阐述了无为－有为之玄的含义,"是以圣人处无为之事,行不言之教"。因此,无名－有名之中就包含着无为－作为问题。无名－有名之玄、无为－有为之玄、无欲－有欲之玄的含义见下文)。

人生在世的第四个环节是自我环节,包括无欲与有欲两种状态,"故常无欲,以观其妙;常有欲,以观其徼"。对物感觉到而没有意识到或注意到,我们自然就无欲;意识到物或注意到物,我们就会有欲。这里的有欲是指对物进行感知、分别对待时所产生的欲望,而不是对物的贪欲。贪欲不合道,《道德经》直接让我们去除贪欲。

在人生在世的四个环节中,我对物的行为环节属于我的行动,物之名环节是我对物行动的结果。因此,可以将我、我对物的行为和物之名这三个环节看作是广义的自我。与物的两种状态相对应,广义的自我也分为无我和有我两种状态。得道者以"玄"的方式对待无我与有我之间的关系,以"玄之又玄"的方式对待广义自我与物之间的关系("玄"和"玄之又玄"的含义见下文),"此两者同出而异名,同谓之玄,玄之又玄,众妙之门"。

无物之物是物的本原状态,有物之物则派生于无物之物。在庖丁解牛故事中,庖丁在正常宰牛时,对牛视而不见,这时的牛以无物之物的状态呈现。但到了筋骨交错的地方,庖丁就会谨慎小心,眼神专注地看着牛才敢下刀(《养生主》:"虽然,每至于族,吾见其难为,怵然为戒,视为止,行为迟")。这时,原来以无物之物状态呈现的牛就以有物之物的状态呈现出来了。由此可见,无物之物是本原状态,有物之物是从无物之物中派生的。同样,有名之名、有欲之我、作为之为也分别派生于无名之名、无欲之我、无为之为。

本原的无物之物为什么会派生出有物之物呢?原因在于出现了与日常状态有别的异常状态,即第一章"道,可道,非常道"之"非常道"。我们走在熟悉的校园里,一般都不会去注意脚下的路,即路以无物状态呈现。突然,脚下打滑。我们低头一看,原来是路上结冰了。结冰的道路就是道路的异常情况。异常情况使我们注意到了有物之物,让常道变成了"非常道"。

对此，有人可能会反驳说，我们人走路都是从不会到会、从有物状态到无物状态的，所以，有物之物在无物之物之前，而不是派生于无物之物。这个反驳没有考虑到在学走路之前，我们先处在无需思考就能使用手和脚的状态。无需思考就能使用手和脚的状态就是无物状态，走路则是异常状态。学走路就是为了应对无物状态中的异常状态，最终让其融入无物状态。人生在世就是不断应对无物世界中的有物状态，将其变为无物状态的过程。

还有人会说，既然无物世界是我们的正常状态，有物世界是从无物世界中派生的，那么，我们的日常生活就应该经常处在无物世界之中，很少能意识到有物之物。可是，正好相反，我们并没有意识到无物之物，反而满眼看到的是有物之物。这种反驳虽然有道理，但他忘记了这样一个事实：我们对无物之物只能感觉到而不能意识到或注意到，对有物之物则不仅感觉到了，而且还意识到了或注意到了。譬如我们不小心将手指弄伤了，我们只会注意到受伤的手指（有物之物）。虽然我们一直在使用着身体的其他部位，但因为它们以无物的方式存在，我们就不会注意到。人类的生活就是如此，让我们操心的事情占据着我们的世界，那些支撑着我们日常生活的无物之物以及由之构成的无物世界倒不会引起我们的注意。

对无物之物以及由之构成的无物世界不会意识到，对有物之物以及由之构成的有物世界则会意识到。在这一点上，得道者和未得道者没有区别。得道者和未得道者的区别在于如何对待有物之物。如果遵从有物之物的分别，就是有物的表现；如果刻意不遵从这些分别，就是有我的表现。有物、有我都不合道。得道者以无我之心对待有物之物，以不分别的眼光看待一切分别。

具体而言，在名的环节，将"无名天地之始，有名万物之母"中的"无名"和"有名"混而为一就是名之玄。玄指一种混而不分的状态。第二章的"功成而弗居"就是名之玄的体现。"功成"则有名，但自己"弗居"。"功成而弗居"就是以无名之心对待有名之名。行为环节在《道德经》第一章没有直接提出，但第二章在阐发名之玄环节时阐发了行为之玄环节（无为－作为之玄），"是以圣人处无为之事"、"万物作焉而不辞"。处事就有作为，但得道者以无为之心对待。以无为之心对待作为之事就是行为之玄。在自我环节，将第一章"常无欲，以观其妙；常有欲，以观其徼"中的"无欲"和"有欲"混而为一，就是狭义的自我之玄。第三章的"不贵难得之货"就是狭义我之玄的体现——"难得之货"是可欲之物，但自己"不贵"。

从名之玄的含义可以看出，名之玄包含无名。为了论述方便，本书将无名称为狭义的无名，而将名之玄（无名－有名之玄）称为广义的无名。同样，将无为称为狭义的无为，而将面对有物之物当为则为、不当为则不为的行为称为"作为"，将行为之玄（无为－作为之玄）称之广义的无为，以便与"有为"相区别（有为是指当为而不为、不当为而为的妄为。妄为与道无关）。将无欲称为狭义的自我，而将我之玄（无欲－有欲之玄）称为广义的自我。无名、无欲、无为混一的状态本书也称为广义的无我。这两种广义无我的具体含义可以根据上下文判断（可参见第一章结构部分的分析）。

名之玄、行为之玄、自我之玄混而为一就达到了广义的自我之玄（最广义的无我）。达到了广义的自我之玄，就达到了物之玄。在广义我之玄与物之玄二者之间可能不存在分别，但也可能存在分别。有分别就不合道，因而还要将广义的自我之玄和物之玄再合而为一（玄），以达到第一章的"玄之又玄"状态。达到了"玄之又玄"，就进入了道的大门，就是得道者了。

由以上分析可知，得道者的道不仅包括第一章"道，可道，非常道"中的"常道"，即无物之物，还包括以广义的无我对待的有物之物。这两方面构成广义的道，"常道"则是狭义的道。与狭义的道对应的是狭义的无名、无为、无我，即广义的无我，与广义的道对应的则是广义的自我之玄。

悟道、修道之道是指最广义的道而言的。道篇就以广义自我中的无名－有名、无欲－有欲和无为－作为等三个环节作为标准展开悟道、修道的论述。物的环节则没有被作为单独的标准，因为它与悟道、修道没有直接关系。德篇则从无名－有名、无欲－有欲和无为－作为等三个环节方面阐述不同社会类型的性质以及得道者面对不同类型的社会应如何进行治理。因此，《道德经》就是一本阐述人们如何悟道、得道以及得道后如何处世、如何治国的人生指南。

这里需要说明的是，道是物自身，德通"得"字，是与得道者相关的道，二者并不完全相同。我们以前面的两个例子加以说明。在我们专心致志地看书而没有注意到窗外飘来的音乐声这个例子中，音乐声与我们看书的目的无关，因而对我们而言，音乐声这个无物之物就是无目的的无物之物。而在庖丁解牛故事中，庖丁在"以神遇而不以目视"地杀牛时，虽然牛也以无物之物的方式呈现，但它处在庖丁杀牛这个特定的目的之中，因而是有目的的无物之物。无目的的无物之物与自我没有特定的关联，因而就是道。有目的的无物之物处于自我的特定目的之中，因而就是德。

按照无物之物的两种呈现形式，我们可以将无名之名可以分为无目的的无名之名和有目的的无名之名，将无欲之欲分为无目的的无欲之欲和有目的的无欲之欲，将无为之为分为无目的的无为之为和有目的的无为之为。

二、《道德经》思想的创新之处及其无用之用

《道德经》的作者是老子，姓李名耳，字聃，一字伯阳（一说谥伯阳），生卒年月约为公元前571年至公元前470年。《史记》记载老子是楚苦县厉乡曲仁里人，曾在东周国都洛邑（今河南洛阳）任过守藏吏。传说老子晚年乘青牛西去经过函谷关（今河南灵宝）时，应关尹子的要求，写作了《道德经》（又名《老子》）。老子因此书成为道家思想的创始人。道教尊他为始祖，称之为"太上老君"。在唐朝，他被追认为李姓始祖。

老子思想是中国本土产生的两大原创性思想之一。为了说明《道德经》的原创性，我们根据对物的感觉和意识两个维度将物分为四类：感觉到而没有意识到的无物之物、感觉到又意识到的有物之物、无法感觉到也无法意识到之物、无法感觉却能意识到之物。在这四类物中，包含一种特殊的物。这种特殊的物既可以看作是从有物之物中派生的物，也可以归为无法感觉却能意识到之物。这就是西方的理念（广义的理念），它包括与事物相关的概念和完全形式化之物（二者的区别在此就不加分析）。此外，按照佛教唯识论的思想，物是由我的识（广义的心）和其他的识共同产生的，不存在识外之物。于是，我们就可以将所有的物分为无物之物、有物之物、理念之物、无法感觉到也无法意识到之物和无法感觉却能意识到之物、完全由识构成之物，一共六种类型。其中，

有些无法感觉到也无法意识到之物能运用间接手段观察到、感知到，有些可能永远无法意识到、注意到。

中国的思想以儒、释、道三家为代表，儒家、道家主要涉及的是无物之物和有物之物。儒家创始人孔子的最高境界是"从心所欲不逾矩"（《论语·为政》："七十而从心所欲，不逾矩"）。"矩"近似《道德经》中的礼。在《道德经》看来，儒家的礼不过是失道、失德后的产物，是一种"忠信之薄而乱之首"的东西（第三十八章）。因此，对于礼，我们只可顺随之，即以无物之物之心对待，而不可将其作为最终要达到的目标。与原创于印度的佛教相比，《道德经》的核心思想是自然说，印度佛教的核心思想则是因缘说。虽然中国化的佛教，如禅宗、天台宗、华严宗在一定程度上受到了老庄思想的影响，但还属于因缘说。因此，《道德经》思想与儒家、佛教的基本思想虽然相互影响，但不尽相同。《道德经》思想是中国本土的原创思想。

与西方主要思想流派相比，《道德经》思想同样独树一帜。第一，《道德经》不同于西方科学思想和西方主流哲学思想。西方科学思想和主流哲学思想主要关注的是感知之物中的不变性，即广义的理念。而《道德经》思想则从感知之物指向无物之物。第二、《道德经》思想不同于黑格尔的辩证法。面对分别对立，黑格尔辩证法要从中找到统一，进而找到理念。而《道德经》则以无物之心对待分别对立，与辩证法的指向恰恰相反。第三、《道德经》的思想不同于唯物论。唯物论认为，意识是对物的反映。在《道德经》中，有物之物勉强可以看作是对物的反映，但在老子看来，这种反映是以分别对立的方式呈现的，因而我们要以无物之心对待这种有物之物。对于无物之物，我们感觉到但没有意识到，因而只有对物的顺随而没有唯物论意义上的反映。第四、《道德经》不同于西方的相对主义。虽然《道德经》和相对主义都将每个人感知到的物看作是相对的，但相对主义是从感知的视角而言的，《道德经》则是从感知之前的无物之物，即事物自身的视角而言的。第五、《道德经》不同于西方的怀疑论。怀疑论认为，事物和我们的认识之间存在鸿沟。而《道德经》认为，我们对无物之物的感觉与无物之物是一致的，不存在鸿沟。第六、《道德经》不同于弗洛伊德思想。弗洛伊德的核心思想是潜意识说和前意识说。《道德经》并不直接涉及潜意识，与前意识思想也不相同,它关注的主要是感觉到而没有意识到的无物之物。第七、《道德经》也不同于实用主义。实用主义的出发点是"用",《道德经》的出发点则是以道的思想修正自己的思想和行为,从而成为顺随自然的得道者。第八、《道德经》更不同于唯意志主义哲学。唯意志主义哲学认为意志是本原的,而《德道经》恰恰强调的是人的非意志性。只有以非意志的无欲之心才能顺随事物自身。顺随事物自身才合道。

在西方思想中,海德格尔的思想与《道德经》较为接近,他本人也与《道德经》、《庄子》进行过对话。但海德格尔研究的前提、方法以及所指向的结论与《道德经》有很大的不同。海德格尔是从存在论的角度关注物的。《道德经》的常道虽然也是物,但《道德经》的指向是依道修身、依道处世、依道治国。从这一点看,《道德经》与儒家、佛教是一致的,它们解释世界的主要目的都是为了按照这种认识修正自身的行为和思想,从而让自身顺随世界,与世界和谐相处。

有人可能会产生反问说,既然《道德经》不同于西方意义上的科学和传统哲学的理念思想,那么在科学突飞猛进的时代,我们为什么还要研究《道德经》？首先,虽然我们没有注意到无物之物,但无物世界时刻在影响着我们。西方科学和传统哲学不涉及或很少涉及无物之物,但《道德经》恰恰主要涉无物之物。你可以不研究《道德经》,但无物之物一直在那里引导我们,以我们未意识到因而对其无能为力的方式引导着我们。其次,从无物世界和理念世界的关系看,处在理念世界中的人,同样生活在无物世界中。只有无物之物出现了异常,变成了有物之物,引起人们的注意,人们才可能提出相应的理论解释或处理方法。这就是为什么在科学领域、哲学领域,乃至一切领域,基本问题的发现一般都是"无中生有"的,即在人们习以为常的事物（无物之物）中发现的问题才会成为最基本的问题。解决已经发现的问题是"有中生有",不完全属于最基本的问题。最后,在个人和社会领域更需要研究包括《道德经》在内的非理念思想,特别是无物之物的思想。科学和西方传统哲学以理念为基础,关注的是事物中不变的东西,日常之物则不过是符合理念的材料。如果将这种思想运用于个人和社会（人类的习性一定会将其运用于个人和社会）,个人就会成为实现某种理念目标的材料，一个可以替代的标准件。在急剧变迁的社会中，社会习俗遭到破坏后，大量个体变成了原子式的个人。如果此时出现了善于借助现代科技手段进行宣传、组织的领袖，理念思想变为现实的可能性就会大为提高。以纳粹为代表的极权主义就是实例，它以政治权力关系取代人与人之间的一切关系，使用暴力将人强置于政治权力之中，让个人像可替代物一样彻底失去意志性自由和尊严，国家和社会则沦为按照理念对人进行加工的超级机械。

建立在传统社会契约理论之上的现代民主无法解决这个问题，甚至会成为这种极权主义的帮凶。因为在现代的语境下，自由都是意志性自由，物都是有物之物。而有物之物一定会指向理念。一旦理念思想被运用于契约理论，民主就会走向极权主义。

为从理论上解决这个问题，我们可以将《道德经》的无物思想、非意志性自由（无法由意志主动支配的自由）思想与社会契约理论结合起来，以社会契约保障非意志性自由，以非意志性自由作为社会契约的指导思想。因为非意志自由对应的是无物之物，而无物之物无从理念化，所以在理论上就可以制止极权主义无节制的发展。

三、本书对《道德经》研究的创新

中国思想家的著作大多不是一篇结构严密的文章，例如，《论语》是由一段段语录组成的，《孟子》和《庄子》则是由一篇篇文章组成的。但是，《道德经》是一篇结构严谨的文章，因而对《道德经》的研究就可以从结构入手。而中国古人重视句读和训诂，不注重对文章的结构分析，至今没有人对《道德经》的整体结构进行过完整的研究。因此，本书将《道德经》的结构分析作为本书解读的重点。

通过对《道德经》全书结构的研究，并参照《庄子》的《逍遥游》和《齐物论》的结构分析，我们可以发现，《道德经》是从人生在世的四个环节，即物的环节、物之名环节、我的环节以及我对物的行为环节来解说道的。而悟道、修道只直接涉及物之名环节、我的环节以及我对物的行为环节，即广义的自我环节，对物的环节则只是间接涉及。因此，《道德经》以无名 - 有名、无欲 - 有欲和无为 - 作为作为标准展开全书的论述。其中，道篇从无名 - 有名、无欲 - 有欲和无为 - 作为等三个环节阐述我们如何才能得道，包括悟道（第一至九章）和修道（第十至三十七章）两部分。悟道部分又分为对道的理论阐述和以事物类比阐明道的三个环节等两个部分（第五至第九章）。第一至第四章阐述道的理论，其中，第二至第三章围绕第一章人生在世四个环节中的无名 - 有名之玄、无为 - 作为之玄和无欲 - 有欲之玄进行阐述，第四章阐述由这三个环节构成的广义自我之玄与无物 - 有物之玄之间"玄之又玄"（第一章）的关系。第五至九章以不同的事物类比阐明上述三个环节的含义。修道部分则阐述如何以无名 - 有名、无欲 - 有欲和无为 - 作为等三个环节为标准进行个人性修道和社会性修道。德篇是对道篇的应用，它首先以无名 - 有名、无欲 - 有欲、无为 - 作为作为标准将社会划分为上德、下德、上仁、上义、上礼五种社会类型，然后在此基础上阐明得道的君主如何治理不同类型的社会。从这种结构分析的角度看，黄老学派主要以德篇为依据，老庄学派则本于《道德经》中道篇的思想，兼及德篇。

有了结构分析，我们就可以全面掌握《道德经》的思想，正确地对待《道德经》。由于不知道《道德经》的结构，很多人一看到"道可道非常道"等难以理解的句子，就断言《道德经》揭示了宇宙的一切奥秘。《道德经》当然超越了日常认识，但它的认识并不包藏宇宙万物，譬如它至少没有涉及理念之物。还有些人一想到《道德经》是中国的古代思想，就断言《道德经》是非科学的东西，乃至是落后的东西。其实，道家思想和佛教思想对无物之物的研究达到了后人难以企及的高度。你可以不阅读《道德经》，但《道德经》所阐述的东西还在那里影响着你。

掌握了结构分析，我们不仅能全面、正确地掌握《道德经》思想，还可以让《道德经》研究中的诸多争论迎刃而解。例如，第一章"无名天地之始，有名万物之母。故常无欲以观其妙，常有欲以观其徼"这句话的断句问题就一目了然。王弼对这句话的断句方式为，"无名，天地之始；有名，万物之母。故常无欲，以观其妙；常有欲，以观其徼"。宋人包括王安石、苏辙、司马光都不认可这种断句方式。但通过《道德经》的结构就可以看出，宋人的断句方式都存在问题，王弼的断句方式是正确的。不过，王弼将无与无名混为一团。实际上，王弼的无名不是《道德经》中的无，它与无物一样，是人生在世的四个环节之一。《道德经》中的无与有都属于有名之名。有名之名与无名相对应。因此，虽然王弼对《道德经》的解读为后所认可，但将无等同于无名则是错误的。此外，通过结构分析，对第十一章、第四十章中的一些争论也能立即做出准确的判断。

正因为前人对《道德经》的结构没有做系统的分析，而这个问题又如此重要，所以对《道德经》的结构分析就成了本书的重点。作者将其作为本书的第一部分。本书的第二部分则采用古人训诂的方式对每一章进行解读。熟悉《道德经》的读者可以按照本书的顺序，先阅读第一部分，同时参考第二部分。不熟悉《道德经》的读者可以先阅读第二部分，同时对照阅读第一部分。本书第二部分的大部分内容参照了前人的研究，但在第一章、第四十章等部分章节提出了作者独特的理解。

由于作者水平有限，本书还存在不少问题，欢迎读者批评指正，以便今后修改。

现在就请随我一同进入《道德经释义》，与老子进行对话。

凡　例

一、本书中的《道德经》原文以中华书局 2014 年 11 月版《老子道德经注》（王弼注、楼宇烈校释）为底本，有不同版本且作者认同的就加以注释。

二、第一部分《道德经》结构是为了帮助读者更好地理解《道德经》的整体写作思路，是本书的重点。

三、第二部分对《道德经》每一章进行段落划分，并逐段进行翻译、解说，以使读者更好地理解第一部分的内容。

四、如果不同的版本对某些字词的注释不尽相同，作者就根据自己的理解采用最适当的注释，或者直接给出自己的解释。

五、对生僻字注音用小括号标明，如徼（jiào）。对于存在争议的，就采纳较为通行的读音。

第一部分　《道德经》结构分析

《道德经》可以分为道篇和德篇。道篇包含两个部分。第一章至第九章为第一部分，阐述什么是道。这一部分又可以分为三个小部分。第一章为第一小部分，从人生在世的环节阐述什么是道。第二、三、四章为第二小部分，围绕第一小部分展开阐述。其中，第二章阐发第一章无名－有名之玄和无为－作为之玄的含义，第三章阐发第一章无欲－有欲之玄的含义，第四章阐发第一章广义的自我之玄与物之玄之间"玄之又玄"的含义。第五至九章为第三小部分，以不同的事物类比阐明上述三个环节的含义。

道篇的第二部分包括第十章至第三十七章，阐述如何修道，也可以分为三个小部分。第一小部分为第十章，从无名－有名、无欲－有欲、无为－作为的维度提出修道的纲要。第二小部分为第十一至二十七章，阐述我们应如何按照这三个标准进行个人性修行。第三小部分为第二十八至三十七章，阐述我们应如何按照这三个标准进行社会性修行。

德篇是对道篇的应用，它以无名－有名、无欲－有欲、无为－作为等三个环节为标准将社会划分为上德、下德、上仁、上义、上礼五种社会类型并阐释得道者如何根据不同的社会特性进行治理。据此，我们可以将德篇分为六个部分。第三十八章为第一部分，第三十九章至五十章为第二小部分，第五十一章至五十六章为第三小部分，第五十七章至六十一章为第四小部分，第六十二章至七十一章为第五小部分，第七十二章至八十一章为第六小部分。第一部分提出上德、下德、上仁、上义、上礼等五种社会状态及其特征，第二部分至第六部分分别阐发这五种社会类型的性质以及得道的君主如何对这些不同的社会进行治理。

我们把《道德经》的全书结构图示如下。

		判断标准	无名—有名	无欲—有欲	无为—作为
道篇	第一部分悟道	第一小部分 第一章 什么是道	提出人生在世的四个环节（无物－有物环节、无欲－有欲环节、无名－有名环节及其暗含的无为－作为环节）以及各环节之玄、玄之又玄的含义。		
		第二小部分 第二至四章 三个悟道环节的含义	第二章 阐发无为－作为之玄、无名－有名之玄的含义。	第三章 阐发无欲－有欲之玄的含义。	第四章 阐发自我之玄与物之玄之间玄之又玄的含义。
		第三小部分 第五至九章 类比阐明三个悟道环节的含义	第五、六、九章类比阐明无名－有名之玄的含义。	第五、八、九章类比阐明无欲－有欲之玄的含义。	第五、七、八章类比阐明无为－作为之玄的含义。
	第二部分修道	第一小部分 第十章 修道纲要	从无名－有名、无欲－有欲、无为－作为的维度提出修道纲要以及修道所要达到的目标。		
		第二小部分 第十一至二十七章 如何进行个人性修行	第十一至十九章阐释如何进行个人无名环节的修行。	第二十至二十三章阐释如何进行个人无欲环节的修行。	第二十四至二十七章阐释如何进行个人无为环节的修行。
		第三小部分 第二十八至三十七章 如何进行社会性修行	第二十八至三十一章阐释如何以无名－有名之玄环节的修行。	第三十二至三十四章阐释如何以无欲－有欲之玄环节的修行。	第三十五至三十七章阐释如何以无为－作为之玄环节的修行。

	第一部分	第三十八章 五种社会状态类型	以无名-有名、无欲-有欲、无为-作为为标准将社会划分为上德、下德、上仁、上义、上礼等五种类型，并简要描述各自的特征。		
德篇	第二部分 阐发五种社会状态及其治理方式	第一小部分 上德社会 第三十九至五十章 特征：无为而无以为。	以无名-有名之玄的方式治理国家 第三十九章：侯王得一以为天下贞。	以无欲-有欲之玄治的方式理国家 第四十章：弱者到之用。	以无为-作为之玄的方式治理国家 第四十一章：明道若昧，进道若退。
		第二小部分 下德社会 第五十一至五十六章 特征：下德为之而有以为。 失道而后德	开其兑（第五十二章）。 解决方法：知者不言，言者不知。（五十六章）	济其事（第五十二章）。 解决方法：含德之厚，比于赤子。（五十五章）	而民好径（第五十三章）。 解决方法：行于大道，唯施是畏。（第五十三章）
		第三小部分 上仁社会 第五十七至六十一章 特征：上仁为之而无以为。 失德而后仁	以正治国（第五十七章）。正复为奇，善复为妖。（第五十八章）。 解决方法：我无事而民自富（第五十七章）。	人多伎巧，奇物滋起。（第五十七章） 解决方法：夫两者各得其所欲，大者宜为下（六十一章）。	其政察察，其民缺缺。（五十八章） 解决方法：治人事天莫若啬（第五十九章）。治大国若烹小鲜（六十章）。
		第四小部分 上义社会 第六十二至七十章 特征：上义为之而有以为。 失仁而后义	美言可以市。（第六十二章） 解决方法：欲上民，必以言下之。（第六十六章）	求以得，有罪以免。（第六十二章） 解决方法：一曰慈，二曰俭，三曰不敢为天下先。（第六十七章）	尊行可以加人。（第六十二章） 解决方法：图难于其易为大于其细。（第六十三章）不以智治国。（第六十五章）

德篇	第二部分 阐发五种社会状态及其治理方式	第五小部分 上礼社会 第七十一至八十一章 特征：上礼为之而莫之应。夫礼者，忠信之薄，而乱之首。失义而后礼。	上礼社会的基本特征以及治理上礼社会的方法	不知知，病。（第七十一章章）解决方法：执左契，而不责于人。短期以契约解决问题，长期让百姓回归淳朴的上德社会。	无狎其所居，无厌其所生。（第七十二章）解决方法：柔弱处上。（七十六章）损有余而补不足。（七十七章）。受国之垢……受国不祥。（七十八章）	民不畏威。（七十二章）解决方法：勇于不敢。（七十三章)使民常畏死。（七十四章）无以生为。(七十五章)
			上德社会的特征以及如何回归上德社会	使人复结绳而用之。信言不美，美言不信；善者不辩，辩者不善；知者不博，博者不知。	甘其食，美其服，安其居，乐其俗。邻国相望，鸡犬之声相闻，民至老死，不相往来。实现途径：圣人不积，既以为人，己愈有，既以与人，己愈多。	虽有舟舆，无所乘之;虽有甲兵，无所陈之。实现途径：天之道，利而不害；圣人之道，为而不争。

一、道篇结构分析

《道德经》的道篇分为悟道和修道两个部分。所谓悟道,就是领悟道的含义。所谓修道,就是以自己所领悟的道修正自己的行为。第一章至第九章阐述如何悟道,第十至三十七章阐明如何修道。

我们将道篇中悟道部分的结构图示如下(道篇的整个结构见《道德经》结构)。

第一小部分	第一章 从人生在世的环节阐释什么是道		提出人生在世的四个环节(无物-有物环节、无欲-有欲环节、无名-有名及其暗含的无为-作为环节)以及各环节之玄、广义自我之玄与物之玄之间的玄之又玄。
第二小部分	阐发自我三个环节之玄的含义	第二章 阐述无名-有名之玄、无为-有为之玄的含义。	无名-有名之玄——行不言之教……生而不有,为而不恃,功成而弗居。
			无为-作为之玄——处无为之事……万物作焉而不辞。
		第三章 阐述无欲-有欲之玄的含义	无欲-有欲之玄——不尚贤,使民不争;不贵难得之货,使民不为盗;不见可欲,使民心不乱。
		第四章 阐述玄之又玄的含义	道冲而用之或不盈,渊兮似万物之宗。挫其锐,解其纷,和其光,同其尘。

		第五章 以天地不仁、天地间如橐籥的性质类比阐明无名－有名之玄、无欲－有欲之玄、无为－作为之玄的含义。
第三小部分	第五到第九章 类比阐明第一章中三个环节的含义	第六章 以山谷空而生长万物的性质类比阐明无名－有名之玄的含义。
		第七章 以天地不自生故长生的性质类比阐明无为－作为之玄的含义。
		第八章 以水利万物而不争的性质类比阐明无欲－有欲之玄、无为－作为之玄的含义。
		第九章 以日常生活现象类比阐明无名－有名之玄、无欲－有欲之玄的含义。

（一）悟道

悟道部分包括三个小部分。第一小部分从人生在世的环节阐述什么是道。第二小部分为第二至第四章，阐释第一章悟道的各个环节以及各环节之玄、自我之玄与物之玄之间玄之又玄的含义。第三部运用自然界中的物和日常事物类比阐明道的不同环节的含义。

1. 什么是道

这一小部分只包括第一章，从人生在世的物之环节、自我环节、物之名环节及其暗含的自我行为环节阐释什么是道。物之名是我行为的结果，我对物的行为是自我的行为。因此，可以将物之名环节、我对物的行为环节和自我环节统称为广义的自我环节（参见拙作《庄子释义》中有关《逍遥游》和《齐物论》的分析），与物的环节相对。道篇中的悟道、修道就是围绕这种广义的自我展开论述的。物的环节则没有作为单独的标准，因为悟道、修道与物没有直接的关系。德篇也是以广义自我的三个环节为标准划分社会类型的。因此，第一章是《道德经》全书的基础。

我们将这一部分的结构图示如下。

人生在世的四个环节	物的环节	无物之物	道。	物
		有物之物	非常道。	
	名的环节	无名之名	无名，天地之始。	第二章 提出无为-作为环节并阐发无名-有名之玄和无为-作为之玄的含义。	广义自我
		有名之名	有名，万物之母。	
	行为环节			
	狭义自我环节	无欲	常无欲，以观其妙。	第三章 阐发无欲-有欲之玄的含义。	
		有欲	常有欲，以观其徼。	
各环节之玄以及环节之间的玄之又玄	玄		此两者同出而异名，同谓之玄。	第二章、第三章	玄
	玄之又玄		广义自我之玄与物之玄之间的玄之又玄。	第四章 阐发玄之玄的含义。	物我之玄

第一章开头就说，什么是道？"道之为物，唯恍唯惚"（第二十一章）。道就是物，一种"恍惚"之物。什么是"恍惚"？"视之不见名曰夷，听之不闻名曰希，搏之不得名曰微……是谓惚恍"（第十四章）。"恍惚"就是"视之不见"、"听之不闻"、"搏之不得"的状态。《道德经》没有具体描述这三种状态，我们可以用《庄子》中庖丁解牛的故事加以解说。庖丁是一位宰牛的屠夫。他宰牛时，根本不用刻意地盯着牛，只凭眼神去感觉，刀刃就不会割到肉，更不会碰到骨头，而是顺着牛骨间的缝隙游刃有余。因此，十九年来庖丁虽然宰了数千头牛，但刀刃还像刚从磨刀石上磨过一样。这里，凭眼神感觉就是"视之不见"之"视"，用眼睛盯着看则是"视之不见"之"见"。庖丁宰牛时就是"视之不见"。

由此类推，我们可以知道"听之不闻"、"搏之不得"的含义。当我们专心致志地看书时，窗外飘来了音乐声。这声音我们感觉到了，但没有引起注意。我们正在学习时听到音乐的状态就是"听之不闻"的状态。我们在熟悉的小路上散步时，感觉到我们的脚踏在地面上，但没有引起注意。我们踩在地面上的状态就是"搏之不得"的状态。

推而广之，一切感觉到物（包括事情、物品、人，乃至习俗等一切存有着的东西）却没有意识到物或注意到物的状态就是"恍惚"状态。《道德经》称这种"恍惚"状态下的物为"无物之物"（第十四章），也就是《道德经》第一章的"常道"。当我们感知到无物之物后，无物之物就变成了有物之物，"常道"就变成了第一章所说的"非常道"。在不同的语境中本书称有物之物或"非常道"为万物、日常之物、分别之物或感知之物。

物只是人生在世的环节之一。人生在世包括不可分割的四个环节：物的环节、物之名环节、我的环节以及我对物的行为环节（参见拙作《庄子释义》中有关《逍遥游》和《齐物论》的分析）。以我吃米饭为例，米饭这种东西是物的环节。这种东西的名字叫作米饭，是物之名环节。吃米饭的人是我，属于自我环节。吃是我对物的行为环节。由于物的环节分为无物之物和有物之物两种状态，物之名环节就可以分为无名之名和有名之名两种状态，我的环节也可以分为无欲之欲和有欲之欲两种状态，对物的行为环节可以分为无为之为和作为之为两种状态。

《道德经》一书的第一章从人生在世的四个环节展开。"道，可道，非常道"阐释物的环节，包括常道（无物之物）和非常道（有物之物）两种状态。"名，可名，非常名。无名，天地之始；有名，万物之母"阐述物之名环节。与物的两种状态相对应，物之名也包括无名与有名两种状态。无名是对还没有产生分别对待的无物之物的称谓，本书有时称之为无名之名。有名则与日常感知之物一样，是由分别对待产生的，如日常生活中的前与后、高与低等（参见第二章），本书有时称之为有名之名。有了有名之名，物才会在有名之名中呈现，从而出现了日常事物。如我们称某物为圆桌子，圆、桌子是名，该物就在圆桌子之名中呈现出来，所以说，"有名，万物之母"。

人生在世的第三个环节是我对物的行为环节，这个环节包括无为和作为两种状态。感觉到物而没有意识到物或注意到物、完全顺随物的行为就是无为。《道德经》在第一章没有直接提出无为－作为问题，而是将其暗含在无名－有名环节之中（在第二章阐发无名－有名之玄的含义时，同时阐述了无为－有为之玄的含义，"是以圣人处无为之事，行不言之教"。因此，无名－有名之中就包含着无为－作为问题。无名－有名之玄、无为－有为之玄、无欲－有欲之玄的含义见下文）。

人生在世的第四个环节是自我环节，包括无欲与有欲两种状态，"故常无欲，以观其妙；常有欲，以观其徼"。对物感觉到而没有意识到或注意到，我们自然就无欲；意识到物或注意到物，我们就会有欲。这里的有欲是指对物进行感知、分别对待时所产生的欲望，而不是对物的贪欲。贪欲不合道，《道德经》直接让我们去除贪欲。

在人生在世的四个环节中，我对物的行为环节属于我的行动，物之名环节是我对物行动的结果。因此，可以将我、我对物的行为和物之名这三个环节看作是广义的自我。与物的两种状态相对应，广义的自我也分为无我和有我两种状态。得道者以"玄"的方式对待无我与有我之间的关系，以"玄之又玄"的方式对待广义自我与物之间的关系（"玄"和"玄之又玄"的含义见下文），"此两者同出而异名，同谓之玄，玄之又玄，众妙之门"。

无物之物是物的本原状态，有物之物则派生于无物之物。在庖丁解牛故事中，庖丁在正常宰牛时，对牛视而不见，这时的牛以无物之物的状态呈现。但到了筋骨交错的地方，庖丁就会谨慎小心，眼神专注地看着牛才敢下刀（《养生主》："虽然，每至于族，吾见其难为，怵然为戒，视为止，行为迟"）。这时，原来以无物之物状态呈现的牛就以有物之物的状态呈现出来了。由此可见，无物之物是本原状态，有物之物是从无物之物中派生的。同样，有名之名、有欲之我、作为之为也分别派生于无名之名、无欲之我、无为之为。

本原的无物之物为什么会派生出有物之物呢？原因在于出现了与日常状态有别的异常状态，即第一章"道，可道，非常道"之"非常道"。我们走在熟悉的校园里，一般都不会去注意脚下的路，即路以无物状态呈现。突然，脚下打滑。我们低头一看，原来是路上结冰了。结冰的道路就是道路的异常情况。异常情况使我们注意到了有物之物，让常道变成了"非常道"。

对此，有人可能会反驳说，我们人走路都是从不会到会、从有物状态到无物状态的，所以，有物之物在无物之物之前，而不是派生于无物之物。这个反驳没有考虑到在学走路之前，我们先处在无需思考就能使用手和脚的状态。无需思考就能使用手和脚的状态就是无物状态，走路则是异常状态。学走路就是为了应对无物状态中的异常状态，最终让其融入无物状态。人生在世就是不断应对无物世界中的有物状态，将其变为无物状态的过程。

还有人会说，既然无物世界是我们的正常状态，有物世界是从无物世界中派生的，那么，我们的日常生活就应该经常处在无物世界之中，很少能意识到有物之物。可是，正好相反，我们并没有意识到无物之物，反而满眼看到的是有物之物。这种反驳虽然有道理，但他忘记了这样一个事实：我们对无物之物只能感觉到而不能意识到或注意到，对有物之物则不仅感觉到了，而且还意识到了或注意到了。譬如我们不小心将手指弄伤了，我们只会注意到受伤的手指（有物之物）。虽然我们一直在使用着身体的其他部位，但因为它们以无物的方式存在，我们就不会注意到。人类的生活就是如此，让我们操心的事情占据着我们的世界，那些支撑着我们日常生活的无物之物以及由之构成的无物世界倒不会引起我们的注意。

对无物之物以及由之构成的无物世界不会意识到，对有物之物以及由之构成的有物世界则会意识到。在这一点上，得道者和未得道者没有区别。得道者和未得道者的区别在于如何对待有物之物。如果遵从有物之物的分别，就是有物的表现；如果刻意不遵从这些分别，就是有我的表现。有物、有我都不合道。得道者以无我之心对待有物之物，以不分别的眼光看待一切分别。

具体而言，在名的环节，将"无名天地之始，有名万物之母"中的"无名"和"有名"混而为一就是名之玄。玄指一种混而不分的状态。第二章的"功成而弗居"就是名之玄的体现。"功成"则有名，但自己"弗居"。"功成而弗居"就是以无名之心对待有名之名。行为环节在《道德经》第一章没有直接提出，但第二章在阐发名之玄环节时阐发了行为之玄环节，"是以圣人处无为之事"、"万物作焉而不辞"。处事就有作为，但得道者以无为之心对待。以无为之心对待作为之事就是行为之玄。在自我环节，将第一章"常无欲，以观其妙；常有欲，以观其徼"中的"无欲"和"有欲"混而为一，就是狭义的自我之玄。第三章的"不贵难得之货"就是狭义我之玄的体现——"难得之货"是可欲之物，但自己"不贵"。

从名之玄的含义可以看出，名之玄包含无名。为了论述方便，本书将无名称为狭义的无名，而将名之玄（无名 - 有名之玄）称为广义的无名。同样，将无为称为狭义的无为，而将面对有物之物当为则为、不当为则不为的行为称为"作为"，将行为之玄（无为－作为之玄）称之广义的无为，以便与"有为"相区别（有为是指当为而不为、不当为而为的妄为。妄为与道无关）。将无欲称为狭义的自我，而将我之玄（无欲－有欲之玄）称为广义的自我。无名、无欲、无为混一的状态本书也称为广义的无我。这两种广义无我的具体含义可以根据上下文判断。

为了便于理解，我们将第一章涉及的概念列表如下。

人生在世的四个环节	每个环节的两种状态	"同谓之玄"之玄	玄与玄之又玄
物的环节	道（无物之物）	无物之物与有物之物混而为一就是物之玄（无物－有物之玄），称为广义的无物。	物之玄或无物－有物之玄
	非常道（有物之物）		
物之名环节	名（无名之名）	无名之名与有名之名混而为一就是名之玄。 无名－有名之玄，称为广义的无名。	无名、无为、无欲混而为一也称为广义的无我。 名之玄、行为之玄、我之玄混而为一就是广义的自我之玄，即最广义的无我。
	非常名（有名之名）		
人对物的行为环节	无为	无为与作为混而为一就是行为之玄（无为－有为之玄），称为广义的无为。	
	作为（不是有为）		
自我环节	无欲	无欲与有欲混而为一就是我之玄（无欲－有欲之玄），称为广义的无我。	
	有欲（不是贪欲）		

达到了名之玄、行为之玄、自我之玄就达到了广义的自我之玄（最广义的无我）。达到了广义的自我之玄，就达到了物之玄。在广义我之玄与物之玄二者之间可能不存在分别，但也可能存在分别。有分别就不合道，因而还要将广义的自我之玄和物之玄再合而为一（玄），以达到第一章的"玄之又玄"状态。达到了"玄之又玄"，就进入了道的大门，就是得道者了。

由以上分析可知，得道者的道不仅包括第一章"道，可道，非常道"中的"常道"，即无物之物，还包括以广义的无我对待的有物之物。这两方面构成广义的道，"常道"则是狭义的道。与狭义的道对应的是狭义的无名、无为、无我，即广义的无我，与广义的道对应的则是广义的自我之玄。

悟道、修道之道是指广义的道而言的。因此,《道德经》就以广义自我中的无名-有名、无欲-有欲和无为-作为等三个环节作为标准展开全书的论述。物的环节则没有作为单独的标准,因为它与悟道、修道没有直接关系。

2. 三个悟道环节的含义

这一小部分是对第一小部分无名-有名之玄、无欲-有欲之玄和无为-有为之玄以及广义的自我之玄与物之玄之间"玄之又玄"的阐发,包括第二至第四章。第二章阐释无名-有名之玄、无为-作为之玄的含义,第三章阐释无欲-有欲之玄的含义,第四章阐释广义的自我之玄与物之玄之间"玄之又玄"的含义。悟道与物没有直接关系,因而对物的环节没有涉及。

我们将第二小部分的结构图示如下。

第二小部分 第二章至第四章 围绕第一章展开论述	第二章 阐释第一章无名-有名之玄的含义和暗含的无为-作为之玄的含义。	无名-有名之玄——行不言之教……生而不有,为而不恃,功成而弗居。
		无为作为之玄——圣人处无为之事……万物作焉而不辞。
	第三章 阐释第一章无欲-有欲之玄的含义	不尚贤,使民不争;不贵难得之货,使民不为盗;不见可欲,使民心不乱。
	第四章 阐释第一章"玄之又玄"的含义。	道冲而用之或不盈,渊兮似万物之宗。挫其锐,解其纷,和其光,同其尘。

第二章阐释无名-有名之玄和无为-作为之玄的含义。

我们将第二章的结构图示如下。

名的产生及常见之名	名的产生	美与丑之名的产生——天下皆知美之为美,斯恶已。
		善与不善之名的产生——皆知善之为善,斯不善已。
	常见之名	有无相生,难易相成,长短相较,高下相倾,音声相和,前后相随。
以无为之心对待作为之事(无为-作为之玄)		处无为之事……万物作焉而不辞。

以无名之心对待有名之名 （无名 – 有名之玄）	行不言之教……生而不有，为而不恃，功成而弗居。

在阐释无名 – 有名之玄之前，首先需要阐释有名之名是如何产生的。有名之名产生于以感知为基础的命名和推论。前者如我们看到一个东西，人们约定俗成称之为杯子（参见第十一章、第十四章）。后者如人们知道了美就知道了丑，知道了善就知道了不善，"天下皆知美之为美，斯恶已；皆知善之为善，斯不善已"。以感知为基础的命名和以感知为基础的日常推论都建立在分别对待之上。因此，归根到底，名都是由分别对待产生的。有分别对待才会产生美、丑、善、不善之名。依此类推，分别对待还会产生有与无、难与易、长与短、高与下、音与声、前与后等等日常之名。其中，有与无的含义比较特殊。"有"指某种东西中的实在部分，"无"则指与实在部分相对的空虚部分。以制造器物为例，器物的四壁为有，器物的空处为无，"埏埴以为器，当其无，有器之用"（第十一章）。

有了有名之名，物才会在有名之名中呈现，从而出现了日常事物。如我们称某物为大树，大和树都是名，该物就在大树之名中呈现出来。所以，第一章说，"有名，万物之母"。在日常生活中，我们离不开分别之名，但如果我们以有名之心对待分别之名，就是有名；如果我们刻意不承认分别之名，就是有我。有名、有我都不合道。得道者以无为的方式、无名之心对待日常之名，"处无为之事，行不言之教"（由于言和名都属于广义的语言文字系统，《道德经》对言和名没有做严格的区分）。这里的无为不是不作为，而是当为则为，不当为则不为；无名也不是不说话，而是当说则说，不当说则不说。

日常的分别（作为）是无穷的，日常之名也是无穷的，所以庄子说，我的生命是有限的，而分别之知是没有限度的（有分别之知就会产生名，见上文）。以有限度的生命去追求没有限度的分别之知（名），就会很危险（《庄子·养生主》："吾生也有涯，而知也无涯。以有涯随无涯，殆已。"）。得道者以无为 – 作为之玄、无名 – 有名之玄的方式对待日常之名，因而可以避免危险。但需要注意的是，《道德经》并不是为了避免灾害才采取无为 – 作为之玄、无名 – 有名之玄的方式。得道者不趋利避害，也不趋害避利，但以无为 – 作为之玄、无名

-有名之玄的方式对待日常之名，自然就能避免危险。

怎样做到"处无为之事"呢？任万物生长而不加干涉（"万物作焉而不辞"）。怎么做到行不言之教呢？生养万物而不据为己有，作养万物而不恃己能，成就功业却不居其功（"生而不有，为而不恃，功成而弗居"）。以"功成而弗居"为例，"功成"则有名，但自己"不居"，就是无名。"功成而弗居"就是以无名之心对待有名之名。"功成而弗居"涉及的名是伦理价值之名，"生而不有，为而不恃"则涉及非伦理价值之名。

第三章阐释第一章无欲－有欲之玄的含义，即如何达到"常无欲，以观其妙；常有欲，以观其徼"中无欲与有欲之玄（"我之玄"）。

我们将第三章的结构图示如下。

以无欲之心对待可欲之物	有欲之物（人）——贤、难得之货、可欲。
	以无欲之心对待有欲之物——不尚贤、不贵难得之货、不见可欲。
如何做到以以无欲之心对待可欲之物	虚其心，实其腹，弱其志，强其骨。
	常使民无知无欲，使夫智者不敢为也。
达到无欲－有欲之玄的效用	为无为，则无不治。

在人生在世的四个环节中，物的环节呈现两种状态：无物状态和有物状态。与之对应，我对待物也有两种态度：有欲与无欲。本章中的"贤"、"难得之货"、"可欲"（之物）属于有欲（之物或人），"不尚"、"不贵"、"不见"则属于无欲。如果我们以有欲之心对待有欲之物、有物之物，就是有欲；如果刻意不承认有欲之物、有物之物，就是有我。这两者都不合道。得道者以无欲之心对待有欲之物（我之玄），"不尚贤"、"不贵难得之货"、"不见可欲"。因此，得道的国君在治理国家时，去掉百姓的贪心和追逐外物之志（"虚其心"、"弱其志"），保持无智巧、无贪欲的状态，但让他们吃饱肚子，保持强壮的身体（"实其腹"、"强其骨"）。在这样的社会中，即使有人想妄生事端，也没有人理会（"使夫智者不敢为也"）。百姓不无事生非，国家自然就能走正道；君主无为而治，

天下就会天平。

可以看出，有欲与贪欲不同。有欲与有名对应，一切分别对待都是因为有欲产生的。而贪欲不仅产生了分别对待，还对分别之物产生了追逐之心。日常生活离不开有欲之物，但贪欲则不合道，而且会带来冲突，所以，《道德经》让人去除贪欲，而以无欲之心对待有欲之物。

第四章阐述第一章"玄之又玄"的含义（"和其光同其尘"）。

我们将第四章的结构图示如下。

物之玄环节	无物——"道冲"。	二者合一即是物之玄。
	有物——"用之或不盈"。	
我之玄环节	挫其锐，解其纷。	
玄之又玄	和其光，同其尘。	
物在"玄之又玄"状态中的表现形式。	湛兮，似或存。吾不知谁之子，象帝之先。	

"道冲用之或不盈"描述物之玄的环节。"冲"是虚的意思，但这里的虚不是空无一物，而是存在着无物之物。因此，我们称之为虚有之物。虚有的无物之物会产生无穷无尽的日常之物（"用之或不盈。渊兮，似万物之宗"）。得道者对这些日常之物使用而不加分别，将无物与有物混而为一，就是物之玄。

从自我的环节而言，收敛自己的锐气，消除心中的纷扰（"挫其锐，解其纷"），就达到了广义的无我状态。以无我之心对待无物－有物之物，就是我之玄。

达到了我之玄和物之玄，我之玄与物之玄二者之间就可能不存在分别，从而达到了第一章"玄之又玄"的状态，但可能还存在分别。有分别就不合道，为此，我们还要"和其光同其尘"，将我之玄和物之玄再混而为一（玄），以达到第一章"玄之又玄"的状态。在"玄之又玄"中，无物之物无法被感知到，因而"似或存"，也不知道无物之物是从哪里产生的。所以说，好像天帝的宗祖（"象帝之先"）。

对于我之玄与物之玄之间还可能存在分别的状态，庄子在《齐物论》中有非常清晰的论述。与《道德经》一样，庄子的常道指无物之物，日常之物指有物之物，但庄子认为，在这二者之间，还存在一种无封之物。所谓无封之物就是物与物之间不存在分别，但我与不分别的物之间存在分别（封即分别、界限的意思）。庄子在《齐物论》中描述说，"天地与我并生，而万物与我为一"。这就是说，原本状态是天地与我混而为一的状态，即无物状态。但随着我的分别，就产生了"天地一指也，万物一马也"的无封状态。在这种状态中，万物都没有分别，天地万物都与指、马一样，只能称作"东西"。"东西"与我之间存在分别，就是无封状态。当我对混一之物有了分别对待时，才会有指、马、杯子和桌子等等常见的有封之物。当我们去除自身与有封之物之间的界限而与物混而为一时，就会回到"玄之又玄"的无物状态。

既做到了无物–有物之玄、无我–有我之玄，又做到了玄之又玄，我们就能彻底悟道。在悟道者的眼中，有物之物并不绝对存在，也不绝对不存在，而是一种相对的存在，所以说"湛兮似或存"。庄子在描述这种"似或存"的状态时说，天下并不比秋毫的末端更大，而泰山算是小的（《齐物论》："天下莫大于秋豪之末，而大山为小"）。这是因为如果我们参照的标准比秋毫末端都小，那么，秋毫的末端就是大的；如果我们参照的标准比泰山都大，那么，泰山就是小的。因此，日常之物都不是绝对的，而是借由某种参照标准划分而成的（这里的"划分"是无心的。有心则不合道）。既然如此，我们就不要陷入日常之物的分别之中，而应以无物之心、无分别之心对待分别之物。

第一章提出了人生在世的物、自我、物之名以及我对物的行为等四个环节（我对物的行为包含在物之名环节之中）。第二章至第四章对第一章的内容进行了详细的阐释。第二章提出了无名、有名、无为、作为的概念，阐发了无名–有名之玄、无为–作为之玄的含义，即如何以无名之心对待有名之名，如何以无为之心对待作为之事（"万物作焉而不辞，生而不有，为而不恃，功成而弗居。夫唯弗居，是以不去"）。第三章提出了无欲、有欲的概念，阐发了无欲–有欲之玄的含义，即如何以无欲之心对待有欲之物（"不尚贤，使民不争；不贵难得之货，使民不为盗；不见可欲，使民心不乱"）。本章不仅涉及了"玄"

的问题("道冲而用之或不盈,渊兮似万物之宗。挫其锐,解其纷"),而且阐释了"玄之又玄"("和其光,同其尘")的含义。至此,第二至第四章将第一章的全部内容进行了阐释,从理论上将道的含义阐述清楚了。

3. 对三个悟道环节含义的类比阐释

第二小部分从理论上阐发了三个悟道环节的含义。为了使我们对这三个环节有更为直观的感觉,第三小部分分别从天、地、山、水和日常现象的角度加以类比阐明。

我们将这一小部分的结构列图如下。

类比之物			无名-有名之玄	无欲-有欲之玄	无为-作为之玄
自然界之物	天地	天地如何对待物 第五章 以天地类比阐明道的性质	多言数穷,不如守中。	天地不仁,以万物为刍狗;圣人不仁,以百姓为刍狗。	天地之间,其犹橐龠乎?虚而不屈,动而愈出。
		天地如何对待自己 第七章 以天地不自生类比道的性质			天长地久。天地所以能长且久者,以其不自生,故能长生。是以圣人后其身而身先;外其身而身存。非以其无私邪?故能成其私。
	山谷	第六章 以谷神类比道的性质	谷神不死,是谓玄牝。玄牝之门,是谓天地根。绵绵若存,用之不勤。		
	水	第八章 以水类比道的性质		上善若水。水善利万物而不争,处众人之所恶,故几于道。居善地,心善渊,与善仁。	言善信,政善治,事善能,动善时。夫唯不争,故无尤。

日常现象	第九章 以日常现象类比道的性质	持而盈之，不如其已；揣而梲之，不可长保；金玉满堂，莫之能守；富贵而骄，自遗其咎。功成身退，天之道。	持而盈之，不如其已；揣而梲之，不可长保；金玉满堂，莫之能守；富贵而骄，自遗其咎。功成身退，天之道。

从第一小部分知道，在悟道过程中，得道者要么与物混而为一，要么以无物之心对待有物之物。与物混而为一对应无欲、无名和无为（狭义的无欲、无名和、无为），以无物之心对待有物之物对应无欲-有欲之玄、无名-有名之玄和无为-作为之玄。在玄的状态中，广义的自我之玄与物之玄之间可能不存在分别，也可能存在分别。存在分别就还要将自我与物再加以混而为一，即"玄之又玄"。"玄之又玄"与玄的状态很难区分（前者只是后者的一种特殊状态），无法用语言直接描述。老子在这一小部分没有刻意阐述"玄之又玄"与玄的区别，本书在解读中也不特别强调。读者在阅读中要明白自我之玄（无名-有名之玄、无欲-有欲之玄和无为-作为之玄）与物之玄之间是混而为一的。

第五章以天地不仁的性质类比阐发无名-有名之玄的含义、以天地如风箱的特性类比阐明无欲-有欲之玄和无为-作为之玄的含义。

我们将第五章结构图示如下。

用天地不仁的特性类比阐发无欲-有欲之玄的含义	天地不仁——天地不仁，以万物为刍狗。	
	圣人不以仁、不仁之心对待百姓——圣人不仁，以百姓为刍狗。	
用天地如风箱的特性阐发无为-作为之玄、无名-有名之玄的含义	以天地特性类比无为-作为的含义——天地之间，其犹橐籥乎？虚而不屈，动而愈出。	
	以天地特性类比无名-有名的含义——多言数穷，不如守中。	

天地有两个特性，一是不以仁与不仁的分别之心对待万物，二是像风箱一样，不动无风，动则有风，且越动风越大，声音越拉越响。

天地的第一个特性是不从仁与不仁的角度出发对待万物，而是超越仁与不仁，将万物如刍狗一样看待，任其自然生长。庄子在《天运》篇中说，刍狗就是祭祀时用草扎的狗。祭祀时，祭祀人员会恭敬地迎送刍狗；祭祀之后，刍狗则与一般物品无异。人们对刍狗的不同态度并不是对刍狗有仁爱，而是情势所致。因此，"天地不仁，以万物为刍狗"取天地对万物无仁与不仁之心的意思。得道的君主效法天地的这个特性，不从仁与不仁的角度出发区别对待百姓，而是超越仁与不仁的标准，将百姓看作刍狗，任其逍遥自在地生存。

天地的第二个特性是它类似风箱。得道的君主效法天地的这个特性，处世不妄为，当为则为，不当为则不为；处世不妄言，当言则言，不当言则不言，守住自己的内心，不追逐外物。

本章第一次出现百姓一词。百姓在战国时期之前指贵族（贵族才有姓）。战国时期之后泛指平民。在《道德经》中，人、民、百姓等词的含义没有太大的区别，都是君主、侯王所管理的人。因此，本书将人、民、百姓一律翻译为百姓。

第六章以虚有的山谷产生万物类比阐明无名-有名之玄的特性。

我们将本章的结构图示如下。

山谷的特性	谷神不死，是谓玄牝。
无名-有名之玄	无名之物生有名之物——玄牝之门，是谓天地根。绵绵若存，用之不勤。

山谷是指两山间的夹道、水道，或指两山之间的低处。《道德经》取其虚有的含义（不是真的空无一物，所以是虚有）。山谷虽然是虚有的，但生命力不枯竭——万物生长、流水不止，恰似生成有名之名的无名之名，因而谓之"玄牝"。但虚有的山谷生长万物之生不同于从有物之物产生有物之物，而类似于从虚有之物产生实有之物的不生之生，即日常所谓的不生。不生则无死，所以说，"谷神不死"。这个过程无法用感知日常之物的方式观察，只能以无物之心才能感觉到（参见第十四章"视之不见名曰夷"）。得道者无心地去使用物而不刻意地去感知物，因而万物"绵绵若存，用之不勤"。

第七章以天地不刻意求生而长久生存类比阐发无为－作为之玄的含义。

我们将本章的结构图示如下。

天地不自求生而长生	无为	天地所以能长且久者，以其不自生。
	无不为	故能长生。
得道君主后其身、外其身而身先、身存	无为	圣人后其身、外其身。
	无不为	身先、身存。

第五章从天地如何对待万物的角度类比阐明道，本章则从天地如何对待自身的角度类比阐明道。

天地不刻意求生（对自身无为），因而万物才有不断生长的空间。万物不断地生成，由万物构成的天地自身就长久了。所以说，天地不刻意求生反而能长生。

同样的道理，得道的君主将自身置之度外，不与民争利，因而不会骚扰百姓。百姓不受骚扰，就能安居乐业。百姓安居乐业了，国家就会安定，就能富强，君主自然就"身先"、"身存"了。所以说，君主无为，"后其身"、"外其身"，反而能以无不为的方式身先、身存，实现了成就自身的目的（"成其私"）。

需要注意的是，得道者并不是为了"身先"、"身存"而故意"后其身"、"外其身"。得道者如果是为了"身先"、"身存"而故意"后其身"、"外其身"，就是有我了。顺物而为，自然就会"后其身"、"外其身"。

第八章以水的特性来类比阐明无欲－有欲之玄、无为－作为之玄的含义。

我们把本章的结构图示如下。

得道者与水的相似之处	水上善若水。善利万物而不争，处众人之所恶，故几于道。
得道者无欲－有欲之玄的表现	居善地，心善渊，与善仁。
得到者无为－作为之玄的表现	言善信，政善治，事善能，动善时。

水是柔弱的，它滋润万物而不与万物竞争，不挑剔所处的地方，没有贪婪之欲和争夺之心，一切顺随外物而为。因此，《道德经》以水来类比阐明得道者无欲－有欲之玄、无为－作为之玄的性质。但是，水是可见的、有形的，而道是"视之不见"的（参见第十四章），是无形的。二者并不完全相同，所以说，水"几于道"，但并不是道。

得道者效法水的无欲－有欲之玄、无为－作为之玄的性质。他们不挑剔居处，心思深沉，不追逐外物，与人交往没有偏好（"居善地，心善渊，与善仁"）——无欲－有欲之玄。他们说话出于实情，治国不生事端，处事顺物而成，行动顺应时机（"言善信，政善治，事善能，动善时"）——无为－作为之玄。

正因为得道者与水一样与世无争，所以他们不会被人埋怨。

第九章以日常生活现象类比阐明无名－有名之玄、无欲－有欲之玄的含义。我们将本章的结构图示如下。

	日常生活常识	持而盈之，不如其已；揣而锐之，不可长保。
引申	得道者以无欲－有欲之玄、无名－有名之玄的方式处世	金玉满堂，莫之能守；富贵而骄，自遗其咎。功遂身退，天之道。

前面几章以自然界的天、地、山、水来类比阐明道的性质，本章则以日常生活的现象来类比阐明道的特性。

从日常生活经验中我们知道，我们如果拿着一满杯水或一满盆水，水就会溢出来。如此一来，我们还不如少拿一些水。同样的道理，我们在打造刀时，如果刀刃过于锋利，就难以保持它的锋利程度。我们不如将刀刃打造得稍钝一些。

与这两种日常现象类似，我们如果有大量的金银珠宝，并且将它们放在客厅这个显眼的地方向别人炫耀（房屋前为堂，后为室，由堂才能入室。将大量金银珠宝放在堂中就是显摆），就是在招人惦记，如盗贼想偷窃，强盗想抢劫，有权者想据为己有。所以说，"金玉满堂莫之能守"。

同样，我们如果身处富贵，又骄傲自满，就会招来祸患；我们如果有了功劳，却贪恋其功，就会身陷危险。因此，得道者以无名之心对待有名之物，以无欲之心对待可欲之物，将金银珠宝放到内室等不显眼的地方而不显摆，就能保住财产（参见二十六章"虽有荣观，燕处超然"）；身处富贵却不骄傲，低调处世，就不会招来祸患；有功却不贪恋名位，功成身退，就能自保其身。

这里的"功成身退"不是说功成后一定要引退，而应该理解为功成后不居其名，与"金玉满堂，莫之能守；富贵而骄，自遗其咎"的含义更相符。可参见第二章"夫唯弗居是以不去"的解说。

第一小部分、第二小部分（第一章至第四章）阐释了道的含义，第三小部分的第五章至第九章类比阐明了道的性质。其中，第五章、第七章从天地的角度类比阐明道的性质，第六章从山的角度、第八章从水的角度类比阐明道的性质，第九章则从日常生活现象的角度类比阐明道的性。至此，道的含义阐述完毕，下文将转向修道部分。

（二）修道

领悟了道的含义，不等于能依道处世，不等于得道。得道还要经过修道的过程，即以道修正自己的行为。修道部分可以分为三小部分。第一小部分为第十章，提出修道的纲要。第二小部分（从第十一至二十七章）详细阐述修道者如何进行无名、无欲和无为环节的个人性修行。第三小部分（从第二十八至三十七章）详细阐述修道者如何按照无名－有名之玄、无欲－有欲之玄和无为－作为的标准进行社会性环节的修行。

与悟道部分类比阐释三个悟道环节含义时所存在的问题一样，广义的自我之玄与物之玄之间可能不存在分别，也可能存在分别。存在分别就要将自我与物再混而为一，即"玄之又玄"。而"玄之又玄"与玄的状态很难区分（前者只是后者的一种特殊状态），无法用语言直接描述。因此，社会性修道部分也没有强调描述"玄之又玄"与玄的区别。但在行文过程中，处处体现了"玄之又玄"，如第三十五章："道之出口，淡乎其无味，视之不足见，听之不足闻，用之不足既。"因此，本书也不特别强调"玄之又玄"，但读者要明白，广义的自我之玄与物之玄之间是混而为一的。

我将这一部分的结构图示如下。

第一小部分	第十章	提出修道纲要。
第二小部分 个人性环节的修行	第十一至二十七章	阐述修道者如何进行个人性无名环节、无欲环节和无为环节的修行。
第三小部分 社会性环节的修行	第二十八至三十七章	阐述修道者如何按照无名-有名之玄、无欲-有欲之玄和无为-作为的标准进行社会性环节的修行。

1. 修道纲要

这一小部分只包含第十章。第十章以无名-有名环节、无欲-有欲环节、无为-有为等三个环节出发提出修道的纲要,包括个人性修行、社会性修行以及修行所达到的功效等三个方面。

我们将这部分结构图示如下。

个人 性修行	载营魄抱一能无离乎?	无名	第十一至十九章
	专气致柔能婴儿乎?	无欲	第二十至二十三章
	涤除玄览能无疵乎?	无为	第二十四至二十七章
社会 性修行	爱民治国能无知乎?	无名-有名之玄	第二十八至三十一章
	天门开阖能无雌乎?	无欲-有欲之玄	第三十而至三十四章
	明白四达能无为乎?	无为-作为之玄	第三十五至三十七章
所达到 的效果	无名-有名之玄所达到的效果		生而不有。
	无欲-有欲之玄所达到的效果		为而不恃。
	无为-作为之玄所达到的效果		长而不宰。

个人修行包括三个环节:无名环节("载营魄抱一能无离乎")、无欲环节("专气致柔能婴儿乎")、无为环节("涤除玄览能无疵乎")。社会修行部分也包括三个环节:无名-有名之玄环节("爱民治国能无知乎")、无欲-有欲之玄环节("天门开阖能无雌乎")、无为-作为之玄环节("明白四达能无为乎")。个人性修行侧重于广义的无我修行,是消极的修行;社会性修行则侧重于广义的自我之玄的修行,是积极的修行。

为了便于分析,我们将《道德经》中有关个人性修行和社会性修行的主要区别列表对比如下。

	个人性修行	社会性修行
无名 丨 有名 环节	载营魄抱一能无离乎？ 视之不见名曰夷，听之不闻名曰希，搏之不得名曰微。此三者不可致诘，故混而为一……其上不皦，其下不昧，绳绳不可名，复归于无物……迎之不见其首，随之不见其后。（第十四章） 微妙玄通，深不可识……保此道者不欲盈，夫唯不盈，故能蔽不新成。（第十五章） 致虚极，守静笃，万物并作，吾以观复。（第十六章） 太上，下知有之……悠兮其贵言。功成事遂，百姓皆谓我自然。（第十七章） 大道废，有仁义；慧智出，有大伪；六亲不和，有孝慈；国家昏乱，有忠臣。（第十八章） 绝圣弃智……绝仁弃义……绝巧弃利。（第十九章）	爱民治国能无知乎？ 知其雄，守其雌……知其荣，守其辱……朴散则为器，圣人用之则为官长。故大制不割。（第二十八章） 将欲取天下而为之，吾见其不得已。天下神器，不可为也。为者败之，执者失之……是以圣人去甚，去奢，去泰。（第二十九章） 以道佐人主者，不以兵强天下……善有果而已，不敢以取强。果而勿矜，果而勿伐，果而勿骄，果而不得已，果而勿强。物壮则老，是谓不道，不道早已。（第三十章） 夫佳兵者，不祥之器。物或恶之，故有道者不处……兵者，不祥之器，非君子之器。不得已而用之，恬淡为上，胜而不美……偏将军居左，上将军居右，言以丧礼处之。杀人之众，以哀悲泣之，战胜，以丧礼处之。（第三十一章）
无名 丨 有名 环节	特征： 一、手段：消极（不、虚、静、贵）。 二、目标：达到无名状态。	特征： 1. 手段：积极（知其雄，守其雌）。 2. 目标：以无名之心治国（朴散则为器，圣人用之则为官长。故大制不割），达到无名-有名之玄状态。

	专气致柔能婴儿乎？	天门开阖能为雌乎？
无欲—有欲环节	绝学无忧。唯之与阿，相去几何？善之与恶，相去若何？人之所畏，不可不畏……我独泊兮其未兆，如婴儿之未孩。（第二十章） 孔德之容，惟道是从……自古及今，其名不去。（第二十一章） 不自见故明，不自是故彰，不自伐故有功，不自矜故长。夫唯不争，故天下莫能与之争。（第二十二章） 希言自然。故飘风不终朝，骤雨不终日。孰为此者？天地。天地尚不能久，而况于人乎？（第二十三章）	始制有名，名亦既有，夫亦将知止，知止可以不殆。（第三十二章） 知人者智，自知者明。胜人者有力，自胜者强。知足者富，强行者有志，不失其所者久，死而不亡者寿。（第三十三章） 大道泛兮，其可左右。万物恃之而生而不辞，功成不名有，衣养万物而不为主。常无欲，可名于小；万物归焉而不为主，可名为大。以其终不自为大，故能成其大。（第三十四章）
	特征： 1. 手段：消极（绝、不）。 2. 目标：达到无欲状态。	特征： 1. 手段：积极（知止、自知、自胜、知足、终不自为大）。 2. 目标：以无欲之心对待可欲之物（以其终不自为大，故能成其大），达到无欲-有欲之玄状态。
	涤除玄览能无疵乎？	明白四达能无为乎？
无为—作为环节	企者不立，跨者不行，自见者不明，自是者不彰，自伐者无功，自矜者不长……故有道者不处。（第二十四章） 人法地，地法天，天法道，道法自然。（第二十五章） 重为轻根，静为躁君，是以圣人终日行不离辎重。虽有荣观，燕处超然。（第二十六章） 善行无辙迹，善言无瑕谪，善数不用筹策，善闭无关楗而不可开，善结无绳约而不可解。（第二十七章）	执大象，天下往；往而不害，安平太。乐与饵，过客止。道之出口，淡乎其无味，视之不足见，听之不足闻，用之不足既。（第三十五章） 将欲歙之，必固张之；将欲弱之，必固强之；将欲废之，必固兴之；将欲夺之，必固与之，是谓微明。柔弱胜刚强。（第三十六章） 道常无为而无不为，侯王若能守之，万物将自化。化而欲作，吾将镇之以无名之朴。无名之朴，夫亦将无欲。不欲以静，天下将自定。（第三十七章）
无为—作为环节	特征： 1. 手段：消极（不、无）。 2. 目标：达到无为状态。	特征： 1. 手段：积极（张之、强之、兴之、与之、无不为）。 2. 目标：以无为之心作为（将欲歙之，必固张之。化而欲作，吾将镇之以无名之朴），达到无为-有为之玄状态。

在无名-有名环节，个人性修行的"载营魄抱一能无离乎"与社会性修行的"爱民治国能无知乎"都要求做到心无分待（"无离"、"无知"），即无名。但社会性修行还要求做到"爱民治国"。因此，在阐述个人性修行环节的"载营魄抱一能无离乎"时，使用的都是消极性词语"不"、"无"、"虚"、"静"、"贵"等，"视之不见名曰夷，听之不闻名曰希，搏之不得名曰微。此三者不可致诘……其上不皦，其下不昧，绳绳不可名，复归于无物……迎之不见其首，随之不见其后"（第十四章），（第十五章的）"微妙玄通，深不可识……保此道者不欲盈，夫唯不盈，故能蔽不新成"（第十五章），"致虚极，守静笃"，"悠兮其贵言"（第十六章），"绝圣弃智……绝仁弃义……绝巧弃利"（第十九章）。这些否定性的用词都是为了去掉分别之心以达到无名之名。而在阐发社会性修行环节的"爱民治国能无知乎"时，使用的则都是积极性的词语（当然，前提是已经经过个人性修行环节，达到了无名），"知其雄，守其雌……知其荣，守其辱"（第二十八章），即在面对雄与雌、荣与辱等的有名之名时，既承认雄、雌、荣、辱之名，又守雌对待雄、守辱对待荣，以无名之心对待有名之名、有名之物，达到无名-有名之玄。以"知其雄，守其雌"为例，在治理国家时，必须设立百官，这是"雄"。但得道的君主以"大制不割"的方式进行设立，这是"雌"，"朴散则为器，圣人用之则为官长。故大制不割"（第二十八章）。这里，"大制不割"的意思是，在将未加工的木材（朴）制成器具时，顺随木材的性质，适合做什么器具就制作什么器具，而不是按照自己的主观意愿任意加工木材。将这个原则用于治理国家，就是不以自己的主观意志治理百姓，而是顺随百姓的方式治理百姓，"以百姓心为心"（四十九章）。因此，"知其雄，守其雌"就是以无名之心对待有名之名，即无名-有名之玄。反之，如果不能做到以无名之心对待有名之名，在治理国家时，就会失败。所以，第二十九章说，"将欲取天下而为之，吾见其不得已。天下神器，不可为也。为者败之，执者失之……是以圣人去甚，去奢，去泰。"第三十章、三十一章则从战争这个特殊的角度阐述治国要做到第二十八章中的"知其雄，守其雌"，遵循以无名之心对待有名之名的"大制不割"原则。在治理国家的过程中，无法避免用兵，这是雄，但得道者以"不得已"之心对待,"以丧礼处之","以哀悲泣之",这是雌。

在无欲-有欲环节,个人性修行的"专气致柔能婴儿乎"与社会性修行的"天门开阖能为雌乎"都要求做到无欲("能婴儿"、"雌"),但社会性修行还要求做到"为雌"。因此,在阐述个人性修行环节的"专气致柔能婴儿乎"时,使用的都是消极性的词语"绝"、"未"、"不"等,"绝学无忧……人之所畏,不可不畏……我独泊兮其未兆,如婴儿之未孩"(第二十章),"不自见故明,不自是故彰,不自伐故有功,不自矜故长。夫唯不争,故天下莫能与之争"(第二十二章),"故飘风不终朝,骤雨不终日"(第二十三章)。而在阐发社会性修行环节的"天门开阖,能为雌乎"时,使用的则都是积极性词语(前提当然还是经过个人性修行环节,已经达到了心中无欲),如三十二章的"知止"、三十四章的"终不自为大,故能成其大"和三十三章的"自知"、"自胜"、"知足"。在面对外物时,能做到知止,就是以无欲之心对待有欲之物,"道常无名,朴虽小,天下莫能臣也。侯王若能守之,万物将自宾。天地相合以降甘露,民莫之令而自均。始制有名,名亦既有,夫亦将知止,知止可以不殆"(第三十二章)。无欲则为小,为小就能为大,"常无欲,可名于小;万物归焉而不为主。可名为大。以其终不自为大,故能成其大"(第三十四章)。在面对他人时,能够做到"自知"而后"知人",就是以无欲之心对待有欲之物(人),"知人者智,自知者明。胜人者有力,自胜者强。知足者富,强行者有志,不失其所者久,死而不亡者寿"(第三十三章)。做到了以无欲之心对待有欲之物和有欲之人,就达到了无欲-有欲之玄。

同样,在无为-作为环节,个人性修行的"涤除玄览能无疵乎"与社会性修行的"明白四达能无为乎"都要求做到无为("无疵"、"无为"),但社会性修行还要求做到"明白四达"。在阐述个人性修行环节的"涤除玄览能无疵乎"时,使用的都是消极性的词语"不"、"无"等,"企者不立,跨者不行,自见者不明,自是者不彰,自伐者无功,自矜者不长……故有道者不处"(第二十四章),"是以圣人终日行不离辎重"(第二十六章),"善行无辙迹,善言无瑕谪,善数不用筹策,善闭无关楗而不可开,善结无绳约而不可解"(第二十七章)。但是,在阐发社会性修行环节的"明白四达能无为乎"时，使用的则都是积极性词语（当然，前提同样是经过个人性修行环节，已经达到了无为）。在面对自己的敌手时，采用积极无为的手段，"将欲歙之，必固张之；将欲弱之，必固强之；将欲废之，必固兴之；将欲夺之，必固与之，是谓微明。柔弱胜刚强。"（第三十六章）以"将欲弱之，必固强之"为例，我们如果想要削弱对手，就要姑且让对手暂时强大。敌手强大了，就会得意忘形，暴露其弱点。我们就可以伺机打击，从而削弱敌手，乃至消灭敌手。需要注意的是，这里针对的是敌人，而不是己方，更不是百姓。对待百姓，得道的君主要顺随它们（四十九章："以百姓心为心"）。如果将对待敌人的手段用在百姓或自己人身上，就成了法家，彻底违背了《道德经》的本意。因此，第三十七章说，对待老百姓时，得道的君主要做到不妄为，"常无为而无不为，侯王若能守之，万物将自化。化而欲作，吾将镇之以无名之朴。无名之朴，夫亦将无欲。不欲以静，天下将自定。"面对敌手时，能以无为的手段打击；面对百姓或自己人，能采用以无为的手段对待，就是以无为之心对待作为之事，就是无为－有为之玄。

以上是修道部分中个人性修行和社会性修行的主要区别。从个人性修行的阐述结构看，无名、无欲和无为部分都包括提出问题、阐释在相应视角下道的性质和修行方法等三个方面。从这三个方面可以看出，个人性修行和社会性修行的根本区别在于修行方法。为了便于读者理解，我们将二者的区别列表对比如下。

	个人性修行方法	社会性修行方法
无名－有名环节	载营魄抱一能无离乎？	爱民治国能无知乎？
	致虚极，守静笃。（第十六章）	知其雄，守其雌……知其荣，守其辱。（第二十八章）
无欲－有欲环节	专气致柔能婴儿乎？	天门开阖能为雌乎？
	不自见故明，不自是故彰，不自伐故有功，不自矜故长。（第二十二章）	知人者智，自知者明。胜人者有力，自胜者强。知足者富，强行者有志，不失其所者久，死而不亡者寿。（第三十三章）

	涤除玄览能无疵乎？	明白四达能无为乎？
无为-作为环节	重为轻根，静为躁君，是以圣人终日行不离辎重。虽有荣观，燕处超然。（第二十六章）	将欲歙之，必固张之；将欲弱之，必固强之；将欲废之，必固兴之；将欲夺之，必固与之，是谓微明。柔弱胜刚强。（第三十六章） 道常无为而无不为，侯王若能守之，万物将自化。（第三十七章）

以修行方法为核心，经过个人性修行和社会性修行，就可以达到"生而不有，为而不恃，长而不宰"的状态，即达到无名-有名之玄、无欲-有欲之玄、无为-作为之玄的得道状态。

2. 个人性修道环节

个人性修行是整个修道的根本。它围绕广义的无我展开，包括无名环节、无我环节、无为环节。《道德经》对这三个环节修行的阐述结构是相似的，首先提出问题，然后阐释在相应视角下道的性质，最后根据道的性质提出相应的修行方法。

（1）个人性无名环节的修行

我们将这一部分的结构图示如下。

	名的产生	第十一至十三章	
如何达到无名（第十章："载营魄抱一能无离乎"）	道在无名视角下的性质与得道者的表现	第十四章	阐释在无名-有名视角下道的性质。
		第十五章	阐释古代得道者如何做到第十四章的"执古之道"。
	如何达到无名	第十六章	阐释"致虚寂守静笃"以达到无名。
		第十七章	阐述能做到第十六章"致虚寂守静笃"的君主和不能做到"致虚寂守静笃"的君主治理国家的不同结果。
		第十八章	阐述做不到第十六章"至虚极守静笃"对不同人所产生的不良后果。
		第十九章	阐述如何才能使不同的人回归到第十六章的"至虚极守静笃"。

第十一至第十三章分别从制造物自身的角度、人与物的关系角度和人与人关系的角度阐述日常之名的三种产生方式。第十四、十五章阐发道在无名视角下的性质以及古代得道者的表现——"其上不皦、其下不昧、绳绳不可名","迎之不见其首,随之不见其后"(第十四章),"微妙玄通,深不可识"(第十五章)。第十六至十九章从正反两个方面阐述如何达到无名。第十六章说,"万物并作,吾以观复",即做到动静如一。对于君主而言,无名的表现就是"下知有之"、"悠兮其贵言"(第十七章)。否则,如果只追逐仁、义、慈、忠等外在之名(第十八章:"大道废,有仁义;慧智出,有大伪;六亲不和,有孝慈;国家昏乱,有忠臣"),就会出现百姓"亲而誉之"、"畏之"等不合道的境况,乃至造成"侮之"、"有不信焉"等严重后果(第十七章)。避免这种局面的方法就是去掉外在的圣、智、仁、义、巧、利之名,回归"见素抱朴,少私寡欲"的无名状态(第十九章:"绝圣弃智,民利百倍;绝仁弃义,民复孝慈;绝巧弃利,盗贼无有。此三者,以为文不足,故令有所属,见素抱朴,少私寡欲")。下面我们从名的产生开始对本部分内容进行详细地分析。

在阐述无名环节的修行之前,首先要理解名的产生。从《道德经》的第二章可知,日常的有名之名产生于分别,但是第二章对名的产生以及无名-有名之玄的阐释比较简略。而修道部分的第十一至第十三章则从制造物自身、我与物的关系和我与人的关系等三个角度对名的产生进行了详细的论述。

我们将第十一至第十三章的论证结构图示如下。

	物自身的角度	人与物间关系的角度	人与人(包括自身)间关系的角度
名的产生(第十章:"载营魄抱一,能无离乎")	三十辐共一毂,当其无,有车之用。埏埴以为器,当其无,有器之用。凿户牖以为室,当其无,有室之用。	五色令人目盲,五音令人耳聋,五味令人口爽,驰骋田猎令人心发狂,难得之货令人行妨。	宠辱若惊,贵大患若身。何谓宠辱若惊?宠,为下得之若惊,失之若惊,是谓宠辱若惊。何谓贵大患若身?吾所以有大患者,为吾有身,及吾无身,吾有何患!
	第十一章	第十二章	第十三章

第十一章以举例的方式阐明制作物之名的产生。

我们将本章的结构图示如下。

举例说明先有名后有制作物	三十辐共一毂,当其无,有车之用。埏埴以为器,当其无,有器之用。凿户牖以为室,当其无,有室之用。
制作物离不开名	故有之以为利,无之以为用。

第十一章先列举三个日常生活的例子阐释制作物之名的产生。第一个例子是制造车毂。三十根辐条绕着车毂,有车毂才有车。因此,有空虚之处(无)与实有的辐条(有),才有车之用。第二个例子是制作器物,第三个例子是建造房屋。器物和房屋都需要实有的部分和空虚的部分。实有的部分就是有,空虚的部分就是无。从这三个例子可以看出,在制作过程中首先产生有和无,然后才有制造物之用。而有与无都是名(参见第二章)。因此,先有日常的有之名与无之名,然后制作物才在有名之名中呈现——"有名,万物之母。"(第一章)

从制造物之名的产生可以进行合理的推论:自然物之名的产生也是由分别对待而产生的。不过,自然物的分别对待不限于有和无,而应扩展为阴和阳。有、无只是阴、阳的表现形式之一(参见第四十二章)。阴、阳还有很多不同的表现形式,如前与后、虚与实。前、后、虚、实与阴、阳一样,都是有名之名。有物之物则在前、后、虚、实中呈现。

从本章有与无的含义可以看出,王弼"有产生于无"的判断存在问题。王弼说:"凡有皆始于无,故'未形'、'无名'之时则为万物之始,及其'有形'、'有名'之时,则长之育之,亭之毒之,为其母也"(《道德真经注》第一章注释)。这里,王弼所谓的"有"('有形'、'有名')是指《道德经》中的有与无、长与短等有名之名,而王弼的所谓无"("未形"、"无名")则相当于《道德经》中的无名之名。王弼的"有"与《道德经》中的"无"混而为一才构成王弼的"无"。因此,王弼的有与无与《道德经》中的含义不一致,王弼对《道德经》的解释虽然被后世所承认,但他对有与无的理解并不符合《道德经》的本义。

第十二章从人与物之间关系的角度提出有名之名，并阐述追逐有名之物所造成的危害。

我们将本章结构图示如下。

日常有名之名的存在以及追逐有名之物所产生的后果	五色令人目盲；五音令人耳聋；五味令人口爽；驰骋畋猎，令人心发狂；难得之货，令人行妨。
得道者对待有名之物的原则	是以圣人为腹不为目，故去彼取此。

从第一章可知，名分为无名之名和有名之名。无欲对应无名之名，驰骋畋猎之事、难得之货都属于广义的无名之名。有欲则产生五色、五音、五味等有名之名。有欲不等于贪欲。有了贪欲就会心生好恶，追逐有名之物、有名之名，就会造成目盲、耳聋、口爽、心发狂、行妨的后果。

得道者心中无名，"为腹不为目"，丰衣足食而不追逐有名之物、有名之名。如何做到"为腹不为目"？第十四章将给出答案。

第十三章从人与人之间关系的角度阐述名的产生。

我们将本章结构图示如下。

与他人产生有分别对待就会产生宠、辱之名	宠辱若惊……何谓宠辱若惊？宠为下，得之若惊，失之若惊，是谓宠辱若惊。
自身与自身有分别对待就会产生大患	贵大患若身……何谓贵大患若身？吾所以有大患者，为吾有身，及吾无身，吾有何患？
自我与自身没有分别对待所带来的效用	故贵以身为天下，若可寄天下；爱以身为天下，若可托天下。

《道德经》中的第三类名是由人与人之间的关系产生的。本章分别从自己与他人的角度、自身与自身的角度加以阐述。首先，从自身与他人关系的角度阐释宠、辱之名的产生。我们为什么会有受宠与受辱的感觉？因为我们心中有分别对待。人心中有了宠辱之分，受辱时受到惊吓，得宠时感到惊喜——宠辱若惊（最高的快乐不是惊喜，更不是惊吓，而是无忧无乐的至乐。参见第三十九章的"数舆无舆"）。其次，从自身与自身关系的角度阐释大患的产生。

心中有分别，就会看重自身，即"有身"。"有身"就会与外物发生冲突，与他人产生冲突，从而给自己带来祸患。

天下应当托付给这种不以分别之心看待自身的人。这样的人不会不顾自身地去追逐外物，以致给自己和天下人带来灾难。"贵以身为天下，若可寄天下；爱以身为天下，若可托天下"。

第十一章至第十三章分别从三个角度阐述了有名之名的产生。第十四章、第十五章则从无名-有名的角度阐述道的性质以及得道者的表现。

第十四章从无名的视角阐述道的特性。

我们将第十四章的结构图示如下。

事物自身是混而为一、不可感知的	视之不见，名曰夷；听之不闻，名曰希；搏之不得，名曰微。此三者不可致诘，故混而为一。
混而为一、不可感知的无名之物的状态	其上不皦，其下不昧，绳绳兮不可名，复归于无物。是谓无状之状，无物之象，是谓惚恍。迎之不见其首，随之不见其后。
如何驾驭混而为一、不可感知之物	执古之道，以御今之有。能知古始，是谓道纪。

在无名的视角下，道呈现为"视之不见"、"听之不闻"、"搏之不得"的状态（"视之不见"、"听之不闻"、"搏之不得"的含义可参见第十四章的解读部分），且"视"、"听"、"搏"不分，"此三不可致诘，故混而为一"。

这种混而为一之物，黑白不分、首尾不分，"其上不皦，其下不昧"，"迎之不见其首，随之不见其后"，微而不绝、不可命名，"绳绳兮不可名"。因此，这种混而为一的无名之物就会呈现出"无状之状"、"无物之象"，老子称之为无物之物，"惚恍"之物。

如何才能驾驭这种无名状态？领悟了自古存在的道就能做到，"执古之道，以御今之有"。

第十五章阐明第十四章"执古之道"之道的含义，具体描述得道者"微妙玄通，深不可识"的"执古"方式。

我们将第十五章的结构图示如下。

古之得道者的处世方式	微妙玄通，深不可识。
微妙玄通、深不可识的具体表现	微妙——豫焉若冬涉川，犹兮若畏四邻，俨兮其若容。
	玄——敦兮其若朴。混兮其若浊。
	通——涣兮其若冰之将释，旷兮其若谷。
微妙玄通、深不可识所产生的功用	孰能浊以静之徐清，孰能安以久动之徐生。保此道者，不欲盈。夫唯不盈，故能蔽不新成。

微就是感觉到而没有意识到（第十四章说，"搏之不得，名曰微"），妙就是第一章"常无欲以观其妙"之妙。微妙则我与物没有分别，顺随外物。没有分别，所以说"玄"；顺随外物，所以说"通"。"微妙玄通"则"深不可识"。"深不可识"就无从描述，但为了显示得道者的处世方式，又必须描述，因而只能勉强以类比的方式对"微妙玄通"的状态加以阐释，所以说，"强为之容"。

"微妙玄通"之人处世小心、谨慎、恭敬，"豫焉若冬涉川，犹兮若畏四邻，俨兮其若容"。这是"微妙玄通"之"微妙"的表现。

"微妙玄通"之人对物不分别对待，"敦兮其若朴，混兮其若浊"（朴是为加工的木材，取其未分之意）。这是"微妙玄通"之"玄"的表现。

"微妙玄通"之人对物不分别对待，因而能容纳万物，"涣兮其若冰之将释，旷兮其若谷"。这是"微妙玄通"之"通"的表现。

正因为"微妙玄通"，所以能以不分清与浊、不分动与静的无名之心对待物。对物不妄加干预，因而水自然清澈，物自然呈现出生机（"孰能浊以静之徐清，孰能安以久动之徐生"）。也正因为"微妙玄通"，以不分新、旧的无名之心对待物（"不盈"），旧的物才不会遮蔽新的物。

这里的"微妙玄通"之"玄"、"敦兮其若朴"之"朴"、"混兮其若浊"之"混"、"保此道者不欲盈，夫唯不盈"之"不盈"都是无名的表现。

第十四、十五章阐述了从名的角度阐述道的性质以及得道者的表现，从第十六至第十九章则阐述如何才能达到无名。

第十六章阐述达到无名的前提：致虚极，守静笃。

我们将本章的结构图示如下。

只有达到虚寂、清静才能从有名中感觉到无名	至虚极，守静笃。万物并作，吾以观复。
为什么达到清静才能从有名中感觉到无名	夫物芸芸，各复归其根。归根曰静，静曰复命。复命曰常，知常曰明，不知常，妄作凶。
清净知常道的功用	知常容，容乃公，公乃王，王乃天，天乃道，道乃久，没身不殆。

第十六章的开头就指出了只有做到"至虚极，守静笃"才能从有名万物的竞相生长中看到万物向无名之物的回归（"夫物芸芸，各复归其根"）。

第一章说过，无名之名产生有名之名，日常万物则在有名之名中呈现（第一章："有名，万物之母"）。而无名之物不可命名、不可表述，也不可感知（第十四章），能感知到的是有名之名、有名之物。我们只有彻底做到虚寂、清静，顺随无名之物，才能在"竞相生长"的有名万物中，感觉到它们向无名的回归，"万物并作，吾以观复"。

万物变化纷纭，各自回归其本原。返回本原的叫做静，静就叫回归物之本性，回归物之本性就叫常道。领悟了常道，就是明道之人，"知常曰明"。否则，不明常道，任意而为，就会带来"大患"。

为什么明白常道就能免于"大患"？因为明白了常道就知道日常之物与无物之物的关系，因而会包容万物；包容万物就不会偏于一隅。不偏于一隅就具备王者之德，王者之德才合天之德，合天之德才合道。就不会与物冲突，因而能使自己终身免于大患。

第十七章阐释达到"致虚极守静笃"的君王和不能"致虚极守静笃"的君王治理国家的不同结果。

我们将本章的结构图示如下。

"至虚极守静笃"的君主	太上,不知有之。
不能"至虚极守静笃"的君主	其次,亲而誉之;其次,畏之;其次,侮之。信不足焉,有不信焉。
君主如何做到"至虚极守静笃"	悠兮,其贵言。功成事遂,百姓皆谓我自然。

君主如果能做到"至虚极守静笃",就是"公乃王"之王(第十六章)。虚寂清净才能做到无欲、无名,不会追逐身外之物、身外之名,所以,在这样的君主治理下,百姓只知有君主而无从毁誉。

与之相反,君主如果做不到"至虚极守静笃",不能成为"公乃王"之"王",就可能被百姓"亲而誉之"、"畏之"乃至"侮之"。君主如果给百姓带来好处,百姓就会亲近君主、赞誉君主("亲而誉之")。但亲疏相生、毁誉相生。有"亲而誉之"就会有"疏而毁之"。如果君主以武力治国,百姓就会畏惧君主。但畏与不畏相生。一旦君主的威权不足,百姓就不会听从君主的命令,从而造成动乱(七十二章:"民不畏威,则大威至")。君主如果以智巧治国,一旦智巧不足就会辅以虚伪,百姓就不再信任君主。这几种君主都没有做到"致虚极守静笃",因而不是"公乃王"之王,而是带有私心之王。

君主如何才能做到"致虚极守静笃"成为"公乃王"之王呢?"贵言"——当说则说,不当说则不说,不轻易发号施令。这样,等到事情做成时,百姓就会觉得事情本来就应该如此,既无从诋毁,也无从称赞。君主也就没有大患了。

第十八章阐述不同的人做不到"至虚极守静笃"的后果。

我们将第十八章的结构图示如下。

不能做到"致虚极守静笃"所带来的"大患"	大道废,有仁义;智慧出,有大伪;六亲不和,有孝慈;国家昏乱,有忠臣。

第十七章阐述了做到"致虚寂守静笃"的君主和不能做到"致虚寂守静笃"的君主给自己所带来的结果。本章阐述不同的人不能做到"致虚寂守静笃"的

后果。

君主做不到第十六章所说的"致虚寂守静笃",就不能成为"公乃王"之王,就会抛弃大道。于是,在君主眼里,就没有无物之物,只有让人或偏爱或偏恨的日常之物。偏爱就是"大道废,有仁义"之仁。义则不仅有偏爱,还会对偏爱之物加以追逐。所以说,"大道废,有仁义"。仁、义都属于有为(三十八章:"上仁为之而无以为"、"上义为之而有以为")。需要注意的是,这里所说的大道被废弃,意思是忽视了大道,而不是真的抛弃了大道。从根本上说,大道是无法被彻底抛弃的。人总是在道之中。从整个《道德经》看,老子的仁、义不只是指情感而言的,还是指以仁义为出发点的学说,极可能是批判儒家关于仁义的思想。

"大道废"之后,人们就追逐利益,产生追逐利益的智慧。对利益的追逐是无止境的,但智慧不可能解决所有的问题,于是,人们就会以伪来掩饰,所以说,"智慧出,有大伪"。

追逐利益就会在六亲之间产生矛盾。六亲之间存在矛盾,就会彰显长辈慈与不慈、晚辈孝与不孝的问题。所以说,"六亲不和,有孝慈"。这里的孝慈是因为六亲不合产生的,不是出自真情实感。所以,这里的孝慈只是指孝慈之名。

大道废除、追逐利益还会给国家造成混乱。国家混乱了,就凸显了臣子的忠诚问题,所以说,"国家昏乱,有忠臣"。同样,这里的忠也不是出自真情实感的忠,而只是指忠之名。

第十九章阐述如何回归第十六章的"致虚极守静笃"。
我们将第十九章的结构图示如下。

去除智巧、仁义、私欲达到十六章的"致虚极守静笃"	绝圣弃智,民利百倍;绝仁弃义,民复孝慈;绝巧弃利,盗贼无有。
如何去除智巧、仁义、私欲	见素抱朴,少私寡欲。

如何才能解决第十八章所说的问题以达到第十六章的"致虚极守静笃"呢?抛弃圣、智、仁义、机巧和私欲。

君主抛弃了圣、智之名，就不会折腾百姓，百姓就会获得百倍的利益；抛弃仁义思想，百姓就不会追逐孝慈之名，从而恢复其真正的孝慈；抛弃机巧和贪欲，"不贵难得之货"（第三章），百姓就不会去追逐名利而盗窃，所以说，"绝巧弃利，盗贼无有"。做到了上述内容，君主和百姓才能达到第十六章的"致虚极守静笃"。

怎样去掉智巧、仁义、私欲之名呢？这需要让百姓尽量保持"致虚寂守静笃"的淳朴状态，减少私利和欲望，"见素抱朴，少私寡欲"。

（2）个人无欲环节的修行

第二十至二十三章阐发第十章"专气致柔能婴儿乎"的含义，即如何才能做到如婴儿般无欲。其中，第二十章阐述达到"如婴儿之未孩"般无欲的关键在于顺道，第二十一章阐释无欲视角下的道及其性质，第二十二章、二十三章分别从正、反两个方面阐释如何做到无欲以顺道。

我们将这一部分的结构图示如下。

20 章	提出得道者要做到"如婴儿之未孩"般无欲。	
21 章	第二十章阐述在无欲视角下的道及其性质。	
22 章	如何做到无欲以顺道以及做不到无欲顺道的后果	如何遵循自古就存在之道以做到无欲。
23 章		不遵循自古就存在之道的后果。

第二十章阐述如何才能达到"如婴儿之未孩"般无欲。

第十章说，"专气致柔能婴儿乎"？本章的"如婴儿之未孩"、"而贵食母"是开始阐释第十章这句话的提示词。这里需要说明的是，《道德经》认为，婴儿是无欲的,因而得道者要像婴儿一样才能做到无欲。至于婴儿是不是真的无欲，并不影响本章的结论。

我们将本章的结构图示如下。

无分别、无名因而无欲	绝学无忧。唯之与阿，相去几何？善之与恶，相去若何？人之所畏，不可不畏。

对比描述众人贪欲的表现与得道者"婴儿之未孩"般无欲的表现	荒兮，其未央哉！众人熙熙，如享太牢，如春登台。我独泊兮其未兆，如婴儿之未孩。累累兮，若无所归。众人皆有余，而我独若遗。我愚人之心也哉！沌沌兮！俗人昭昭，我独昏昏；俗人察察，我独闷闷。淡兮其若海，飂兮若无止。
达到"如婴儿之未孩"的关键	众人皆有以，而我独顽且鄙。我独异于人，而贵食母。

庄子在《养生主》篇说："吾生也有涯，而知也无涯。以有涯随无涯，殆已……为善无近名，为恶无近刑。"这里的知指分善分恶之知，就是本章"绝学无忧"之学。"绝学"就是去掉对唯与阿、美与恶的区分（"唯之与阿，相去几何？善之与恶，相去若何"）。唯与阿、善与恶都是名。因此，"绝学"就是去除分别之名以达到无名。做到无名才能顺随事物，不与事物产生对抗。得道者无名以顺物，因而对"人之所畏"之事"不可不畏"。"不可不畏"就是保持无欲状态以顺随外物。可见，这一部分是从无名部分向无欲部分的过渡。

无欲者与众人不同。众人追逐外物，得道者以无欲之心对待可欲之物。因此，众人无节制地恣意地享乐，沉浸于物欲之中，"荒兮，其未央哉！众人熙熙，如享太牢，如春登台"；而得道者淡泊无欲，不追逐外物，"如婴儿之未孩"般无欲，对物无动于衷，好像无家可归；众人显得很富足，自己好像有所不足。

众人沉浸于物欲之中，显得高明又严苛（"俗人昭昭"、"俗人察察"）；得道者好像无爱无恶、昏昏昧昧（"我独昏昏"、"我独闷闷"）。但正因得道者心如大海般深沉无欲，才能做到行为飘逸，通达万物，"淡兮其若海，飂兮若无止"。

得道者如何做到"如婴儿之未孩"般无欲？与众人有为不同，得道者无为以顺道，不追逐外物。

第二十一章阐述在无欲-有欲视角下道的性质。

我们将本章的结构图示如下。

如何做到第二十章的"贵食母"	孔德之容，唯道是从。

无欲－有欲视角下道的性质	道之为物，唯恍唯惚。惚兮恍兮，其中有象；恍兮惚兮，其中有物。窈兮冥兮，其中有精；其精甚真，其中有信。
通达道的原则	自今及古，其名不去，以阅众甫。吾何以知众甫之状哉！以此。

第二十章结尾说，得道者之所以如婴儿般无欲，是因为"贵食母"，即看重道。那么如何做到"贵食母"？"惟道是从"，即完全遵循道，以无欲之心顺随道。那在无欲－有欲的视角下，道呈现什么样的性质呢？

"道之为物，唯恍唯惚"。道就是"恍惚"之物。第十四章说，"视之不见，名曰夷；听之不闻，名曰希；搏之不得，名曰微……是谓惚恍"。"视之不见"、"听之不闻"、"搏之不得"是只感觉到却没有意识到的状态（参见本章的解读部分）。因此，在无欲－有欲的视角下，我们可以感觉到道的恍惚之象。不过由于道是恍惚之物，所以显得好像悠远而不分明，但它真实存在，有迹象且就在当场，可以验证。日常万物就从这种"恍惚"之物中产生。

这种"恍惚"之物（道）自古就存在，道之名从不改变。因此，只要我们顺随自古就存在的道，就能做到无欲以得道。

第二十二章阐述如何做到第二十一章的"阅众甫"。

我们将本章的结构图示如下。

类比论证为什么要"抱一为天下式"	曲则全，枉则直，洼则盈，敝则新，少则得，多则惑。是以圣人抱一为天下式。
如何做到"抱一为天下式"	不自见，故明；不自是，故彰；不自伐，故有功；不自矜，故长。夫唯不争，故天下莫能与之争。
"抱一"的功用	古之所谓"曲则全"者，岂虚言哉！诚全而归之。

上一章阐述了在无欲－有欲之玄的视角下道的性质，这一章接上一章阐述如何顺随自古就存在的道以"阅众甫"。

在日常生活中，物都是有分别的。一般人存有分别对待之心，喜欢某个方面，讨厌某个方面。这是贪欲的表现。得道者以无欲之心对待可欲之物（第三章："不贵难得之货"），以无分别之心对待曲与全、枉与直、敝与新、洼与盈、少与多等等一切日常分别对待，不讨厌任何一方，处于众人所厌恶的曲、枉、敝、洼、少之地（第八章："处众人之所恶"），与物混而为一（即"抱一"）。

怎样才能做到"抱一"去欲呢？不固执己见，不自以为是，不自我夸耀，不自高自大。这样，就能做到无欲顺物，与人无争，因而其所见就明、所是就彰显、其功就能保有、其事会长久，以其不争而使"天下莫能与之争"。

"抱一"就是顺随无物之物，顺随道。"不自见"、"不自是"、"不自伐"、"不自矜"都是无欲的表现。无欲则能"抱一"，就能做到曲己从人，保全一切。

第二十三章采用类比的方法阐发上一章无欲"抱一"才能顺随道的思想。

我们先将本章的结构图示如下。

类比论证要"抱一"	希言自然。故飘风不终朝，骤雨不终日。孰为此者？天地。天地尚不能久，而况于人乎？
"抱一"与不"抱一"各自的后果	故从事于道者，道者同于道；德者，同于德；失者，同于失。同于道者，道亦乐得之；同于德者，德亦乐得之；同于失者，失亦乐得之。信不足焉，有不信焉。

上一章阐述提出做到无欲"抱一"才能顺道的观点，这一章则以生活常识对此进行具体阐发。我们从生活常识中可以知道，自然界的狂风不能持续整个早晨，自然界的暴雨不可能持续一整天。由此可见，上天不能随心所欲。由此类推，我们如果随心所欲地任意行事，当言不言，不当言妄言，也同样不能长久。所以说，人如果依道、德而为，道、德就会有助于他。反之，人如果不顺道、不顺德，任意妄为，就会被道所抛弃。当然，这里的抛弃是相对的。从绝对的角度而言，道不可能抛弃人，人总在道中。

对君主而言，失道失德就会造成诚信不足、不被百姓信任的后果。

这里的"飘风不终朝骤雨不终日"是以老子所处的自然环境而言的，并不是所有的地方、所有的时候都是"飘风不终朝骤雨不终日"的，但这个影响老子想表达的意思。

（3）个人无为环节的修行

第二十四章至二十七章阐述如何做到第十章"涤除玄览能无疵乎",即达到无为-作为之玄。其中,第二十四章提出得道者要"涤除玄览"(无为),第二十五章阐释在"涤除玄览"视域下的道及其性质,第二十六章阐述要以"重"、"静"的方式处世才能做到"涤除玄览",第二十七章阐述在日常生活中如何具体做到"涤除玄览"以达到无为。

我们将这一部分论述图示如下。

第二十四章	提出"涤除玄览"才能得道。	
第二十五章	阐释在无为视角下道的性质。	
第二十六章	如何达到无为("涤除玄览")	以"重"、"静"的方式才能做到"涤除玄览"。
第二十七章		在日常生活中如何做到"涤除玄览"以做到无为-作为合一。

第二十四章提出要"涤除玄览"以达到无为。

我们将本章的结构图示如下。

举出两种违反自然的行为方式	企者不立;跨者不行
列举四种不合自然的处世方式	自见者不明;自是者不彰;自伐者无功;自矜者不长
得出摈弃"余食赘行"的结论	余食赘行,物或恶之,故有道者不处。

从我们自身知道,踮起脚跟不是自然的站立姿势,因而无法站稳;跨着大步走路也不是自然的行走方式,因而无法走远。这都是有为的方式。同样,在社会生活中,固执己见、自以为是、自我夸耀、自高自大都不是自然的处世方式。固执己见者不见他人之见,因而所见就不明;自以为是者不见他人之是,难以为被他人接受,因而不会彰显;自我夸耀者不见他人之功,就会遭人忌恨,因而难保其功;自高自大者贬低他人,就会与人产生冲突,因而难以长久。与"企而立"、"赘而行"一样,这些行为都是有欲、有为的表现,得道者要像对待剩饭、赘瘤般去掉这些行为。

"余食赘行"是开始阐发第十章"涤除玄览能无疵乎"的提示词。

第二十四章末尾总结说"有道者不处",那么得道者处于何地?处于道中。因此,第二十五章就阐述在"涤除玄览"(无为)视域下道的性质以及得道者如何顺随道。

我们将本章的结构图示如下。

无为视域下的道	有物混成,先天地生。寂兮寥兮,独立而不改,周行而不殆,可以为天地母。吾不知其名,字之曰道,强为之名曰大。
道在这种视角下的性质	大曰逝,逝曰远,远曰反。
人要顺随道	故道大,天大,地大,人亦大。人法地,地法天,天法道,道法自然。

从第一章和第十四章知道,道不可感知、不可描述,是"恍惚"之物,先于日常之物。所以,本章开头就说"有物混成,先天地生"。"有物混成"是"恍惚"之物的另一种表达。

道既然在天地万物之先存在,是混成之物,因而无声、无形(有声有形就可以感知,就不是"混成"之物了),独立存在且古今如此(不独立就有分别。有分别就不是道。古今不如此就有分别),无所不在且无往不通(有物之处先有道)。日常万物都从其中产生,所以说,道"可以为天下母"。

面对道的这种"混成"性质,我们无法命名,因为一旦命名,无物之物就成了日常之物。而人们为了表达道又离不开名,所以就姑且将其称为道,也可以称其为不可分之"大"。这里所谓的"大"不是大小的大,而是无物能与之对待的意思。

既然道是"人"或是"混成之物",不是日常可感知之物,那么它就是变动不居的(不变动就是可感知、可思维之物,就是有物之物了),且有物的地方先有无物之物,无物之物混为一体(不为一体就有分别对待了),所以说,"大曰逝,逝曰远"。日常之物从无物之物产生,又归于无物之物,所以说,"远曰反"。

在宇宙之中,道是无物之物,天、地是有物之物的代表,王则是人的代表。因此,道、天、地、人就代表了宇宙中的一切物。但人生存在大地上,因而要顺随大地。大地在上天之下，所以不可违逆上天。上天不可违逆道。道则是物自身自然而然的样子。

第二十六章论述如何顺随道以做到无为的原则。

我们将本章的结构图示如下。

重、静而不妄为才能"法自然"	重为轻根，静为躁君。是以圣人终日行不离辎重。虽有荣观，燕处超然。
不能稳、静而妄为就会带来祸患	奈何万乘之主，而以身轻天下？轻则失根，躁则失君。

第二十五章末尾说，要做到无为就要效法自然。如何顺随道以做到无为呢？本章阐述了基本原则，就是要做到稳重而不轻浮、沉静而不急躁（"重为轻根，静为躁君"），不追逐外物。这样的人，即使拥有华丽的宫室，也不会去显摆、炫耀，而是将其与普通房屋一样对待，"虽有荣观，燕处超然"。当然，也不会将其毁掉或随便扔掉。毁掉或扔掉是有欲的特殊表现。相反，如果只有简陋的房舍，得道者也不会抱怨，而是泰然处之。

对于拥有万乘兵车的大国君主而言，如果不能做到稳重、沉静，而是轻举妄动，追逐外在之物，就会给自身和国家带来危害，所以说，"轻则失根，躁则失君"。

第二十七章以日常生活为例阐释实现无为的原则。

我们将本章的结构图示如下。

列举无为的行为	善行无辙迹，善言无瑕谪；善数不用筹策；善闭无关键而不可开；善结无绳约而不可解。
得道者以无为原则用人、治国	是以圣人常善救人，故无弃人；常善救物，故无弃物。是谓袭明。故善人者，不善人之师；不善人者，善人之资。不贵其师，不爱其资，虽智大迷，是谓要妙。

上一章阐述了无为的原则，但没有详细说明如何才能做到。本章则用日常

生活中的具体事例加以阐述。例如，走路时，得道者顺自然而行，而无行走之心，所以，有痕迹也不存痕迹之心；言谈时，得道者顺随事物而言，而无有言之心，当言则言，不当言则不言，因而不会有过失；在计算事物的多少时，而无计数之心，根据事物直接进行计算，无需运用筹策这个中介；善于关闭的人，无关闭之心，以顺物之性、不引起人注意的方式关闭，因而他不必用栓锁，别人也打不开。

得道者将这种无为的原则运用到治理国家时，就会因人之用而用，人人都有用，没有可抛弃的人；在使用物时，因物之用而用，物都有用，没有可抛弃的物。因此，整个社会呈现出合道的状态。相反，如果君主在治理国家时，以有为的方式用人，不遵循道，就无法治理好国家。所以说，以分别之心对人的人，即使再聪明也是大糊涂蛋（"虽智大迷"）。

第十一至十九章阐述了如何修炼才能做到无名，第二十至二十三章阐述了如何修炼才能做到无欲，第二十四至二十七章阐述了如何修炼才能做到无为。达到了无名、无欲、无为，就达到了广义的无我，完成了修道的第一步。

二、社会性修道环节

通过个人性修行环节，我们可以达到无名、无欲、无为，即达到了广义的无我。但在社会之中生存，我们还要面对有物之物，所以还要进行社会性修行。

与个人性修行环节相比，社会性修行有两点不同。一、进行社会性修行环节的个人已经达到了广义的无我，即无名、无欲、无为。二、社会性修行环节侧重于人际关系领域，主要阐述修道者如何处世。《道德经》则从得道的君主治理国家的角度来阐述修道问题。

从论述形式上看，《道德经》对这三个环节的论证结构基本是相同的，即先提出问题，然后阐述如何修行，没有个人性修行环节中阐释道的性质部分。这是因为在个人性修行阶段已经阐明了在相应视角下道的性质，所以无再需重复了。

我们将这部分结构图示如下。

社会修行环节	无名-有名之玄	爱民治国,能无知乎?	第二十八章至第三十一章
	无欲-有欲之玄	天门开阖,能无雌乎?	第三十二章至第三十四章
	无为-作为之玄	明白四达,能无为乎?	第三十五章至第三十七章

第二十八至三十七章阐述社会性环节的修行,包括无名-有名之玄、无欲-有欲之玄、无为-作为之玄等三个环节。第二十八至三十一章从无名-有名之玄环节阐述如何进行社会性环节的修行("爱民治国,能无知乎"),第三十二至三十四章从无欲-有欲之玄环节阐述如何进行社会性环节的修行("天门开阖,能为雌乎"),第三十五至三十七章从无为-有为之玄环节阐述如何进行社会性环节的修行("明白四达,能无为乎")。

与个人性修行环节一样,社会性修行环节中的"玄"也包括"玄之又玄"的状态。《道德经》没有特别强调这个问题,下文也就不赘述。

(1)无名-有名之玄之社会性修行

第二十八章至第三十一章阐述如何以无名之心对待有名之名以实现第十章"爱国治民能无知乎",即如何进行无名-有名之玄的社会性修行。其中,第二十八章提出"知其雄守其雌性"、"大制不割"的原则以实现第十章"爱民治国能无知乎"的思想。第二十九章阐释不以"大制不割"的方式治国的后果以及为什么要以"大制不割"的方式治国。第三十、三十一章从战争这个特殊的治国角度阐述得道者如何运用第二十八章"大制不割"的原则来实现第十章的"爱民治国"。

我们将这部分的结构图示如下。

第二十八章	提出"知其雄守其雌性"、"大制不割"的原则以实现第十章"爱民治国能无知乎"的思想。
第二十九章	阐述君主不以"大制不割"的方式"治国"的后果以及为什么要以"大制不割"的方式治国。
第三十、三十一章	从战争的角度阐述得道者如何采用第二十八章"大制不割"的原则以实现第十章"爱民治国"。

第二十八章以类比的方式阐述如何运用"知其雄守其雌"、"大制不割"的原则以实现第十章"爱民治国能无知乎"的思想。

我们将本章的结构图示如下。

如何以无名之心对待有名之物、有名之名以达到无名-有名之玄	知其雄，守其雌，为天下溪。为天下溪，常德不离，复归于婴儿。知其白，守其黑，为天下式。为天下式，常德不忒，复归于无极。知其荣，守其辱，为天下谷，常德乃足，复归于朴。
得道的君主如何以上述原则治理国家	朴散则为器，圣人用之，则为官长，故大制不割。

从事物自身而言，没有所谓的雄与雌、白与黑、荣与辱之分。但在日常生活中，事物都由分别对待而成，因而有雄就有雌，有白就有黑，有荣就有辱（参见第二章）。雄与雌、白与黑、荣与辱都是名，都是第十章"爱民治国能无知乎"之知（无知之知是对事物的分别之知，即有名。庄子在《养生主》中说，"吾生也有涯，而知也无涯。以有涯随无涯，殆已；已而为知者，殆而已矣。为善无近名，为恶无近刑。"这里的知就是分别善恶之知）。一般人喜欢雄、白、荣而厌恶雌、黑、辱。得道者心无好恶，对雄与雌、白与黑、荣与辱同等看待，视雄、雌如一，白、黑如一，荣、辱如一（"知其雄守其雌"，"知其白守其黑"，"知其荣守其辱"），不与众人争夺，"处众人之所恶"（第八章）。因此，得道者就会如溪流、川谷般为众人所归，如婴儿般无欲、如未加工的木料般质朴。

加工木材以制作器物（古代不少日常器物是由木材制成的）有两种方式，一是凭自己的主观意志加工木材以制作器物，二是顺随木材的形状，适合制作什么就制作什么（"大制不割"）。后者才是技术高超的制作者所采用的制作方式。

根据朴散为器的原则，得道的君主以无名之心对待有名之物、有名之名，因而能成为合道的百官之长。君主设置百官以管理百姓，这是雄，但得道的君主以"大制不割"的原则设置百官治理百姓，这是雌。以雌的手段实现雄的目标就是"知其雄，守其雌"。

第十一章至第十九章在阐述无名的个人性修行时，主要阐述名的产生以及如何做到无名。本章至第三十一章在阐述无名-有名之玄的社会性修行时，重点围绕以无名之心对待有名之物展开，即如何达到无名-有名之玄，并依此原则治理国家。

第二十九章从反面阐述君主应该按照"大制不割"的方式治理国家。

我们将本章的结构图示如下。

得道者不能以"割"的有为方式治理国家	将欲取天下而为之，吾见其不得已。天下神器，不可为也。为者败之，执者失之。
为什么不能以"割"的有为方式治理国家	故物或行或随，或嘘或吹；或强或羸，或挫或隳。是以圣人去甚，去奢，去泰。

第一章说过，物呈现为两种方式，一是无物之物，二是有物之物。有物之物派生于无物之物。天下也是物，以无物方式呈现的就是"神器"。对天下这个"神器"，以自己主观意志的有为而治，就会导致失败。为什么呢？因为天下人的秉性各不相同，天下人有的喜欢领头，有的习惯随后；有的性子缓，有的性子急；有的强悍，有的柔弱；有的自爱，有的自毁，"或行或随，或歔或吹。或强或羸，或挫或隳"。因此，如果君主按照自己的主观意愿去治理国家，必定与百姓产生各种各样的冲突。得道的君主"大制不割"，顺随百姓，"以百姓心为心"（第四十九章），去掉自己的极端、奢侈、过度行为。

第三十章从战争这个特殊的治国角度阐述君主应以第二十八章"大制不割"的原则实现第十章的"爱民治国"。

我们将本章的结构图示如下。

得道者要慎用兵	以道佐人主者，不以兵强天下。其事好还。师之所处，荆棘生焉。大军之后，必有凶年。
得道者用兵达到目的后所采取的态度	善有果而已，不敢以取强。果而勿矜，果而勿伐，果而勿骄，果而不得已，果而勿强。
逞强的后果	物壮则老，是谓不道，不道早已。

战争是政治的继续，属于治国的一部分。因此，按照第二十八章"大制不割"的治国原则，得道者不可以武力逞强于天下。以武力逞强于天下，会给百姓带来巨大的危害，"师之所处，荆棘生焉。大军之后，必有凶年"。即使不得已而用兵，也要符合"爱民治国"的原则，达到用兵的目的就行，不可逞强好胜。胜利后不可自高自大、自吹自擂、骄傲自满。

任何事物过于旺盛就会走向衰败，任何人过于骄傲就会走向衰亡。同样，君主过度用兵就会走向末路。

第三十一章继续从用兵的角度阐述"大制不割"的"爱民治国"思想。

本章的内容比较杂乱。但从现有的文字可以看出本章阐述了三个观点：一、得道者不轻易用兵，要以恬淡之心对待用兵。即使得胜了，也不可得意忘形。得意忘形，就表示喜欢杀人。喜欢杀人的君主，不会成功。二、用丧礼的仪式对待用兵打仗。三、得胜后，即使是死去的敌手，也要以悲痛之心对待，以丧礼的仪式安葬。

第十一至十九章在阐述个人性无名－有名环节修行时，主要从消极的角度阐述如何做到无名。第二十八至三十一章在阐述社会性无名－有名修行时，主要是从积极的角度阐释如何以无名之心对待有名之物，即达到无名－有名之玄，并以此方式治理百姓。

（2）无欲－有欲之玄的社会性修行

第三十二章至第三十四章阐述我们应如何以无欲－有欲之玄进行社会性修行，即如何做到第十章的"天门开阖能无（为）雌乎"。其中，第三十二章阐述"为雌"的必要性，第三十三章阐述如何"为雌"，第三十四章阐述"为雌"才能为雄。

我们将这一部分的结构图示如下。

第三十二章	修道者要为雌。
第三十三章	在日常生活中如何为雌。
第三十四章	为雌才能为雄。

第三十二章阐述得道者要"为雌"（无欲）。

我们将本章的结构图示如下。

无名的效用	道常无名，朴虽小，天下莫能臣也。侯王若能守之，万物将自宾。天地相合，以降甘露，民莫之令而自均。
对有名之物"知止"才能不殆	始制有名，名亦既有，夫亦将知止，知止可以不殆。
类比阐释得道者要"为雌"	譬道之在天下，犹川谷之于江海。

道是无名的（第一章："名，可名，非常名"），没有分别对待，就像未加工的木材。一旦我们对未加工的木材进行分割、加工，它就变成了器物，产生了分别对待，就是有名了。所以说，即使未加工的木材再微细，也无人能使之臣服。侯王如果能遵守这种无分别对待的无名原则治理国家，万物就会自动归从。（侯王守道，则天地没有受到干扰，因而）天地也会自然交合降下甘露，无需谁下命令，就能使百姓得到甘露的普遍滋润。

未加工的木材变成器物就如同无名之道产生了日常的有名之物。面对有名之物，如果以有名之心加以对待，就会产生贪欲；如果刻意不承认有名之物，就是有我。所以，得道者以无名之心对待有名之物（第二章），而不追逐有物之物、有名之名。

如何做到以无名之心对待有名之物？"知止"，也就是第十章所说的"为雌"，即无欲。"知止"、"为雌"就不会有危险。因此，本章末尾打比方说，相对于万物，道就像大海。大海处在江河之下（为雌），为江河所归附。

第三十三章阐释如何才能为雌。

我们先将这章结构图示如下。

如何为雌	知人者智，自知者明。胜人者有力，自胜者强。知足者富。强行者有志。
为雌的效用	不失其所者久。死而不亡者寿。

上一章阐述了得道者要"为雌"，这一章阐述如何才能"为雌"。在日常

生活中，有"雄"就有"雌"。具体到本章，"雄"就是认识别人（"知人"）、战胜别人（"胜人"）、勉力而为（"强行"）。

"雌"就是认识自己（"自知"）、战胜自己（"自胜"）、知道满足（"知足"）。

得道者"知其雄，守其雌"（第二十八章），以"雌"的心态对待"雄"的事物，即以"自知"之心"知人"，以"自胜"之心"胜人"，以"知足"之心"强行"。其中，所谓的"胜人"是指战胜敌人，而不是战胜自己或百姓。参见第三十六章。

做到了"知其雄，守其雌"，就能以"守其雌"之心修身、治家、治乡、治国、治天下，因而不仅能做到"不失其所"，而且能做到真正的长寿。第五十四章说，"修之于身，其德乃真；修之于家，其德乃余；修之于乡，其德乃长；修之于国，其德乃丰；修之于天下，其德乃普"。就是说，即使得道者自身不在了，但他的道还会流传（"子孙以祭祀不辍"）。

第三十四章阐述"为雌"才能"为雄"。

我们将本章的结构图示如下。

道的雌性	大道泛兮，其可左右。万物恃之而生而不辞，功成而不有。衣养万物而不为主。
道因雌而雄	常无欲，可名于小；万物归焉而不为主，可名为大。以其终不自为大，故能成其大。

道是无物之物，万物产生于无物之物又返于无物之物。有物就会有道，所以说，道像漫溢的洪水，无所不在。万物依赖道生长，但道从不会推辞，养育万物但不会干预，好像可以随便左右而不会反抗。从这个角度看，道是无欲而弱小的，属雌弱。但正因为道这种无欲而弱小的性质，才使得万物归于道。这恰恰说明道是大的，是雄强的。可见，道的雄强来源于雌弱，"为雌"来自"为雄"，"为小"来自"为大"。明白了这一点，才能明白无欲 – 有欲之玄的修行。

第二十章至二十三章在阐述个人性无欲 – 有欲环节修行时，主要从消极的角度阐述如何做到无欲。第三十二至三十四章在阐述社会性无欲 – 有欲修行时，主要是从积极的角度阐释如何以无欲之心对待有欲之物，即达到无欲 – 有欲之玄，并以此方式治理百姓。

（3）阐释无为－作为之玄环节的社会性修行

第三十五章至第三十七章阐述如何进行社会性无为－作为环节的修行，即如何做到第十章的"明白四达能无为乎"。其中，第三十五章阐述无为的功用以及无为视角下道的表现。第三十六章从对待敌手的角度阐述如何做到无为－作为之玄，第三十七章从对待百姓的角度阐述如何做到无为－作为之玄。

我们将这一部分的结构图示如下。

第三十五章	无为的功用以及无为视角下道的表现。	
第三十六章	对待敌人	从对待敌人的角度阐释如何做到无为－作为之玄。
第三十七章	对待百姓	对待百姓如何做到无为－作为之玄。

第三十五章阐述无为之道的功用。

我们将本章的结构图示如下。

无为之道的效用	执大象，天下往。往而不害，安平太。
对比阐释大道无用之大用。	乐与饵，过客止。道之出口，淡乎其无味，视之不足见，听之不足闻，用之不足既。

君主顺随大道就不会骚扰百姓，百姓就会自动从四方归附。前来归附而不受到伤害，就能过上太平、舒适的生活。

道与音乐、美食不一样。音乐可听，美食可吃，因而能让过路的人停下来享受，但音乐和美食享受完了，人们就会散去。与音乐和美食相反，道只能感觉到而无法意识到，"淡乎其无味，视之不足见"，但我们只要以无为之心与之打交道，道就会"用之不足既"，就会让天下人就会前来归附，"执大象，天下往。往而不害，安平太"。因此，苏辙说，"作乐设饵以待来者，岂不足以止过客哉？然而乐阙饵尽，将舍之去矣。若夫执大象以待天下，天下不知好之，又况得而恶之乎？虽无臭味、形色、声音以悦耳，而其用之不可尽矣"。

第三十六章从对待敌手的角度阐述如何做到无为－有为之玄。

我们将本章的结构图示如下。

以无为－作为之玄的方式对待敌手	将欲歙之，必固张之；将欲弱之，必固强之；将欲废之，必固兴之；将欲夺之，必固与之。是谓微明。
以上述原则处理与敌国之间的关系	柔弱胜刚强。鱼不可脱于渊，国之利器，不可以示人。

上一章说，以无为－作为之玄的方式治国，百姓就会归附。本章从对待敌手这个特殊角度阐述得道者如何以无为－作为之玄的方式与敌手、敌国打交道。

在与敌手打交道时，如果想对敌手有所动作，就要以无为的方式对待他。因为自己逞强，就会暴露自己的弱点；自己示弱，对方就会逞强，暴露其弱点，我们就可以有效地打击敌手。所以说，"将欲弱之，必固强之"。收缩与扩张的关系、夺取与给与的关系、废除与兴旺的关系也与之类似。

同样，在与敌国交往时，也不可向对方展示武力、威势等所谓的利器，而要像鱼儿不脱离深渊一样，不离开柔弱之地。否则，向敌国炫耀利器就会暴露自己的弱点，遭到敌国的攻击。

第三十七章阐述得道者怎样以无为－作为之玄的方式治理国家。

我们将本章的结构图示如下。

得道的侯王以无为治国	道常无为，而无不为。侯王若能守之，万物将自化。
如何对待妄为者	化而欲作，吾将镇之以无名之朴。无名之朴，夫将不欲。不欲以静。天下将自定。

道是无物之物，万物从道而来。万物的自然变化实际就是道的作用结果。因此，人只需顺随道，不当为则不为，当为则为，万物自身就能自动地成就一切。所以说，"道常无为而无不为"。侯王如果能遵循这个原则行事，百姓就会淳朴无为。在这种淳朴无为的社会中，如果有人想妄为，得道者以无分别之心对待他，淳朴的百姓不理会他，那么就没有妄为者的市场，"常使民无知无欲，

使夫智者不敢为也"（第三章）。贪欲者没有市场，就会安静，天下也就安定了。

第二十四至二十七章在阐述个人性无为 – 有为修行时，主要从消极的角度阐述如何做到无为。第三十五至三十七章在阐述社会性无为 – 有为环节修行时，主要是从积极的角度阐释如何以无为之心对待有为之事，即达到无名 – 有名之玄，并以此方式对待敌人，治理百姓。

修道部分的第十一章至二十七章阐述如何修炼无名、无欲、无为，以达到广义的无我，第二十八章至第三十七章阐述如何修炼无名 – 有名之玄、无欲 – 有欲之玄、无为 – 作为之玄，以达到广义的自我之玄。既达到了无我，又达到了广义的无我之玄，就能真正得道。

二、德篇结构分析

经过道篇的悟道、修道环节，修道者就能够得道。得道者就是上德之人。德通"得"字，是与得道者相关的道。而道是物自身。因此，德与道并不完全相同。我们以前言中的两个例子加以说明。在我们专心致志地看书而没有注意到窗外飘来的音乐声这个例子中，音乐声与我们看书的目的无关，因而对我们而言，音乐声这个无物之物就是无目的的无物之物。而在庖丁解牛故事中，庖丁在"以神遇而不以目视"地杀牛时，虽然牛也以无物之物的方式呈现，但它处在庖丁杀牛这个特定的目的之中，因而是有目的的无物之物。无目的的无物之物与自我没有特定的关联，因而就是道。有目的的无物之物处于自我的特定目的之中，因而就是德。

得道之人就构成合道的社会。但是，在多数情况下，社会中的人大多并没有得道，因而得道者所面对的往往是不合道的社会，甚至是濒临崩溃的社会。针对不同的社会状况，得道的君主应该顺势而为，采取不同的治理方式。

根据(广义的)自我与物之间的关系，德篇将社会划分为五种类型：上德社会、下德社会、上仁社会、上义社会、上礼社会。于是，我们就可以将德篇分为六个部分。第三十八为第一部分，提出五种社会类型并简要阐述各自的特征，第二十九至五十章、第五十一章至五十六章、第五十七章至六十一章、第六十二章至七十章、第七十一章至八十一章则分别阐述这五种社会的性质以及得道者应采取的治理方式。

从分析结构看，上德社会按照提出社会类型、分析社会类型的特征、如何根据社会特征进行治理等三部分展开分析。下德社会部分采用与上德社会对比的方法，阐述得道者应如何去掉下德社会中不合道的东西以进入上德社会。上仁社会部分先对以仁治国的后果进行简要阐述，然后重点阐述得道者如何将这种社会引入上德社会。上义社会与上礼社会都是先描述该社会的基本特征，然后再阐述得道者以什么方式将该社会恢复到上德社会。

德篇对四种不合道的社会（下德社会、上仁社会、上义社会、上礼社会）的描述、分析都是为了使其回归到合道的上德社会。由此可见，在老子的心目中，上德社会才是理想的社会形态。

我们将德篇的结构图示如下。

	第一部分	第三十八章 五种社会状态类型	以无名-有名、无欲-有欲、无为-作为为标准将社会划分为上德、下德、上仁、上义、上礼等五种类型，并简要描述各自的特征。		
德篇结构	第二部分 阐发五种社会状态及其治理方式	第一小部分 上德社会 第三十九至五十章 特征：无为而无以为	以无名-有名之玄的方式治理国家 第三十九章：侯王得一以为天下贞。	以无欲-有欲之玄治的方式理国家 第四十章：弱者到之用。	以无为-作为之玄的方式治理国家 第四十一章：明道若昧，进道若退。
		第二小部分 下德社会 第五十一至五十六章 特征：下德为之而有以为。 失道而后德	开其兑（第五十二章）。 解决方法：知者不言，言者不知。（五十六章）	济其事（第五十二章）。 解决方法：含德之厚，比于赤子。（五十五章）	而民好径（第五十三章）。 解决方法：行于大道，唯施是畏夷。（第五十三章）
		第三小部分 上仁社会 第五十七至六十一章 特征：上仁为之而无以为。 失德而后仁	以正治国（第五十七章）。正复为奇，善复为妖。（第五十八章） 解决方法：我无事而民自富（第五十七章）。	人多伎巧，奇物滋起。（第五十七章） 解决方法：夫两者各得其所欲，大者宜为下（六十一章）。	其政察察，其民缺缺。（五十八章） 解决方法：治人事天莫若啬（第五十九章）。治大国若烹小鲜（六十章）。

德篇结构	第二部分 阐发五种社会状态及其治理方式	第四小部分 上义社会 第六十二至七十章 特征：上义为之而有以为。 失仁而后义		美言可以市。（第六十二章） 解决方法：欲上民，必以言下之。（第六十六章）	求以得，有罪以免。（第六十二章） 解决方法：一曰慈，二曰俭，三曰不敢为天下先。（第六十七章）	尊行可以加人。（第六十二章） 解决方法：图难于其易为大于其细。（第六十三章） 不以智治国。（第六十五章）
		第五小部分 上礼社会第七十一至八十一章 特征：上礼为之而莫之应。 夫礼者，忠信之薄，而乱之首。 失义而后礼。	上礼社会的基本特征以及治理上礼社会的方法	不知知，病。（第七十一章） 解决方法：执左契，而不责于人。 短期以契约解决问题，长期让百姓回归淳朴的上德社会。	无狎其所居，无厌其所生。（第七十二章） 解决方法：柔弱处上。（七十六章） 损有余而补不足。（七十七章）。受国之垢……受国不祥。（七十八章）	民不畏威。（七十二章） 解决方法：勇于不敢。（七十三章）使民常畏死。（七十四章）无以生为。（七十五章）
			上德社会的特征以及如何回归上德社会	无名-有名：使人复结绳而用之。 实现途径：信言不美，美言不信；善者不辩，辩者不善。	无为-有为：虽有舟舆，无所乘之；虽有甲兵，无所陈之。 实现途径：无欲-有欲：知者不博，博者不知。圣人不积，既以为人，己愈有，既以与人，己愈多。	无欲-有欲：甘其食，美其服，安其居，乐其俗。 实现途径：天之道，利而不害；圣人之道，为而不争。

（一）德篇纲要

道篇说过，人生在世包括四个不可分割的环节，即无欲-有欲环节、无名-有名环节、无物-有物环节和无为-作为环节。无物-有物环节与悟道、修道没有直接关系，因而悟道、修道就围绕无欲-有欲环节、无名-有名环节和无为-作为环节即广义自我展开论述。德篇的目的是阐述得道者如何治理不同类型的社会，其关键在于得道者自身，也不直接涉及无物-有物环节，因而也是以广义自我的三个环节作为判断社会类型的标准。

第三十八章是德篇的纲要，首先，第三十八章将社会划分为上德社会、下德社会、上仁社会、上义社会、上礼社会等五种类型。其中，上德社会是合道的社会，其余四种都是"前识"（有成见、有我）的产物，是不合道的。其次，第三十八章对这五种社会类型的特征及其关系进行了简要的描述。

我们将第三十八章所划分的五种社会类型性质图示如下。

社会类型	第三十八章阐述五种社会类型特性	不同社会中的人与物之间的关系	后文对五种社会类型性质的相应阐发
上德社会	上德不德是以有德。上德无为而无以为。	以无我、无物之心对待事物。	天得一以清，地得一以宁，神得一以灵，谷得一以盈，万物得一以生，侯王得一以为天下贞。（第三十九章）
下德社会	下德不失德，是以无德。下德为之而有以为。失道而后德。	以有我、有物之心对待事物。	朝甚除，田甚芜，仓甚虚。服文彩，带利剑，厌饮食，财货有余（第五十三章）
上仁社会	上仁为之而无以为。失德而后仁。	不仅以有我之心对待事物，而且对事物带有偏爱。	法令滋彰，盗贼多有（第五十七章）。正复为奇，善复为妖。（第五十八章）
上义社会	上义为之而有以为。失仁而后义。	不仅对事物带有偏爱，而且以趋利避害。	不曰以求得，有罪以免邪？故为天下贵。（第六十二章）
上礼社会	上礼为之而莫之应，则攘臂而扔之。失义而后礼。夫礼者，忠信之薄而乱之首。失义而后礼。	不仅趋利避害，而且几乎丧失了忠信，危及基本秩序。	民不畏威，则大威至，无狎其所居，无厌其所生。（第七十二章）

在上德社会中，人们不以德为德，因而合道（"上德不德，是以有德"）。得道者只要以无欲、无名、无为之心对待百姓就能治理好上德社会（"上德无为而无以为"）。具体参见第三十九至五十章的解读。在下德社会中，人们以德为德，看起来遵循道，实际上不合道（"下德不失德，是以无德"）。因此，得道者的任务就是让人们认识到道的真正含义，从而使下德社会逐渐回归到无欲、无名、无为的上德社会，具体参见第五十一至五十六章的解读。在上仁社会中，

君主以仁治国，不求回报（"上仁为之而无以为"）。但仁是一种偏爱，因而不合道。面对上仁社会，得道者的任务是在不刺激百姓的前提下，纠正人们的偏见，慢慢地使上仁社会回复到上德社会，具体参见第五十七至六十一章的解读。在上义社会中，人们习惯于以某种有效手段实现自身的利益（"上义为之有以为"）。因此，得道者的短期目标是帮助百姓有效地实现自身利益，以赢得百姓的信任；长期任务则是引导百姓恢复淳朴本性，使上义社会慢慢走向上德社会，具体参见第六十二至七十章的解读。在上礼社会中，人们几乎丧失了忠信，社会走到了崩溃的边缘（"忠信之薄而乱之首"）。得道者的短期目标是给百姓以生存的空间，以消除潜在的危机；长期任务则是引导百姓回归淳朴之性，使上礼社会走向上德社会，具体参见第七十一至八十一章的解读。

从上德社会到上礼社会是逐渐远离道的过程（"失道而后德，失德而后仁，失仁而后义，失义而后礼"）。上德社会的人以无我之心对待事物，不以德为德，因而这种社会是合道的淳朴社会。下德社会的人以有我之心对待事物，道就变成了"非常道"（第一章："道可道，非常道"）。其结果就是"朝甚除，田甚芜，仓甚虚。服文彩，带利剑，厌饮食，财货有余"（第五十三章）。因此，这是一种不合道的社会。上仁社会的君主采取"以正治国"的方式（第五十七章），但"正复为奇，善复为妖"（第五十八章），其结果可能就是君主的善带来恶的果。因此，相对下德社会，仁的社会就等而下之。上义社会的人不仅对事物产生了偏爱，而且还趋利避害，"不曰求以得，有罪以免邪？故为天下贵"（第六十二章）。因此，上义社会相对于上仁社会，又等而下之。上礼社会的人不仅趋利避害，而且整个社会连基本的忠信都几乎丧失了，"夫礼者，忠信之薄，而乱之首"（第三十八章）。与上义社会相比，这种社会就更等而下之。

王弼认为，仁、义、礼就是下德，不存在单独的下德。这种观点是不对的。原因有三。一、从第三十八章的"失道而后德，失德而后仁，失仁而后义，失义而后礼"这句话看，存在单独的下德。二、从德篇的结构看，第五十一章至五十六章就是阐述下德社会的性质以及得道者如何治理下德社会的。三、上德之人知而不以为知（三十八章："上德不德，是以有德"），下德之人知而以为知（三十八章："下德不失德,是以无德"）,上礼之人不知而以为知（七十一章："不知知,病"）。由此可见,上礼社会不同于下德社会,下德社会无法涵盖上礼社会。

（二）上德社会

在上德社会中,百姓朴实无华,因而君主无为而治就能使整个社会变得和乐、安宁。上德社会是《道德经》所追求的理想社会状态,也是四种不合道社会所要达到的理想目标。因此,老子用了较大的篇幅（第三十九章到五十章）来阐述这种"上德不德"社会的特征,并花费较多的笔墨阐释得道的君主应如何以无为的手段治理上德社会。

我们将这一部分的阐述结构列表如下。

上德"得一"的无分别状态及其功用（第三九章）					
如何得一	物的环节、我的环节（四十章）	物的环节：反	如何对待"反者道之动"（第四十一章）之反者。		无名-有名
		我的环节：弱	为什么要做到弱（第四十二章）	如何做到弱：不言之教、无为之益（四十三章）	不言之教（第四十四章：知足不辱,知止不殆）	知止不殆（第四十五章）	无欲-有欲
						知足不辱（第四十六章）	
					无为之益（第四十七章：不行而知,不见而名,不为而成）	不行而知（第四十八章）	无为-作为
						不见而名（第四十就章）	
						不为而成（第五十章）	

第三十九章由事物"得一"的本性从正反两个方面类比论证得道的君主要做到"得一"。

我们将本章的结构图示如下。

列举事物"得一"的功用类比论证侯王要"得一"	昔之得一者：天得一以清；地得一以宁；神得一以灵；谷得一以盈，万物得一以生；侯王得一以为天下贞。
列举事物不"得一"的危害以论证侯王不可不"得一"	其致之，天无以清，将恐裂；地无以宁，将恐废；神无以灵，将恐歇；谷无以盈，将恐竭；万物无以生，将恐灭；侯王无以为贞，将恐蹶。
君主如何做到"得一"	故贵以贱为本，高以下为基，是以侯王自称孤、寡、不谷。此非以贱为本邪？非乎？故至誉无誉。是故不欲琭琭如玉，珞珞如石。

"得一"的状态就是自然状态。对上天而言，上天"得一"，就没有与清明的上天相对立的因素，因而清明；对大地而言，大地"得一"，就没有与安宁的大地相对立的因素，因而安宁；对神而言，神"得一"，就没有与灵妙的神明相对立的因素，因而灵妙。同样，河谷"得一"，就没有与河谷不一的干涸因素；万物"得一"，就没有与万物生命力不一的破坏因素。由此可以类推，侯王"得一"，"以百姓心为心"（四十九章），就不会存在与君主对立的因素，因而国家能长治久安。反之，不能"得一"，天就会崩裂，地就会塌陷，神明就会失去灵妙，河谷就会干涸，万物就会灭亡。侯王不能"得一"，国家就会被颠覆。

为做到"得一"，高贵的侯王以低贱的"孤、寡、不穀"之名自称，将贵与贱、高与下混而不分。因此，真正的得道者既不会显得像玉那样华丽，也不故意显得像石头那样丑陋，而是将没有荣誉看作最高的荣誉，庄子所谓的"为善无近名为恶无近刑"（做世人所谓的善事但不求取名声，做世人所谓的恶事但不触犯刑律）就是这个意思（《庄子·养生主》）。

第四十章提出"道之动"和"道之用"的性质。

我们将本章的结构图示如下。

反者道之动	天下万物生于有，（有）生于无	无名－有名
弱者道之用		无欲－有欲之玄、无为－作为之玄

从道自身而言,道没有什么日常的对立分别。但日常生活中又存在前与后、左与右等等分别对待(参见第二章),即"反者"。"反者"表现为日常分别之物,也就是第一章所谓的"非常道"。从道自身到这种存在分别对待的"非常道"就是"道之动","万物生于有、生于无"中的有与无则是"反者道之动"中"反者"的表现形式(原文中的"有"字是多余的,理由见第四十章的解读)。这里的有与无都是名(第二章)。

既然第三十九章说,"得一"才能得道之用,那么在"得一"的视角下,怎样才能呈现"反者"的"道之用"呢?本书第一部分说过,如果以有名之心对待名,就是有名;如果刻意不承认分别之名,就是有我。有我、有名都不合道。得道者以无名之心对待分别之名,即以"弱"之心对待相反相成者,这样,才能真正得"道之用"。

第四十一章阐述得道者如何以第三十九章的"得一"之心对待第四十章所描述的"道之动"之"反者"。

我们将本章的结构图示如下。

不同士人对待道的不同态度	上士闻道,勤而行之;中士闻道,若存若亡;下士闻道,大笑之。不笑不足以为道。
上士如何对待"反者道之动"之"反者"	故建言有之:明道若昧;进道若退;夷道若纇;上德若谷;广德若不足;建德若偷;质真若渝。
从物自身看"泛者道之动"之"反者"	大白若辱;大方无隅;大器晚成;大音希声;大象无形;道隐无名。
顺随"道之动"则得"道之用"	夫唯道,善贷且成。

第三十九章提出上德之人要"得一",即顺随道,但"道之动"又表现出相反者相成的性质(第四十章:"反者道之动"),即有前与后、左与右的分别。因此,如果以分别的眼光对待这些分别或刻意不遵从这些分别,都不合道。只有以无名之心对待有分别之物才能顺随道。这种思维方式与常识相反,所以没有领悟道的士人对这种与常识相矛盾的思想就会加以嘲笑;即使领悟了道的中等士人,也未必能时时依道而行,而是"若存若亡";只有那些上等的士人,

才明白道不过是事物自身，因而"勤而行之"。

得道的上士如何"勤而行之"以顺随"道之动"呈现的"反者"，从而做到第三十九章的"得一"呢？以无分别之心对待一切分别之物：以明与不明不分之心对待明与不明，以进与不进之不分之心对待进与不进，以平与不平不分之心对待平与不平，以得与不得不分之心对待得与不得，以白与不白不分之心对待白与黑，以足与不足不分之心对待足与不足，以健行与不健行不分之心对待健行与不健行，以为与不为不分之心而为。

从物自身而言，自然而成的方形棱角不分明（大方无隅），顺物自身本性制作而成的器物难以一蹴而就（大器晚成），自然的声音在注意到的状态下无法听到，自然的形象在注意到的状态下无法看到，所以说，自然隐蔽自身而无名。

正因为这种"听之不闻"、"视之不见"的道产生且护佑日常的万物，所以说，道善于辅助万物且成就万物（"善贷且成"）。

第三十九章阐述得道的君主治理国家时做到要"得一"，即做到广义的无我（包括无名、无欲、无为）。第四十章阐述道在日常生活中呈现为相反形成的特性，"反者，道之动"。这时对应的自我为广义的有我之我。第四十一章阐述得道者要做到"明道若昧……质真若渝"，即做到以不分明、昧的无分别之心（广义的无我）对待明与昧（对应广义的有我之我）。这三章之间形成了严密的逻辑链条。其中，广义的无我对应无物之物，广义的有我之我对应有物之物。以无物之心对待有物之物就是物之玄，"大方无隅，大器晚成"。广义的自我之玄与物之玄的混而为一就是第一章所谓的"玄之又玄"。达到了"玄之又玄"，就进入了大道之门。因此，第三十九至四十一章既可以看作是对如何对待"反者道之动"之"反者"的阐述，也可以看作是对道篇的概括、总结。

第四十二章以道生万物的过程论证第四十章"弱者道之用"的结论。

我们将本章的结构图示如下。

道生万物的过程	道生一，一生二，二生三，三生万物。万物负阴而抱阳，冲气以为和。
强与弱相反相成	人之所恶，唯孤、寡、不谷，而王公以为称。故物或损之而益，或益之而损。

| "弱者道之用" | 人之所教，我亦教之：强梁者不得其死，吾将以为教父。 |

道是无物之物（第十四章），因此，所谓"道生一"就是无物之物产生物我分别、物物不分的阴阳混一之物。对这种阴阳混一之物加以分别对待，就会产生阴与阳。阴、阳是对分别对待日常的长与短、前与后的统称，即分别对待的日常之名（参见第二章）。阴为一方，阳为一方，阴、阳相加为"二"，即"一生二"。万物就在阴阳之名中呈现，所以第一章说，有名之名产生万物（"有名，万物之母"）。但日常之物除了阴和阳之外，还要有构成物的材料，就是本章所说的气。于是，气、阴、阳加在一起就是三。所以说，"三生万物，万物负阴而抱阳，冲气以为和"。

正因为"万物负阴而抱阳"（即第四十章的"反者道之动"），所以我们不能以极端的纯阴纯阳方式处世。以日常生活为例，人们讨厌"孤"、"寡"、"不谷"，但高贵的王公（阳）却以其自称，所以说，人有时贬损（阴）反而获益（阳），有时获益反而遭贬损。反之，如果我们不知阴、阳合一，一味逞强，以纯阴纯阳的方式处世，人们就会以"将欲弱之必固强之"（三十六章）的手段加以对付，从而走向死路，所以说，"强梁者不得其死"。这里，阴、阳合一就是第三十九章的"得一"，"强梁者不得其死"就是第四十章"弱者道之用"的另一种表达。

从第四十三章至五十章开始阐释如何才能获得第四十章"弱者道之用"的"道之用"。其中，第四十四章阐发第四十三章"不言之教"的含义（无名），提出了"知足不辱，知止不殆"的措施。第四十五章、第四十六章则分别从无为的角度（"清静为天下正"）和无欲的角度（"故知足之足，常足矣"）阐发第四十四章"知足不辱、知止不殆"的含义。

我们将"不言之教"部分的论证结构图示如下。

不言之教 （四十三章）	名与身孰亲 四十四章 （无名-有名）	知止不殆	无为-作为环节	四十五章
		知足不辱	无欲-有欲环节	四十六章

第四十七章阐释第四十三章"无为之益"的含义,第四十八章、四十九、五十章则从无为-作为、无名-有名和无欲-有欲望等三个环节分别对"无为之益"的含义进行阐发。

我们将"无为之益"部分的论证结构图示如下。

	无为-作为	无名-有名	无欲-有欲望
无为之益（四十七章）	损之又损,以至于无为。无为而无不为。取天下常以无事,及其有事,不足以取天下。	善者,吾善之;不善者,吾亦善之……信者,吾信之;不信者,吾亦信之。	人之生动之死地,亦十有三。夫何故?以其生生之厚。
	四十八章	四十九章	五十章

第四十三章类比阐释为什么"弱"才能获得"道之用"以及如何才能做到弱。

我们将本章的结构图示如下。

类比阐述柔弱的益处	天下之至柔,驰骋天下之至坚。无有入无间,吾是以知无为之有益。
如何做到弱？无言、无为	不言之教,无为之益,天下希及之。

上一章从道生万物的过程中得出"强梁者不得其死"的结论。本章接着上一章论述如何避免做"不得其死"的"强梁者"。

从现实生活看,柔软的东西能胜过坚硬的东西,如第七十八章所说,天下没有比水更柔弱的,但是攻打坚强的东西没有能胜过水的（"天下莫柔弱于水,而攻坚强者莫之能胜"）。无形的力量能穿透没有间隙的东西,柔弱胜刚强。从这两个例子可以看出,柔弱无为是有益的。柔弱才能得道之用（第四十章:"弱者道之用"）。

怎样才能做到柔弱呢？一是不言,即当言则言、不当言则不言。二是无为,即当为则为,不当为则不为,为亦无作为之心。做到不言、无为,那么,"天下希及之"。

第四十四章阐述如何才能达到第四十三章的"不言之教"（无名）。
我们将本章的结构图示如下。

生命比名誉、货物重要	名与身孰亲？身与货孰多？得与亡孰病？
看重名声、货物造成的危害	是故，甚爱必大费；多藏必厚亡。
如何对待名声和货物	故知足不辱，知止不殆，可以长久。

上一章提出想做到柔弱就要做到不言、无为，这一章则阐释如何做到不言，即无名。

人生在世，总是生活在名声和财物之中，谁也无法彻底离开名声和财物，得道者也不例外。区别在于对待名声和财物的不同态度。未得道者追逐名声、追逐财物。有了名、财物，又会爱惜名声、储藏财物。而爱惜名声会造成巨大的耗费，储藏财物会造成极大的损失，甚至危害自己的生命。得道者则不然，以无名、无欲之心对待名声和财物，即知道名，但不在意名；知道财物的重要，但不看重财物（参见《道德经》第二章"功成而弗居"和第三章"不贵难得之货"的含义）。当然，得道者不会故意毁坏名声和财物，也不会刻意推辞该得的名声和财物。因为那样做也是在意的一种特殊表现。

这里的"知足"、"知止"就是第一章"常无欲以观其妙"的无欲。

第四十五章以类比的方式阐释如何达到第四十四章"知止不殆"的"知止"。我们将本章的结构图示如下。

类比阐明得道者为什么要"知止"。	大成若缺，其用不弊。大盈若冲，其用不穷。大直若屈，大巧若拙，大辩若讷。
清净无为则知止	躁胜寒，静胜热。清静为天下正。

所谓"大成"之物就是顺随物之本性自然制作的物。这种物与按主观意志制作之物相比看起来好像有欠缺，但用起来更称手。当我们向日常器物中倒水时，不可有满溢之心（第九章："持而盈之，不如其已"），而要根据实际情况而定。这样，虽然没有倒满，但使用起来更为方便，"大盈若冲，其用不穷"。这里，"大成若缺"、"大盈若冲"都是第四十章"知止不殆"之知止的表现。

同样，事物有直有曲，最正直的人顺随事物的实际情况，因而合道的"大直"

之人看起来好像不那么正直。大巧之人不事先设定固定的用途，随物之用而用，因而好像很笨拙。大辩之人因物而言，自己无所造作，好像不善言谈。

从以上例子可以得出这样的结论：我们既不能一味地动（可以战胜寒冷），也不能一味地静（静胜热），而应该当行则行，当止则止，以无为的清静之心处世，这样自然就能"知止"。

第四十六章从君主治国的角度阐发第四十四章的"知足不辱"。

我们将本章结构列表如下。

君主知足	天下有道，却走马以粪。
君主不知足	天下无道，戎马生于郊。
知足才能富足	祸莫大于不知足，咎莫大于欲得。故知足之足，常足矣。

君主如果知足，不贪求外物，就不会任意发动战争。战马就会被用于耕田，百姓就会富足。百姓富足了，国家和君主怎么会不富足？反之，君主如果不知足，就会不断地发动战争以满足自己的贪欲，战马就会在战场上出生，百姓就会陷入战祸之中，变得贫困。百姓贫困了，君主就难免有祸患，难免受辱。所以说，"知足不辱"（第四十四章）。

第四十七章至五十章从不同角度阐释如何做到四十四章的无为。本章提出做到无为的三个手段：不行、不见、不为。

我们将本章结构列表如下。

刻意而为则不能见天道	不出户，知天下。不窥牖，见天道。其出弥远，其知弥少。
如何见天道	是以圣人不行而知，不见而名，不为而成。

第十四章说，道是无物之物。我们只有处在"视之不见"、"听之不闻"、"搏之不得"的"恍惚"状态，才能领悟道（参见第十四章的解释）。刻意而为就与道无缘，且越追逐外物，就离道越远，"其出弥远，其知弥少"。因此，得道的人"不行"就能知天道，"不见"就能明大道，"不为"就能成功。这里，

"不行"、"不见"、"不为"这并不是让得道者如枯枝败叶一样，而是有所行、有所见、有所为，只是不刻意而行、不刻意而见、不刻意而为。

第四十八章阐发第四十七章的"不行而知"。

我们将本章结构列表如下。

悟道要做到无为	为学日益，为道日损。损之又损，以至于无为。无为而无不为。
无为才能治理好国家	取天下常以无事，及其有事，不足以取天下。

本章阐发第四十七章的"不行而知"，所以开头就说"为学日益"。所谓"为学日益"之学指的是善与恶、左与右等等日常分别之知。这种分别之知是无穷的，追逐这种分别之知是无止境的。刻意追求这种无止境的分别之知不仅与道相违，也会让我们疲惫不堪。因此，庄子在《养生主》中说，人的生命是有限的，而分别之知是无限的。以有限的生命去追求这种无限的分别之知，对于养生而言就会危险（"吾生也有涯，而知也无涯。以有涯随无涯，殆已。"）。

得道者不刻意追求这种分别之知，也不刻意否定这种分别之知，而是以无分别之心对待分别之知。而要达到心无分别，就要将分别之心减损再减损（"损之又损"），以达到心无分别。心无分别就是"为道日损"之损。"为道日损"则不会妄为。自己不妄为，就能顺随事物自身的运动，就能成就一切，所以说，"损之又损，以至于无为。无为而无不为"。

得道的君主将这种"不行而知"之"知"用于治理国家就不会妄为，就能使天下太平。反之，如果君主妄生事端，天下就纷扰不安，也就无法治理天下了。

第四十九章阐发第四十七章的"不见而名"。

我们将本章结构列表如下。

得道的君主以无分别之心对待百姓	圣人无常心，以百姓心为心。善者，吾善之；不善者，吾亦善之；德善。信者，吾信之；不信者，吾亦信之；德信。
以无分别之心对待百姓则能"不见而名"	圣人在天下，歙歙为天下浑其心，百姓皆注其耳目，圣人皆孩之。

得道者无名，没有固有的成见。因而不管百姓善与不善、守信与不守信，得道者都以无分别之心对待他们，以无言的方法施教任其自化（第二章："行不言之教"），这样就会使百姓向善，让百姓守信。这里，"向善"之"善"不是善良之善，而是超越善与不善的"上善"（参见第八章"上善若水"）。因此，得道的君主在治理天下时，收敛自己是非好恶的成见，将百姓看作小孩，与百姓打成一片。百姓运用自己的耳目与日常事物打交道，感知万物。于是，得道的君主无需刻意去看，通过百姓自然就能知道万物，"不见而名"（第四十七章）。

第五十章从养生的角度阐述第四十七章"不为而成"的含义。

我们将本章结构列表如下。

人的生、死、寿、夭状况	出生入死。生之徒，十有三；死之徒，十有三；人之生，动之于死地，亦十有三。夫何故？以其生生之厚。
不妄为则不会减自然寿命	盖闻善摄生者，陆行不遇兕虎，入军不被甲兵；兕无所投其角，虎无所措其爪，兵无所容其刃。夫何故？以其无死地。

人有生有死，寿命有长有短，这是我们无法改变的。但是，能否真正享尽天年则取决于我们自身的行为。大致说来，大约有十分之三的人生来就潜在地长寿，十分之三的人生来就潜在地短寿，还有十分之三的人原本潜在地长寿，却因过度养护生命而"动之于死地"。

怎样才能做到不"动之于死地"而减少自然的寿命呢？"不为而成"（第四十七章），即不刻意养护生命，不去兕虎出没之处求利，不到对方兵刃之下求胜，因而犀牛用不上它的角，老虎用不上它的爪，兵器用不上它的刃。这样就能避免人为因素的影响，从而享尽天年。

第四十五章、四十六章分别阐发了第四十四的"知足不辱、知止不殆"的含义。做到了"知足不辱、知止不殆"，就做了第四十三章"不言之教"。第四十八章、四十九章、第五十章分别阐发了第四十七章"不行而知、不见而名、不为而成"的含义。做到了"不行而知、不见而名、不为而成"就做到了第四十三章"无为之益"的无为。做到了第四十三章的"不言之教"、"无为"而为，就能得第四十章"弱者道之用"的"道之用"。

做到了第四十一章的"明道若昧，进道若退"，就能以第三十九章的"得一"之心对待第四十章"反者道之动"的"道之动"。既能以"得一"之心对待"道之动"，又能得"道之用"，就是第三十八章"上德不德，是以有德"的上德之人。由上德之人组成的社会就是上德社会。

（三）下德社会

上德状态是一种理想的社会状态。在现实中，还存在下德、上仁、上义和上礼等不合道的社会类型。《道德经》的德篇对这些不同的社会类型进行了详细的描述，并根据道的原则阐述得道的君主应如何进行治理。第五十一章至第五十七章阐发下德社会的特点以及得道者所采取的治理方式。

我们将下德社会部分的结构图示如下。

阐述道德的尊贵、合道君主如何治国（第五十一章）	对比上德社会君主、下德君主的不同治国方式（第五十二章）	无为－作为环节	第五十三章	下德君主的治国方式。
			第五十四章	上德君主的治国方式。
		无欲－有欲环节	第五十五章	下德君主如何才能去有欲归无欲。
		无名－有名环节	第五十六章	下德君主如何做到无言

第五十一章阐释道、德的性质以及得道者的处世方式。

我们将本章结构列表如下。

道、德尊贵的原因	道生之，德畜之，物形之，势成之。是以万物莫不尊道而贵德。
道与德的作用	道之尊，德之贵，夫莫之命而常自然。故道生之，德畜之，长之育之，亭之毒之，养之覆之。
得道者如何处世。	生而不有，为而不恃，长而不宰，是谓玄德。

日常之物产生于无物之物。而最基本的无目的的无物之物是道。在道的基础上形成的、与得道者相关的无物之物是德，属于特殊的道（参见德篇前言）。所以说，"道生之，德畜之"。

在道生成万物的过程，并不是由无物之物直接生成有无之物，而是由道生成分别对待之名，如前与后、上与下等，然后在名中呈现（第一章："有名，万物之母"）。形属于名，所以，有物之物在形中呈现，"物形之"。

无物之物和日常之物形成万物生长之势，所以说"势成之"。

由此可见，道、德是万物的根本。万物尊道贵德。

道与德的尊贵还在于其不加干涉而顺随自然，生成万物、作育万物，调和万物、安定万物，养育万物、呵护万物，但不居其功。得道者效法道，不居功、不求利、不妄为，以无名、无欲、无为之心对待有名、有欲、作为，这就叫做合道之德。

第五十一章也可以作为上德部分的总结，但基于以下几个理由，将第五十一章放到下德部分更为合适。首先，在第四十八章、四十九章、五十章分别阐发第四十七章"不行而知、不见而名、不为而成"的含义之后，上德部分的结构至第五十章已经完整。其次，第五十三章说，"使我介然有知"（假如我确实领悟了道），才能"行于大道，唯施是畏"（依大道而行，就会唯恐胡作非为）。怎样才能做到"介然有知"呢？必须真正明白什么是道、什么是德。第五十一章就是回答这个问题的。再次，第五十二章的开头是接着第五十一章进行论述的。因此，将第五十一章放在下德部分更为合理。

第五十二章对比阐述上德君主与下德君主如何处世、治国，如何从下德回归到上德。

我们将本章结构列表如下。

如何合道地处世	天下有始，以为天下母。既得其母，以知其子；既知其子，复守其母，没身不殆。	
从三个环节对比上德与下德处世原则	无名－有名环节	塞其兑——开其兑。
	无欲－有欲环节	闭其门——济其事
	无为－作为环节	终身不勤——终身不救。
如何从下德社会回归上德社会	见小曰明，守柔曰强。用其光，复归其明，无遗身殃；是为袭常。	

本章开头接上一章"道生之德畜之"的思想继续阐述道与万物的关系。

道是无物之物，万物由其产生，因而道是万物之始、万物之母，万物则是道之子。与此同时，万物又会不断地向无物之物转化。得道之人明了万物与道之间的这种转变，就会"既得其母，以知其子；既知其子，复守其母"（知道了万物的本原，就能知道万物；知道了万物，才能守住万物的本原），管住嘴巴不妄言，关闭欲望之门，终身不会瞎折腾，不与物产生冲突。没有冲突就不会有危险，所以说，"没身不殆"。自以为得道的下德之人则不然（第三十八章："下德不失德，是以无德"），不能做到"生而下有，为而不恃，长而不宰"（第五十一章），而是"生而有，为而恃，长而宰"，放任嘴巴妄言，满足自身欲望，因而终身都不消停，"开其兑，济其事，终身不救"。

怎样才能从下德之人变成得道之人呢？"见小"。如何才能见小？无欲。如何做到无欲？"守柔"。"守柔"就能凭借人的自然本性恢复其顺随道的能力（"用其光，复归其明"），从"终身不救"变成"无遗身殃"。

第五十三章从无为 - 有为的角度对比上德君主与下德君主的治国方式。

我们将本章结构列表如下。

上德君主的治国方式	使我介然有知，行于大道，唯施是畏。
下德君主的治国方式	大道甚夷，而人好径。朝甚除，田甚芜，仓甚虚。服文彩，带利剑，厌饮食，财货有余，是谓盗夸。非道也哉！

真正领悟了大道的君主，顺随大道而为，唯恐背道而为。下德君主则不然，并没有真正掌握大道，而是将道当作了某种东西，于是，道就成了非常道（第一章："道，可道，非常道"）。因此，在这种君主治理的下德社会中，宫廷弄得非常整洁，君主衣饰华美，财货有余，但百姓田地荒芜，仓库空虚。君主自己还以为这就是大道。所以，《道德经》认为这不合大道，而是掠夺百姓的大盗。

第五十四章阐述如何从无为 - 有为的角度判断上德行为和下德行为。

我们将本章结构列表如下。

无为的行为及其效用	善建者不拔，善抱者不脱，子孙祭祀不辍。
推广无为的处世方式所带来的效用	修之于身，其德乃真；修之于家，其德乃余；修之于乡，其德乃长；修之于邦，其德乃丰；修之于天下，其德乃普。
如何确定什么是真正的无为	故以身观身，以家观家，以乡观乡，以邦观邦，以天下观天下。吾何以知天下然哉？以此。

善建者以没有建、没有拔之心而建，因而不可拔除；善抱者以没有抱、没有脱之心而抱，因而不会脱落。如果将这种无为而为的处世方式传给了子孙，子孙就能处世长久，自己也会一直享受祭祀。由此推广，如果将这种无为而为的处世方式运用到身、家、乡、国和天下，无为而为之德就会真实、有余、长久、丰沛、普遍。

掌握了无为而为的原则，就很容易对上德与下德做出判断。从我自身观察他人，从我的家观察别的家，从我的乡观察别的乡，从我的国观察别的国，从我的天下观察别的天下，如果采用的是无为而为的方法就是上德，反之，就是下德。

第五十五章从无欲–有欲的角度对比阐述上德君主与下德君主的处世方式和治国方式。

我们将本章的结构图示如下。

道者要如婴儿一样以无欲之心对待可欲之事	含德之厚，比于赤子。蜂虿虺蛇不螫，猛兽不据，攫鸟不搏。骨弱筋柔而握固。未知牝牡之合而全作，精之至也。终日号而不嗄，和之至也。
无欲和贪欲所带来的不同结果。	知和曰常，知常曰明，益生曰祥，心使气曰强。物壮则老，谓之不道，不道早已。

古人认为，婴儿没有欲望，因而本章就以婴儿为例阐发无欲和贪欲所带来的不同结果。

婴儿没有贪欲，不涉险境，因而毒虫、毒蛇、猛兽、凶鸟就无从伤害他。没有贪欲就会心平气和，所以，婴儿虽然攥紧拳头，但骨软筋柔；虽然生殖器有时自行勃起，但并不是因为有男女之欲；虽然整天号哭，但喉咙并不沙哑。没有贪欲、心平气和就能顺随事物本身，因而能如庖丁解牛般处理世事、治理国家。这样的人就是明道的上德者。

反之，如果有贪欲就会处处斗气逞强。处处斗气逞强就意味着走向衰亡。这样的人就是下德之人。

第五十六章从无名 – 有名的角度阐释上德之人的行为方式，同时回应第五十二章（如何从下德回归上德）。

我们将本章结构列表如下。

得道者不妄言	知者不言，言者不知。
如何从下德回归上德	塞其兑，闭其门，挫其锐，解其纷，和其光，同其尘，是谓玄同。
上德的功用	故不可得而亲，不可得而疏；不可得而利，不可得而害，不可得而贵，不可得而贱。故为天下贵。

道不可言，可言者就不是常道（第一章："道，可道，非常道"）。所以说，"知者不言，言者不知"。

怎样才能不言呢？管住妄言之口，关闭贪欲之心，收敛外在的锋芒，去掉内心的纷扰，合于世俗之光，与尘世混而为一，"塞其兑，闭其门，挫其锐，解其纷，和其光，同其尘"。

做到了和光同尘，心中就无所谓亲，无所谓疏；无所谓利，无所谓害；无所谓贵，无所谓贱。达到这种境界的人，就是被天下看重的上德之人。

第五十一章阐释了道与德的作用以及得道者如何效法道、德。第五十二章从无名 – 有名环节、无欲 – 有欲环节、无为 – 有为环节对比阐述下德之人和上德之人的不同行为方式。第五十三、五十四章从无为 – 有为的角度对第五十二章进行阐发，第五十五章从无欲 – 有欲的角度对第五十二章进行阐发，第五十六章从无名 – 有名的角度对第五十二章进行阐发，同时回应第五十二章，阐述如何从下德回归上德。下德之人变成了上德之人，下德社会就回归到了上德社会。

（四）上仁社会

第五十七至六十二章阐述得道者如何治理第三十八章"上仁为之而无以为"的上仁社会。所谓"上仁为之"就是将"仁"作为治国的目的。所谓"无以为"就是以无偏为的手段去实现仁的目标。"以正治国"是以仁治国的形式（第五十七章："以正治国，以奇用兵"），以善治国是以仁治国的内容（第五十八章："其无正。正复为奇，善复为妖"）。得道者不偏为，不是以仁治国，而是以超越仁与不仁的方式治理国家。

我们将这一部分的结构图示如下。

上仁为之而无以为	形式：以正治国 内容：以善治国。	无名－有名之玄
得道的君主如何解决上仁社会的问题	我无为而民自化——第五十八章。 我好静而民自正——第五十九章。 我无事而民自富——第六十章。 我无欲而民自朴——第六十一章。	无为－作为之玄 无欲－有欲环节

第五十七章提出以仁治国的形式（"以正治国"），阐述得道者如何解决"上仁为之而无以为"（第三十八章）的上仁社会问题。

我们将本章结构列表如下。

上仁为之而无以为	以正治国，以奇用兵。
得道者应如何治国	以无事取天下。
"以正治国"、以奇治国所造成的后果	吾何以知其然哉？以此。天下多忌讳，而民弥贫；民多利器，国家滋昏；人多伎巧，奇物滋起；法令滋彰，盗贼多有。
得道者如何做到"以无事取天下"	故圣人云：我无为，而民自化；我好静，而民自正；我无事，而民自富；我无欲，而民自朴。

奇、止相生，有正就有奇（参见第二章）。"以正治国"就会出现相反相成的"以奇治国"。

"以正治国"就会造成"法令滋彰盗贼多有"的后果。这里，法令属于正。有正就有奇。以奇治国同样会造成严重的后果，"天下多忌讳，而民弥贫；民多利器，国家滋昏；人多伎巧，奇物滋起"。因此，以正治国、以奇治国最终都会将国家带入歧途。

从内容和形式的角度分析，"以正治国"属于治国的形式，治国的内容则是善，其目的是增加百姓的福祉，"祸兮福之所倚，福兮祸之所伏。孰知其极？其无正？正复为奇，善复为妖"（第五十八章）。"以正治国"的善就是第三十八章"上仁为之而无以为"中的仁，"上仁为之"就是为善，"以正治国"的正就是第三十八章"上仁为之而无以为"中的"无以为"（王弼《道德真经注》第三十八章注："无以为者，无所偏为也。"）。

因为以正治国、以奇治国会带来祸患，所以得道的君主既不以正治国，也不以奇治国，而是以无为、好静、不妄生事端、无贪欲的方式治国（"以无事取天下"）。这样，百姓就会自行变化、自然合道、自然富足、真正淳朴（我无为而民自化，我好静而民自正，我无事而民自富，我无欲而民自朴）。从而社会也能回归到《道德经》所期望的无为而治的上德社会。

除本章外，在接下来的几章只阐述了治国，没有涉及用兵问题。因此，"以奇用兵"不是这一部分要阐述的内容，只是为了对仗的需要。此外，从本章的"以正治国，以奇用兵，以无事取天下"看不出老子是在批判"以正治国"，主张"以无事取天下"。但接下来的部分则在列举以正治国、以奇治国的弊病，主张以无事治国。因此，上下文无法衔接。对此，卢育三认为，"以正治国，以奇用兵"是当时的名言，不是老子的主张（卢育三《老子释义》）。如果是这样，给"以正治国，以奇用兵"加上引号就行。

第五十八章阐述如何做到第五十七章"我无为而民自化"。

以对比方式阐述采用"我无为而民自化"治国原则的原因	其政闷闷，其民淳淳；其政察察，其民缺缺。祸兮，福之所倚；福兮，祸之所伏。孰知其极？其无正。正复为奇，善复为妖。
"我无为而民自化"的施行方式	人之迷，其日固久！是以圣人方而不割，廉而不刿，直而不肆，光而不耀。

道是无物之物，但一旦产生有物之物，就会以分别对立的方式呈现（第

四十章："反者道之动"），如祸与福、正与奇、善与恶等（参见第二章"有无相生"的解说）。其中的原因无从探究，因为探究就会涉及有物之物，有物之物就不是常道。

正因为日常之物以分别对立的方式呈现，所以，如果君主为政严苛，企图让百姓安分，百姓反而可能生出邪恶之心。只有以无善无恶、无正无奇的无为手段治国，民风才能淳厚，即"我无为而民自化"。

这里的无为与上德社会那种无为稍有不同。在上德社会中，君主无为而治，无需改变百姓，天下自然安宁。而在以正治国或以奇治国的社会中，百姓长久以来追逐外物、沉迷于外物（"人之迷，其日固久"），因而得道的君主应采用柔和的方式改变百姓，方正而不伤人，锐利而不害人，直率而不放肆，光亮而不刺眼（"方而不割，廉而不刿，直而不肆，光而不耀"），润物细无声地使百姓回归淳朴状态，使整个社会慢慢回归到上德社会。

第五十七章说过，五十八章在阐述以正治国时，没有阐述以正治国的具体内容。从本章看，"以正治国"的具体内容应该是善（"正复为奇，善复为妖"），追求的目标是福（"祸兮，福之所倚；福兮，祸之所伏"）。善就是第三十八章"上仁为之而无以为"之仁。

第五十九章阐发如何做到第五十七课的"我好静而民自正"。

我们将本章结构列表如下。

治人事天要爱惜精神	治人事天，莫若啬。
爱惜精神则能做到"好静而民自正"	夫唯啬，是谓早服。早服谓之重积德；重积德则无不克；无不克则莫知其极；莫知其极，可以有国。有国之母，可以长久；是谓深根固柢，长生久视之道。

做到第五十七章的"我好静而民自正"之静最好的方法是爱惜精神（"莫若啬"），因为爱惜精神就不追逐外物，而会顺随外物。顺随事物自身就能合道、多积德。多积德则能借助事物自身的力量。而事物的力量是无法估量的，无往不克，可以担负起保有国家的重任。

第六十章以烹调小鱼为例阐发得道的君主如何做到五十七章的"我无事而民自富"。

我们将本章结构列表如下。

以无事治国	治大国，若烹小鲜。
以无事治国就会给百姓带来好处	以道莅天下，其鬼不神；非其鬼不神，其神不伤人；非其神不伤人，圣人亦不伤人。夫两不相伤，故德交归焉。

烹调小鱼不能不动，但也不能随意妄动，随意妄动就会弄碎。得道的君主效法烹调小鱼的方法治国，面对上仁社会，不妄生事端，顺道而为。只要得道者遵循道，鬼、神也不敢违背道。这样就不会无端侵扰百姓，百姓就会因此受益——"我无事而民自富"（第五十七）。

第六十一章从国与国交往的角度阐发第五十七章"我无欲而民自朴"的含义。

我们将本章结构列表如下。

大国应谦下——无欲	大国者下流，天下之牝，天下之交也。牝常以静胜牡，以静为下。
谦下、无欲的功用	故大国以下小国，则取小国；小国以下大国，则取大国。故或下以取，或下而取。
大国更应谦下的原因	大国不过欲兼畜人，小国不过欲入事人。夫两者各得所欲。大者宜为下。

水往低处流，因而处于下游容纳百川，就能成为大江大河，乃至海洋。雌性静，常处于下位，以静征服雄性。在国与国的交往中，君主要效法水、效法雌性。大国君主效法水，效法雌性，就会让小国归附。小国君主效法水，效法雌性，就会被大国接纳。

大国的愿望是使小国归附它，受它保护；小国的愿望是依附大国，得到大国的保护（愿望是欲望，但不是贪欲）。在大国与小国的关系中，大国占主动地位，因而更应该谦下。谦下就是无欲的表现，所以说，"我无欲而民自朴"。

第五十七章阐述了上仁社会的治理形式是以正治国。第五十八章阐述了上仁社会治理国家的内容是为善，治理国家的目的是求福。但奇与正、善与恶、福与祸相反相成，因而有正就有奇，有善就有恶，有福就有祸。为消除这种与善相随的恶、与福相随的祸，第五十八章至六十一章从无为-作为、无欲-有欲、无名-有名的角度阐释得道的君主应如何采用"我无为而民自化，我好静而民自正，我无事而民自富，我无欲而民自朴"（第五十七章）的方法，在不刺激百姓的前提下，纠正人们的偏见，慢慢地将上仁社会带回到上德社会。

（五）上义社会

第六十二至七十章阐释得道者如何治理上义社会。什么是上义之义？它是指对利益的追求、对祸患的回避，"不曰求以得，有罪以免邪？"（第六十二章）。因此，第三十八章说，上义社会是"为之而有以为"的社会。所谓"为之"是对达到趋利避害的目标而言的，所谓"有以为"是对有所作为的手段而言的，所谓"上义为之而有以为"就是以有所作为的手段实现趋利避害的目的。面对上义社会，得道的君主在短期内应该帮助百姓趋利避害，以此获得百姓的信任；长期则要将上义社会逐渐引导到上德社会。

我们将这一部分的结构图示如下。

如何治理上义社会（第六十二章）	无为-作为环节：尊行可以加人	短期解决之道	第六十三章	图难于其易为大于其细。
			第六十四章	继续阐释图难于其易为大于其细。
		长期彻底解决之道	第六十五章	不以智治国。
	无言-有言环节：美言可以市	第六十六章		以言下之。
	无欲-有欲环节：不曰求以得有罪以免	第六十七章：慈、俭、不敢为天下先	第六十八章	阐发慈故能勇的含义。
			第六十九章	阐发不敢为天下先的含义。
			第七十章	阐发俭故能广的含义。

第六十二章提出如何治理上义社会。

我们将这一章的结构图示如下。

道对得道者和未得道者的功用	道者万物之奥。善人之宝，不善人之所保。
道对得道君主的功用	美言可以市尊，尊行可以加人。人之不善，何弃之有？故立天子，置三公，虽有拱璧以先驷马，不如坐进此道。
道对未得道者的功用	古之所以贵此道者何？不曰求以得，有罪以免邪？故为天下贵。

道是万物之源，是万物归藏之所。得道者自觉地以道为宝，未得道者也在不知不觉中受到道的保护。只不过，在上义社会中，人们都在追逐利益，并不遵循道。因此，在治理上义社会的过程中，得道者在短期内要用动听的言词让百姓接受自己，用尊贵的行为实现百姓的利益。通过这个过程，再慢慢地将百姓引入上德社会。为此，上义社会需要设立天子、设置三公。得道者即使给天子、三公进献驷马拉着的合抱之璧，也不如进献能够治理上义社会的自然之道。

接下来的第六十三、六十四章从无为-有为的环节阐述如何做到第六十二章的"尊行可以加人"。第六十三章从无为-有为的环节提出得道者在上义社会中的作为方式——"图难于其易，为大于其细"。

我们将本章结构图示如下。

得道者的处世原则	为无为，事无事，味无味。大小多少，报怨以德。
得道者的行事方式	图难于其易，为大于其细。天下难事必作于易，天下大事必作于细。
得道者成功的原因	是以圣人终不为大，故能成其大。夫轻诺必寡信，多易必多难。是以圣人犹难之，故终无难矣。

第五十八章在描述上仁社会时说，"人之迷，其日固久"，因而得道者在上仁社会中要做到直率，但不能无所顾忌。与之相比，在上义社会中，人们不仅将利益作为追求的目标，而且还以有为的手段去实现其目标。因此，得道者在治理上义社会时，更不能无所顾忌，而应顺随百姓，帮助百姓追逐利益，帮

助他们处理难题。

本章开头就说，得道者以不妄为的态度去作为，以不生事的方式去做事，以不追求美味的方式去品味（"为无为，事无事，味无味"）。对人们产生的怨恨，不分大与小、多与少，都用无分别之心处理。

这种方法与上德社会的无为方式看起来一样，实际上却存在区别。无为而治适用于民风淳朴的上德社会。在民风淳朴的上德社会中，百姓"无知无欲"（第二章），因而接受无为而治的思想，妄为者没有市场（第二章："使夫智者不敢为也"），因而也就没有大与细、难与易的分别。在上义社会，百姓看重的是他们所追逐的利益，对道、德无兴趣。因此，人与人之间会经常产生怨恨。得道者不分大与细、难与易，一律以无分别之心处理百姓之间的矛盾，帮助百姓获取利益。处理的方法是从问题容易处理的时候和细微的地方入手。这样君主才能赢得百姓的信任，并影响百姓（第六十二章："尊行可以加人"），最终将他们引向上德社会。

正因为得道者处理问题从细微的地方开始，从容易处理的时候着手，因而能成就大事；正因为得道者不自以为大，重视困难，所以没有困难。未得道者忽视细微的地方，因而轻易承诺，以致无法履行；轻视容易的问题，因而掉以轻心，最终造成困难。

第六十四章阐发第六十三章"图难于其易，为大于其细"的含义。

我们将本章结构图示如下。

得道者处事要做到"为之于未有治之于未乱"	其安易持，其未兆易谋。其脆易泮，其微易散。为之于未有，治之于未乱。
举例论证处事要做到"为之于未有"	合抱之木，生于毫末；九层之台，起于累土；千里之行，始于足下。
阐述做不到"治之于未乱"的危害	为者败之，执者失之。是以圣人无为故无败，无执故无失。民之从事，常于几成而败之。慎终如始，则无败事。

得道者如何做到"为之于未有治之于未乱"	是以圣人欲不欲，不贵难得之货；学不学，复众人之所过，以辅万物之自然而不敢为。

上一章提出得道者要做到"图难于其易，为大于其细"，本章以"为之于未有治之于未乱"对其进行阐发。

上义社会以有所作为的手段追逐自身利益，得道者面对上义社会，如果置之不理，就是有我；如果以与外物对立的方式处理，就是有我、有物。因此，得道者以无分别之心处理日常的分别之事（参见第二章）。

从生活常识中我们知道，事情在"安"、"未兆"、"脆"、"微"时容易处理。因此，处理事情，要在事物微细的时候着手，在祸乱产生前处置，"为之于未有治之于未乱"。

如何才能做到"为之于未有"呢？以种树为例，合抱的大树是从细小的枝丫开始生长的；以建筑为例，九层的高台是从第一筐土开始构筑的；以走路为例，千里的行程是从第一步开始。从枝丫、第一筐土、第一步开始，就是"为之于未有"。

如何才能做到"治之于未乱"呢？不以妄为、把控的方式处理事情，而是顺随事物自身，与事物混而为一。事物一旦出现异常（非常道），就能马上意识到，并且及时处理，从而避免失败。未得道者以妄为、控制的方式处理事情，与事物相对立，因而不能及时注意到异常情况。这就容易因疏忽而前功尽弃，特别是在事情快要成功时，更可能出现大意，从而造成失败。

怎么样才能做到"为之于未有治之于未乱"呢？以无欲之心对待有欲之物，"不贵难得之货"（第三章）；以无分别之心对待日常的分别之学，"功成而弗居"（第二章），弥补上义社会中世人所犯的过错来辅助自然的的运行。

第六十五章从无为－作为环节阐释得道的君主如何让百姓真正回归上德社会。

我们将本章结构图示如下。

两种治国方式的不同效果	古之善为道者，非以明人，将以愚之。民之难治，以其多智。以智治国，国之贼；不以智治国，国之福。
如何回归上德社会	知此两者，亦楷式。常知楷式，是谓玄德。玄德深矣远矣，与物反矣，然后乃至大顺。

第六十三、六十四章从无为－有为环节阐述了得道者在短期内如何有效治理上义社会（第六十二章："尊行可以加人"）。但从长期看，只有使上义社会回归上德社会，才能真正解决上义社会的问题。

从第二章我们知道，百姓有智巧，就会分好坏，分贵贱，进而发生争夺。社会就会难以治理，国家就会陷入混乱。因此，得道的君主不教人智巧，而是让百姓回归淳朴，即达到第二章的"虚其心，实其腹"的状态。百姓淳朴是国家的福祉。

只有明白了以道治国和不以道治国的差别，才能做到无为－有为之玄，做到顺道而为，最终引领百姓走向上德社会。

第六十六章从无言－有言环节阐发第六十二章的"美言可以市"。

我们将本章结构图示如下。

类比阐发得道者"美言可以市"的含义	江海所以能为百谷王者，以其善下之，故能为百谷王。是以圣人欲上人，必以言下之；欲先人，必以身后之。
"美言"的功用	是以圣人处上而民不重，处前而民不害，是以天下乐推而不厌。以其不争，故天下莫与之争。

第六十六章开头就以江海居于江河下游而成为江河聚集之地的事实，类比论证如果得道的君主想要成为百姓的领导，置身于百姓之先，就要在言语上对百姓谦下，将自身放在百姓之后，不与百姓争名夺利。这是得道者在上义社会中无名－有名之玄的表现。

君主在言语上对百姓谦下，将自身利益放在百姓之后，百姓就不觉得有负担，也不感觉有危害，从而拥戴君主。如此一来，就没有人能与得道的君主相争，所以说，"以其不争，故天下莫与之争"。

与第六十二章的"尊行可以加人"一样，"美言可以市"不等于上德社会的无名-有名之玄。在上义社会，人们以有作为的手段实现趋利避害的目的。得道君主必须先满足百姓的欲望，再慢慢加以引导。如果是在上德社会，就以顺其自然的方法使百姓"弱其志，强其骨"，无知无欲就好了，而无需"美言"。

第六十七章至第七十章从无欲-有欲的环节阐述得道的君主怎样做才能使上义社会回归上德社会。第六十七章提出了达到无欲-有欲望之玄的三种形式。

我们将本章结构图示如下。

道无可比拟的性质	天下皆谓我道大，似不肖。夫唯大，故似不肖。若肖，久矣其细也夫！
达到无欲-有欲之玄的三种形式	我有三宝，持而保之。一曰慈，二曰俭，三曰不敢为天下先。慈故能勇，俭故能广；不敢为天下先，故能成器长。
违反三宝的危害	今舍慈且勇；舍俭且广；舍后且先；死矣！夫慈，以战则胜，以守则固。天将救之，以慈卫之。

道是无物之物，无法命名，只能姑且以"大"称谓它，所以第二十五章说，"吾不知其名，字之曰道，强为之名曰大"。正因为如此，道与日常事物不相像。如果与日常事物相像，就不是道之大，而是物之小了。

对于无法比拟之道，我们无法以日常与物打交道的方式把控它、占有它，只能顺随它（第四十章："弱者，道之用"）。如何顺随它？以三种方式："慈"、"俭"、"不敢为天下先"。慈是出于自然的情感，所以第十九课说，"绝仁弃义，民复孝慈"。对慈的功用，《道德经》是从战争的角度进行阐述的。得道者对自己部下慈爱，部下就能尽全力，就会勇敢。因此，当自己进攻时，就能取胜；当自己采取守势时，也能稳固。所以说，"慈故能勇"，"夫慈，以战则胜，以守则固。天将救之，以慈卫之"。

从传道的角度而言，得道者与未得道者打成一片，道的思想才能被人们广泛接受（参见第七十章）。如何才能与未得道者打成一片呢？穿着一般人常穿的粗布衣服，在外表上与他们相近，让他们先接受自己，再让他们慢慢接受自己的思想，所以说，"俭故能广"。

从战争的角度而言，打仗时不能以冒进的方式主动出击，以免被敌人抓住漏洞，弄得"进寸而退尺"，而应以谨慎的方式伺机而动，才能有效地打击敌人（参见第六十九章)。所以说，不敢处天下人之先才能成为众人领袖("不敢为天下先，故能成器长")。

慈、俭、不为天下先是无欲-有欲之玄的三种表现。如果与这三种行为背道而驰，"舍慈且勇；舍俭且广；舍后且先"，就是自设障碍，自寻死路。

需要注意的是，上义社会的无欲-有欲环节与上德社会的不同。上德社会民风淳朴，得道的君主顺随自然，以无欲之心对待可欲之事，就能治理好国家。在上义社会，人们趋利避害，追求自己的目标。得道的君主帮助百姓获利时也带有目的性。因此，第六十八、六十九两章在阐发本章的"慈"、"不敢为天下先"时是以战争为例的，阐述的是取胜的方法，而不像道篇的第三十章和三十一章，其主要目的是阻止无休止的战争。第七十章在阐发本章的"俭"时说，得道者要"被褐怀玉"。这与上德社会的"智者不敢为"（第三章）也绝然不同。

第六十八章从战争的角度阐发第六十七章"慈故能勇"的含义。

我们将本章结构图示如下。

在战争中要做到"慈其勇"	善为士者，不武；善战者，不怒；善胜敌者，不与；善用人者，为之下。
"慈其勇"的功用	是谓不争之德，是谓用人之力，是谓配天，古之极。

战争是政治的继续，是治国的一部分。但是，战争有其特殊性，它诉诸暴力。我们一般人都认为，既然诉诸暴力，当然就靠勇武、暴烈之气，以牙还牙地斗狠。其实，这都是匹夫之勇。真正高明的将帅是在顺随敌人、对自己部下谦下（慈）的前提下击败对方，这是"慈故能勇"的大勇。所谓顺随敌人就是在了解敌人的前提下，如庖丁解牛般击败对方，而不是头脑发热、如匹夫似的斗勇；所谓对自己部下谦下，就是对部下慈爱，从而让他们竭尽全力地对付敌人。这种借助他人之力不争而胜的勇是建立在自然慈爱之上的大勇，是自古以来的最高法则。

第六十九章从战争的角度阐述六十七章"不敢为天下先"的含义。

我们将本章结构图示如下。

引用兵家之言论证不敢为天下先	用兵有言："吾不敢为主，而为客；不敢进寸，而退尺。"是谓行无行，攘无臂，扔无敌，执无兵。
如何做到不敢为天下先	祸莫大于轻敌，轻敌几丧吾宝，故抗兵相若，哀兵胜矣。

上一章以战争为例阐发了"慈且勇"的含义，这一章则继续以战争为例阐发第六十七章提出的另一个原则——"不敢为天下先"。

"不敢为天下先"在战争中的表现就是不冒进。冒进就会暴露自身的缺陷，为敌方所乘，从而导致"进寸而退尺"的结局。因此，真正的得道者用兵时先要采取守势，然后在敌方不知己方的情况下伺机打击敌方。如何做到让敌方不知己？自己有阵列似无阵列，挥胳臂似无胳臂，面对敌人如入无人之境，持有兵器似无兵器（"行无行，攘无臂，扔无敌，执无兵"）。这样，我方知道敌方，敌方不知我方，自己就可以避实击虚。

怎样做到这些？不轻敌，"祸莫大于轻敌，轻敌几丧吾宝"。轻敌就做不到"不敢为天下先"。当然，决定用兵胜败的因素除了"不敢为天下先"之外，还有天时、地理、人和等方面的诸多因素。因此，当双方兵力相当时，有慈悲心的统帅会取得胜利，因为统帅有慈悲心，士兵就会拼力死战。所以说，在其他因素相同的情况下，慈悲就成了决定胜败的关键因素。

第七十章阐述六十七章"俭故能广"的含义。

我们将本章结构图示如下。

大道的思想难以为人所理解、施行	吾言甚易知，甚易行。天下莫能知，莫能行。言有宗，事有君。夫唯无知，是以不我知。
"俭"才能让人接受自己和自己的思想	知我者希，则我者贵。是以圣人被褐怀玉。

常道是事物本来的样子。只要顺随无物之物，就能理解道、依道而为。所以老子说，"吾言甚易知，甚易行"。但无物之物没有长与短、高与下的区别，一般人难以理解无物之物，当然更难以施行，从而导致得道者难以被人了解。

如何才能让他人接受自己、进而接受自己的思想呢？"被褐怀玉"、以"俭"

处事，在外表上与他人打成一片，就容易被他人所接受。他人接受了自己，才能接受自己的思想。自己的思想才能被广泛传播，所以说，"俭故能广"。

庄子在《德充符》篇说，"无人之情"的得道者（得道者没有常人的是非好恶情感）只有做到"有人之形"（有常人的表现），才能被人们所接受，才能与他人打成一片。这和《道德经》的"俭故能广"的意思相同。

第六十二章描述了上义社会趋利避害的特征（"不曰求以得，有罪以免邪"），提出了解决上义社会的短期方法和长期方法。短期方法就是以动听的言词让百姓接受自己，用尊贵的行为逐渐影响百姓（"美言可以市，尊行可以加人"）。长期方法则是让百姓合道，以道为宝。第六十三章、六十四章从无为-作为的角度阐释短期如何采取"尊行可以加人"的方法解决百姓趋利避害的问题。这就是从容易的地方、细小的地方着手（"图难于其易为大于其细"）。第六十五章则从无为-作为的角度阐释长期如何解决百姓的问题。这要做到不以智巧治国（"以智治国，国之贼；不以智治国，国之福"）。第六十六章从无言-有言的角度阐述如何以动听的言词让百姓接受自己（"美言可以市"）。第六十七章从无欲-有欲的角度提出解决求则有所得（六十二章"不曰求以得"）的三个方法：慈、俭、不敢为天下先。第六十八、六十九、七十章分别阐发慈、不敢为天下先、俭的含义。在《德道经》中，老子没有按照慈、俭、不敢为天下先的先后顺序进行阐发。这可能是因为老子对慈、不敢为天下先的阐发都是从战争角度出发的，而俭是从传道的角度加以论证的，所以将不敢为天下先放在俭之前加以阐发。

（六）上礼社会

第七十一章至第八十一章阐释第三十八章"上礼为之而莫之应，则攘臂而扔之"、"夫礼者，忠信之薄而乱之首"的上礼社会的特征，并阐述得道的君主如何治理上礼社会。对这种社会，得道的君主短期先要以治标的方法使这种"忠信之薄而乱之首"的社会安定下来，然后再运用治本的合道方法使之逐渐回归到上德社会。

我们将第七十一章至八十一章的结构图示如下。

		无为 – 作为	无欲 – 有欲	无名 – 有名
第七十一章 知不知者与不知知者	第七十二章 不知知者与自知不自见者的对比（无狎其所所居 无厌其所生）	第七十三章 从消极角度阐发"无狎其所所居"含义。 第七十四章 从积极角度阐发"无狎其所所居"含义。 第七十五章 阐发"无厌其所生"的含义。	第七十六章 强大处下，柔弱处上。 第七十七章 有余以奉天下。 第七十八章 受国之垢……受国不祥。	第七十九章 有德司契，无德司彻。
如何从上礼社会回归上德社会		虽有舟舆，无所乘之；虽有甲兵，无所陈之。实现途径：天之道，利而不害；圣人之道，为而不争。	甘其食，美其服，安其居，乐其俗。邻国相望，鸡犬之声相闻，民至老死，不相往来。实现途径：圣人不积，既以为人，己愈有，既以与人，己愈多。	使人复结绳而用之。实现途径：信言不美，美言不信；善者不辩，辩者不善；知者不博，博者不知。

第七十一章提出上礼社会问题的根源以及得道的君主如何解决这个问题。第七十二章阐释第七十一章"不知知"的上礼社会的具体表现以及"知不知"的得道君主治理上礼社会的原则。第七十三章至七十五章、第七十六章至七十八章、第七十九章分别从无为-作为的角度、无欲-有欲的角度、无名-有名的角度阐述得道的君主如何做到第七十一章的"无狎其所所居、无厌其所生"。第八十章、八十一章阐述如何才能使上礼社会回归到上德社会。

第七十一章提出上礼社会的问题根源以及得道的君主如何解决这个问题。我们将本章结构分别图示如下。

合道者与不合道者的表现	知不知，上；不知知，病。
得道者的表现	圣人不病，以其病病。夫唯病病，是以不病。

道不可感知、不可言说（参见第一章、第十四章），所以知而不自以为知才是得道者（参见第三十八章的"上德不德"）。与之相反，不知却自以为知者不仅违反道，而且相对于知而以为知的下德者还等而下之。

得道者不以不知为知，直面自己所存在的这类问题。以这种思想治理上礼社会，才能解决上礼社会的问题，最终将其带入上德社会。

第七十二章阐释上礼社会"不知知"的具体表现以及得道的君主治理上礼社会的原则。

我们将本章结构分别图示如下。

告诫第七十一章的"不知知"者	民不畏威，则大威至。无狎其所居，无厌其所生。夫唯不厌，是以不厌。
得道者治理上礼社会的原则	是以圣人自知不自见，自爱不自贵。故去彼取此。

在上礼社会，百姓只知道以有为的手段满足自己的欲望（第三十八："忠信之薄而乱之首"），社会的运转只能靠礼来维系。面对这种社会状况，不知而自以为知的君主会本能地运用威权来控制百姓（第三十八章："攘臂而扔之"）。因为这种方式直接、见效快。久而久之，君主就会迷信威权。但是，威权控制是有缺陷的：百姓一旦被逼得不能生存，就不会再顾忌任何威权，铤而走险。这时，大的祸乱就要酿成了。因此，老子告诫君主不能滥用威权逼得百姓无法安居乐业，而要依道的原则解决上礼社会存在的问题。

如何依道的原则解决上礼社会的问题？从思想上要做到第七十一章的"知不知"，即自知而不自以为是、自爱而不自以为贵（"自知不自见，自爱不自贵"）。这样才能以顺随百姓的方式而不是自以为是的方式治理国家，从而避免灾祸的发生。

第七十三章从无为-作为环节、消极的角度阐述如何做到第七十二章的"无狎其所居"（不要逼得百姓无法安居）。

我们将本章结构分别图示如下。

勇于敢与勇于不敢的结果对比	勇于敢则杀，勇于不敢则活，此两者或利或害。天之所恶，孰知其故？是以圣人犹难之。

为什么"勇于不敢则活"	无欲	天之道，不争而善胜
	无名	不言而善应
	无为	不召而自来，繟然而善谋。天网恢恢，疏而不漏。

道以相反相成的方式产生万物，其结果或有利或有害。在什么情况下会产生有利之事，在什么情况下会产生有害之事，这是无法预知的，得道者也不例外。因此，如果君主勇于使用威权，就可能产生有害之事，走向死路。只有勇于不使用威权，顺道而为，才可能走出上礼社会，回归上德社会（得道者心无好恶利害，也不刻意排斥利、不刻意追逐害。刻意就不合道）。

如何具体做到顺道而为以避免走向死路？既然道"不争而善胜，不言而善应，不召而自来，繟然而善谋。天网恢恢，疏而不失"，那么得道者只要做到与物无争，就无人能与之争（第六十六章："以其不争，故天下莫能与之争"）；做到顺道而言，当言则言，不当言则不言，就是最好的回应。既然道产生万物，无需召唤，万物就会自动归于道，那么得道者只要顺道而为，他人就会"不召而自来"。既然顺道而为就会有最好的结果，那么得道者无需人为谋划。所以说，"天网恢恢，疏而不漏"。

相反，如果君主采用争夺（有欲）、争论（贪名）、谋划（有为）的方式处世，就会与道相违，成为"勇于敢"者。"勇于敢"者会走向死路。

第七十四章从无为–作为环节、积极的角度阐发第七十二章"无狎其所居"的含义。

我们将本章结构图示如下。

君主行使威权的前提条件	民不畏死，奈何以死惧之？若使民常畏死，而为奇者，吾执得而杀之，孰敢？
君主谨慎行使威权的原因	常有司杀者杀。夫代司杀者，是谓代大匠斲。夫代大匠斲，希有不伤其手。

上一章说，君主如果一味依靠威权，就可能酿成大祸。本章开头接着说，

君主如果一味靠杀戮治国,弄得老百姓不怕死,威权就会失去作用。这样说来,君主就从不杀人吗?当然不是,治国肯定要杀人。但其前提是,老百姓怕死。这时候杀掉那些为非作歹的人,才会起到应有的作用。

如何判断一个人是在为非作歹呢?不能凭君主的主观判断,而要以道判断。因为天道掌管着杀人的权力。如果君主以主观判断取代天道,就像不是木匠的人去砍木头一样,很少有不受伤的。

第七十五章从无为-作为的环节阐发第七十二章的"无厌其所生"(不要弄得百姓无法维持生计)。

我们将本章结构分别图示如下。

百姓无法维持生计的原因	民之饥,以其上食税之多,是以饥。民之难治,以其上之作为,是以难治。民之轻死,以其上求生之厚,是以轻死。
解决方案	夫唯无以生为者,是贤于贵生。

前面两章阐发了第七十二章的"无狎其所居",这一章则阐发第七十二章的"无厌其所生"。

怎样做到"无厌其所生"?要让百姓能够维持生计。为什么百姓会无法维持生计?因为君主税负过重、胡作非为、过于奢侈。君主花掉过多的租税,造成税赋过重,百姓就会挨饿;君主胡作非为,百姓就会变得狡狯,难以管理;君主过于奢侈,百姓生存困难,就会不重视生命。君主只有依道而为,不过度追求个人享受,减轻赋税,不骚扰百姓,才能给百姓生路,使国家安宁,避免造成"忠信之薄,而乱之首"(第三十八章)的危局。

第七十六章至七十八章从无欲-有欲的环节阐释君主在上礼社会应"无狎其所所居无厌其所生"(第七十二章)。第七十六章从无欲-有欲的环节以类比方式阐述在上礼社会中君主应当以柔弱的方式治理国家。

我们将本章结构图示如下。

以类比方式阐述为人不可逞强	人之生也柔弱，其死也坚强。草木之生也柔脆，其死也枯槁。故坚强者死之徒，柔弱者生之徒。
得出用兵不可逞强的结论	是以兵强则不胜，木强则兵。强大处下，柔弱处上。

从生活常识中我们知道，人有生命力的时候，身体是柔软的；草木有生命力的时候是柔脆的。反之，人死后身体就变得僵硬，树木死后就变得干枯。因此，柔弱者与生联系在一起，强硬者与死联系在一起。面对"忠信之薄而乱之首"的上礼社会，君主最容易、最习惯采取的方式是"攘臂而扔之"（伸出胳臂强迫人遵守）的强硬方式，甚至采用武力逞强。但是，用武力逞强就会造成灾祸（第七十二章："民不畏威，则大威至"）。因此，《道德经》告诫君主，要以柔弱的方式对待上礼社会，否则就会像树木强壮了会遭到砍伐一样造成失败。

第七十七章从无欲-有欲的环节类比论证君主在上礼社会应当损有余者以补不足者。

我们将本章结构图示如下。

得道的君主应效法瞄准射箭的自然现象，损有余者给与不足者	天之道，其犹张弓与？高者抑之，下者举之；有余者损之，不足者补之。天之道，损有余而补不足；人之道则不然，损不足以奉有余。孰能有余以奉天下，唯有道者。
得到的君主如何做到损有余者补不足者	是以圣人为而不恃，功成而不处，其不欲见贤。夫唯无以生为者，是贤于贵生。

在古代，弓是常见的东西。所以，本章用拉开的弓的特性类比阐明道的性质。拉开的（瞄准时）弓高了就把它压低一些，低了就把它升高一些，否则就射不中。拉得过满了就减少一些力度,没拉满就要增加一些力度。得道者效法拉满的弓箭，损有余者以给与不足者，而不能像上礼社会的君主那样欺弱扶强，损不足者以奉养有余者。

如何做到损有余以给予不足者？从自身做起。既然君主是有余者，那么得道的君主就要减损自己有余的东西：做事不可自恃己能，功成不可居其功，不显摆自己的才能，不贪图享受，不过度养生。

第七十八章从无欲 – 有欲的环节类比论证柔弱胜刚强。

我们将本章结构分别图示如下。

从水的特性得出柔弱胜刚强的结论	天下莫柔弱于水，而攻坚强者莫之能胜，以其无以易之。弱之胜强，柔之胜刚，天下莫不知，莫能行。
得道君主应以柔弱的方式治理国家	是以圣人云：受国之诟，是谓社稷主；受国不祥，是为天下王。正言若反。

在日常生活中，水是最柔弱的。但在冷兵器时代，攻打坚固的东西，柔弱的水是无可替代的。从这个例子可以看出，柔弱能战胜刚强，所以第三十六章也说，"将欲弱之，必固强之；将欲废之，必固兴之；将欲夺之，必固与之"。以柔弱的方式处事，就不会为人所乘，让道发挥作用，做到"无为而无不为"（第三十七章）。

得道者明白逞强就会为人所乘，因而以弱的姿态出现。得道的君主将自己置于柔弱的地位，承担国家的屈辱和不祥，就能真正成为国家乃至天下的君主。而这些与一般人的心理相反，所以说，"正言若反"。

第七十九章从无名 – 有名的环节阐释得道的君主如何治理上礼社会。

我们将本章结构分别图示如下。

契约方式才能解决上礼社会中的大纠纷	和大怨，必有余怨，安可以为善？是以圣人执左契，而不责于人。
引申出得道者应采取契约方式处理事务的结论	有德司契，无德司彻。天道无亲，常与善人。

上礼社会是"忠信不足而乱之首"的社会，人与人之间已经产生了信任危机，因而上德社会、下德社会、上仁社会、上义社会中的那些治理方式在上礼社会都不可行。从短期治标的角度看，在上礼社会中，得道的君主应采取契约（有名）的方式解决纠纷，不能采取建立在相互信任基础之上的调解方式。当然也不能

采取收税之类的苛刻手段，否则就会造成第七十二章"民不畏威"的后果。

因为采用契约的方式合乎上礼社会的实际情况，所以采取这种方式的人就是遵循大道者的善人。

第八十章、八十一章阐述如何从上礼社会回复到上德社会。第八十章描述从上礼社会回归淳朴的上德社会后百姓的逍遥状态。

我们将本章结构分别图示如下。

回归上德社会后的无为－有为之玄状态	小国寡民，使有什伯之器而不用，使民重死而不远徙。虽有舟舆，无所乘之；虽有甲兵，无所陈之。
回归上德社会后的无名－有名之玄状态	使民复结绳而用之。
回归上德社会后的无欲－有欲之玄状态	甘其食，美其服，安其居，乐其俗。邻国相望，鸡犬之声相闻，民至老死，不相往来。

在上礼社会，用契约的方式处理世事只是治标的方法，还没有解决根本问题。治本的方法是从上礼社会回复到上德社会。《道德经》以小国寡民为例阐述了让百姓回归上德社会后的无为－有为之玄状态：有贵重的工具不使用，因为百姓不会为了利益而远走他乡；有甲兵没机会展现，因为不会为了利益而相互争斗。达到无为－有为之玄状态自然就达到了上德社会的无名－有名之玄状态和无欲－有欲之玄状态。百姓"结绳而用之"，吃啥都香，穿啥都美，住哪都安，自乐其俗，天然自足，与邻国和平相处，从生到死互不往来。

小国要依靠大国保护才能生存（第六十一章："故大国以下小国，则取小国；小国以下大国，则取大国。故或下以取，或下而取。大国不过欲兼畜"）。小国能回归上德社会，大国当然也能回归上德社会，使百姓安居乐业，与邻国和平相处。

第八十章从百姓的角度描述了上德社会的远景，第八十一章则从君主的角度阐述如何让上礼社会回归淳朴的上德状态。

我们将本章结构分别图示如下。

君主如何达到无名－有名之玄	信言不美，美言不信。善者不辩，辩者不善。知者不博，博者不知。
君主如何达到无欲－有欲之玄	圣人不积，既以为人己愈有，既以与人己愈多。
君主如何达到无为－有为之玄	天之道，利而不害；人之道，为而不争。

从无名－有名之玄的角度而言，君主要分别出"信言"与"美言"、"善者"与"辩者"、"知者"与"博者"，鼓励"信言"、"善者"与"知者"，感化"美言"、"辩者"与"博者"，通过自己的行为形成无名－有名之玄的良好风俗。从无欲－有欲之玄的角度而言，君主要顺随外物，不与百姓争名夺利，尽量多地给予百姓，让百姓安居乐业。百姓安居乐业了，国家就富足，君主也更加富有，社会也会形成无欲－有欲之玄的风气。从无为－有为之玄的角度而言，君主要通过"为而不争"的行事方式，形成无为－有为之玄的社会氛围。通过自身的这些行为，君主就能将上礼社会引导到无名－有名之玄、无欲－有欲之玄、无为－有为之玄的上德社会。

在第三十八章所划分的五种类型中，上德社会是君主不妄为、民风淳朴的理想社会。在下德社会中，君主知而以为知（第三十八章："下德不失德。"），只知道做表面文章，不能做到以道治国，因而弄得朝廷奢侈、百姓贫穷（第五十三章："朝甚除，田甚芜，仓甚虚。服文彩，带利剑，厌饮食，财货有余。"）。面对这种局面，得道者要管住嘴巴不妄言、关闭欲望之门、消除自身的锐气、解除内心纷扰、合于世俗之光、同于尘世（第五十六章："塞其兑，闭其门，挫其锐；解其分，和其光，同其尘。"），使这种"非常道"的下德社会回归到合道的上德社会。在上仁社会中，君主以正治国，为白姓做善事，为百姓求幸福，但这最终会造成"盗贼多有"的局势（第五十七章："天下多忌讳，而民弥贫；民多利器，国家滋昏；人多伎巧，奇物滋起；法令滋彰，盗贼多有。"）。面对这种社会，得道者要做到无为、好静、无事、无欲（第五十七章："我无为而民自化，我好静而民自正，我无事而民自富，我无欲而民自朴。"），将百姓引入上德社会。在上义社会中，人们形成了趋利避害的风气（第六十二章"以求得，有罪以免"的效果）。面对这种社会，得道者短期内要帮助百姓追逐利益，以此赢得百姓信任，再慢慢将上义社会带入上德社会。在上礼社会，民风早已不淳朴，百姓只知以有为的手段满足自己的欲望（第三十八："忠信之薄而乱之首"），君主不知而自以为知（第七十一章："不知知，病"），习惯使用威权维系社会秩序。面对上礼社会，得道者短期内要让百姓安居乐业（第七十二章："无狎其所居，无厌其所生"）。长期而言，得道者的目标是使社会回归"甘其食，美其服，安其居，乐其俗"（第八十章）的上德社会。

第二部分　各章解读

　　第一部分对《道德经》的整体结构、各章之间的关系以及各章的内部结构进行了详细分析，这一部分将在第一部分的基础上对《道德经》的各章内容进行全面的解读。我们在阅读这一部分时，如果对照第一部分相应的内容，不仅能更好地掌握每一章的含义，而且能对《道德经》的结构有更鲜活的理解。

一、道篇各章解读

第一章

道，可道，非常道；名，可名，非常名。
无名，天地之始；有名，万物之母。
故常无欲，以观其妙；常有欲，以观其徼（jiào）。
此两者同出而异名，同谓之玄。玄之又玄，众妙之门。

译文：

道，可以表达的，就不是常道。名，可以称谓的，就不是常名。

无名，是万物的本原；有名，是万物的母体。

因此，以无欲之心感觉本原的奥妙，以有欲之心感知万物的形成。

本原与母体来源同一而名称不同，都可以称为玄。如果将（我之玄）玄与（物之玄）玄再玄而为一，就进入了奥妙的大道之门。

1.道[1]，可道[2]，非常[3]道。

（1）道：指一切被我们感觉到而没有意识到或注意到的物（包括事情、物品、人，乃至习俗等一切存有的东西）。详细的含义见解说。

（2）道：言说，表达。

（3）常：帛书甲、乙本均为"恒"字。有人认为原文为"恒"字，但为了避汉文帝刘恒的名讳，所以将"恒"字改为"常"字。下文"非常名"之"常"字也一样。

解说：

人生在世包括物、物之名、我以及我对物的行为等不可分割的四个环节。这一部分阐释物的环节的含义。

本章开头就说，"道，可道，非常道"。那么，什么是道？什么是非常道？道就是物，"道之为物，唯恍唯惚"（第二十一章）。道是一种"恍惚"之物。什么是"恍惚"？"视之不见名曰夷，听之不闻名曰希，搏之不得名曰微……是谓惚恍"（第十四章）。"恍惚"就是"视之不见"、"听之不闻"、"搏之不得"的状态。《道德经》没有具体描述这三种状态，我们可以用《庄子》中庖丁解牛的故事加以解说。庖丁是一位宰牛的屠夫。他宰牛时，根本不用刻意地盯着牛，只凭眼神去感觉，刀刃就不会割到肉，更不会碰到骨头，而是顺着牛骨间的缝隙游刃有余。因此，十九年来庖丁虽然宰了数千头牛，但刀刃还像刚从磨刀石上磨过一样。这里，凭眼神感觉就是"视之不见"之"视"，用眼睛盯着看则是"视之不见"之"见"。庖丁宰牛时就是"视之不见"。

由此类推，我们可以知道"听之不闻"、"搏之不得"的含义。当我们专心致志地看书时，窗外飘来了音乐声。这声音我们感觉到了，但没有引起注意。我们正在学习时听到音乐的状态就是"听之不闻"的状态。我们在熟悉的小路上散步时，感觉到我们的脚踏在地面上，但没有引起注意。我们踩在地面上的状态就是"搏之不得"的状态。

推而广之，一切感觉到物（包括事情、物品、人，乃至习俗等一切存有着的东西）而没有意识到物或注意到物的状态就是"恍惚"状态。《道德经》称这种"恍惚"状态下的物为"无物之物"（第十四章），也就是这里所说的"常道"。当我们感知到无物之物后，无物之物就变成了有物之物，"常道"就变成了这里所说的"非常道"。道和非常道是物之环节的两种状态。

从"视之不见"和"听之不闻"的例子可以看出，无物之物包括无目的的无物之物和有目的的无物之物。在我们专心致志地看书而没有注意到窗外飘来的音乐声这个例子中，音乐声与我们看书的目的无关，因而对我们而言，音乐声这个无物之物就是无目的的无物之物。而在庖丁解牛故事中，庖丁在"以神遇而不以目视"地杀牛时，虽然牛也以无物之物的方式呈现，但它处在庖丁杀牛这个特定的目的之中，因而是有目的的无物之物。为了叙述方便，本书将无目的的无物之物和有目的的无物之物统称为无物之物，而将与我们相对待的被人意识到或注意到的有物之物在不同的语境中分别称之为万物、日常之物、日常分别之物或感知之物。

2. 名⁽¹⁾，可名⁽²⁾，非常名。无名⁽³⁾，天地⁽⁴⁾之始⁽⁵⁾；有名⁽⁶⁾，万物之母⁽⁷⁾。

（1）名：常道之名。

（2）名：命名，称谓，指高与低、长与短等可以称谓的日常之名（参见第二章）。

（3）无名：没有命名，与"名可名"中的第一个"名"字的含义相同。"名"，命名，称谓，与"名可名"中第二个"名"字的含义相同。

（4）天地：应为"万物"。理由有三：一、王弼的注释为："故'未形'、'无名'之时则为万物之始"。可见，王弼本原来也为"万物"。二、帛书甲乙本均为"万物"。三、如果按照王弼通行本，那么下一句"以观其妙"之"其"字就指代不明。

（5）始：本意指家族繁衍的最先之母，这里指物在名产生前的本原状态。

（6）名：命名，称谓，与"名可名"中第二个"名"字的含义相同。

（7）母：生成具体之物的母体，指高与低、长与短之名（参见第二章）。

解说：

这一部分阐释人生在世四个环节中物之名环节的含义。

上一部分的常道之名就是这里的"常名"、"无名"，非常道之名就是这里的"非常名"、"有名"。无名之名是指还没有高与低、长与短等等分别之前的物之名（可参见第二章"有无相生、难易相成"的解说），有名则指高、低、长、短等等分别之名。当事物自身处于无物之物状态时，就是常道之名，没有前与后等日常之名。只有在出现高与低、长与短等日常分别之名之后，物才会在有名之名中呈现，才会有日常事物。例如，我们称某物为圆桌子。圆、桌子是名，该物就在圆桌子之名中呈现出来。所以说，"有名，万物之母"。（参见第二章的解说）

对"无名天地之始有名万物之母"这句话有两种断句方式。第一种断句方式为："无名，天地之始；有名，万物之母。"这种断句方式以河上公、王弼为代表。另一种断句方式为："无，名天地之始；有，名万物之母。"这种断句方式以王安石为代表。后一种断句方式是错误的。理由有二。一、从《道德经》的结构看，第二章是阐发第一章"无名天地之始，有名万物之母"这句话中"无名"与"有名"的含义以及如何以无名之心看待有名之名的问题（名之玄）。而有和无都只属于有名之名，与无名之名没有直接关系。二、这种断句方式中无与有之间的关系与第二章的"有无相生"、第十一章的"有之以为利无之以为用"这两句话中无与有的关系不一致。第二章和第十一章中的无与有是并列关系，都属于有名之名，就像前与后、高与低的关系一样。而第二种断句方式的无与有的关系是生成和被生成的关系——"有生于无"。

支持第二种断句方式的理由主要有两个。一、《道德经》第四十章中说"万物生于有，有生于无"。二、王弼认为"有生于无"。我们先分析第四十章的"有生于无"这句话。首先，这句话与《道德经》中"有"与"无"的含义不符。《道德经》在第十一章对"有"与"无"进行了确切表述。"有"指实际存在着的事物，如墙的四壁。"无"则与"有"相反，指与"有"不可分割的相对部分，如四壁所围起来的空间，"凿户牖以为室，当其无，有室之用。故有之以为利，无之以为用"（第十一章）。因此，我们可以说"有、无相生"（第二章），而不能说"有生于无"，除非加上"无生于有"。其次，"有无相生"、"有之以为利，无之以为用"中的"无"与"有"是并列关系。而如果"有生于无"不加上"无生于有"，"无"与"有"就是生成与被生成的关系，不是并列关系。最后，郭店简本甲本中相应的文字为"万物生于有生于无"，也就是说，万物既"生于有",又"生于无",即万物生于有、无,而不是"生于有、有生于无"。将郭店简本甲本与王弼本《道德经》加以对照可以发现,王弼本多了一个"有"字。这不排除王弼本的"有"是误加的。因此,第一个理由不成立。我们再分析第二个理由。王弼在《道德真经注》第一章中说,"凡有皆始于无,故'未形'、'无名'之时为万物之始,及其'有形'、'有名'之时,则长之育之,亭之毒之,为其母也"。从引文可以看出,王弼这里所说的"无"指无形、无名,与《道德经》中"无"的含义不同。上文说过,《道德经》中的有指实际存在着的东西,如墙的四壁。无则指与实际相对的空虚的部分,如四壁所围起来的空间。因此,虽然王弼的注释非常权威,但王弼所谓的"无"与《道德经》中"无"的含义是不同的。

基于以上分析,我们应该采用第一种断句方式,即"无名,天地之始;有名,万物之母。"

3. 故常无欲,以观其⁽¹⁾妙⁽²⁾;常有欲,以观其徼⁽³⁾。

(1)其:指"无名,万物之始;有名,万物之母"这句中的"万物"。

(2)妙:指无分别之前的微妙状态,即上文的"万物之始"。

(3)徼:归终……可以观其终物之徼也(王弼《道德真经注》),指万物的生成、形成。

解说:

这一部分阐释人生在世四个环节中自我环节的含义。

与物之环节的两种状态相对应,自我环节分也为两种状态:无欲状态与有欲状态,"故常无欲,以观其妙;常有欲,以观其徼"。对物感觉到而没有意识到或注意到,我们自然就无欲;意识到了或注意到了,就是有欲。有欲是指对物感知和分别时所产生的欲望,而不是追逐外物所产生的贪欲。贪欲不合道,所以,《道德经》让我们去除贪欲。

对"故常无欲以观其妙,常有欲以观其徼"这句话也存在两种断句方式:一、"故常无欲,以观其妙;常有欲,以观其徼。"这种断句方式以河上公、王弼为代表。二、"故常无，欲以观其妙；常有，欲以观其徼。"这种断句方式以王安石、苏辙为代表。第二种断句方式是错误的，理由有三。一、从《道德经》的结构看，第三章阐发的是"无欲"与"有欲"的含义以及如何以无欲之心对待可欲之物的问题（我之玄），与有和无没有直接关系（参考第三章的解说）。二、帛书乙中相应的文字为"恒无欲也以观其妙恒有欲也以观其眇"。这句话的断句方式只能是"恒无欲也，以观其妙；恒有欲也，以观其眇"。三、从行文看，前面每句话前半句中的"道"、"名"、"无名"，都与无物之物对应，后半句中的"非常道"、"非常名"、"有名"，则都与有物之物对应。第一种断句方式与前面的行文方式一致，第二种断句方式则与前面的行文方式不同。

基于上述理由，我们应该采用第一种断句方式，即"故常无欲，以观其妙；常有欲，以观其徼。"

4. 此两者⁽¹⁾同出⁽²⁾而异名，同谓之玄⁽³⁾。玄之又玄⁽⁴⁾，众妙之门⁽⁵⁾。

（1）两者：始与母也（王弼《道德真经注》），指"无名天地之始，有名万物之母"这句话中的"始"与"母"。

（2）同出：同出于玄也（王弼《道德真经注》），指"始"与"母"同出于玄，即"始"与"母"是混而唯一的（玄）。既然"始"与"母"是混而唯一的，那么"道可道，非常道；名可名，非常名"这句话中的"道"与"非常道"，"常无欲，以观其妙；常有欲，以观其徼"这句话中的"妙"与"徼"，也都是混而唯一的（玄）。

（3）玄：本义是赤黑色，赤黑色颜色较为模糊，引申为混而不分的意思。

（4）玄之又玄：将物之玄与广义的自我之玄混而为一（玄）的状态。

（5）众妙之门：进入微妙的无物之物之门，即道之门。"妙"，上文"故常无欲，以观其妙"之"妙"，指无分别的无物状态（常道）。

解说：

这一部分阐述如何进入道的大门。

人生在世本来就处在与物混而为一的常道之中，只是出现了异常状态，才使得自我与物产生了分别对待，产生了日常之物，即"非常道"（参见第一部分的解说）。所以说，"道，可道，非常道"。

在这个问题上，得道者和未得道者没有区别。得道者和未得道者的区别在于如何对待日常的有物之物上。如果遵从有物之物的分别，就是有物；如果刻意不遵从这些分别，就是有我。有我、有物都不合常道。

具体而言，在名的环节，将"无名天地之始，有名万物之母"中的"无名"和"有名"混而为一就是名之玄。玄指一种混而不分的状态。第二章的"功成而弗居"就是名之玄的体现。"功成"则有名，但自己"弗居"。"功成而弗居"就是以无名之心对待有名之名。行为环节在《道德经》在本章没有直接提出，但第二章在阐发名之玄环节时阐发了行为之玄环节，"是以圣人处无为之事"、"万物作焉而不辞"。处事就有作为，但得道者以无为之心对待。以无为之心对待作为之事就是行为之玄。在自我环节，将第一章"常无欲，以观其妙；常有欲，以观其徼"中的"无欲"和"有欲"混而为一，就是狭义的自我之玄。第三章的"不贵难得之货"就是狭义我之玄的体现——"难得之货"是可欲之物，但自己"不贵"。

达到了名之玄、行为之玄、自我之玄混一的状态就达到了广义的自我之玄。达到了最广义的自我之玄，就达到了物之玄。在广义自我之玄与物之玄二者之间可能不存在分别，但也可能存在分别。有分别就不合道，因而还要将广义的自我之玄和物之玄再合而为一（玄），以达到第一章的"玄之又玄"状态。达到了"玄之又玄"，就进入了道的大门，就是得道者了。

得道者的道是广义的道。在人生在世的这四个环节中，无物、无名、无欲、无为以及以广义的无我之心对待的有物之物，都属于广义的道。"常道"则属于狭义的道。悟道、修道只涉及广义的自我环节，即物之名环节、（狭义的）自我环节和行为环节，而不涉及物的环节。因此，《道德经》就以无名－有名环节、无欲－有欲环节、无为－有为环节作为标准展开全书的论述，而没有将无物－有物作为论述的标准。

第二章

天下皆知美之为美，斯恶（è）已；皆知善之为善，斯不善已。

故有无相生，难易相成，长短相较，高下相倾，音声相和，前后相随。

是以圣人处无为之事，行不言之教。万物作焉而不辞，生而不有，为而不恃，功成而弗居。夫唯弗居，是以不去。

译文：

天下的人都知道美是美的，这就有了丑；都知道善是善的，这就有了不善。

所以，有与无相互产生，难与易相对而成，长与短对照成形，高与低相互依存，音与声彼此应和，前与后相接相随。

因此，得道者以无为的态度处事，以无言的方法施教。任万物生长而不加干涉，生养万物而不据为己有，作养万物而不恃己能，成就功业却不居其功。正因为不居其功，所以就无所谓失去。

1.天下皆知美之为美，斯⁽¹⁾恶（è）⁽²⁾已⁽³⁾。皆知善之为善，斯不善已。

（1）斯：此，这。

（2）恶：丑，与"美"相对。

（3）已：通"矣"。

解说：

这一部分以举例的方式阐述名的产生。

事物自身本没有所谓美与丑的不同，也没有善与不善的分别。但是，一旦天下人知道什么样的是美的，就有与美相对的丑；知道什么样的是善的，就会有与善相对的不善。因此，有了分别之知，就会有善、恶、美、丑之名。

这里的知可以分为感性之知和感性推理之知。感性之知由见、闻、触等感知产生，其前提是有分别（参见第十一章、第十四章）。感性推理之知主要指日常推理产生的，如这里的有美就有丑、有善就有恶。美与丑、善与恶也是分别。

感性之知和感性推理之知都以分别对待为前提。因此，本书在不同的语境中称有物之物为万物、日常之物、分别之物或感知之物。

2. 故[1]有无相生，难易相成，长短相较，高下相倾[2]，音声相和，前后相随。

（1）故：所以，因此。河上公、帛书甲乙本都没有"故"字，但联系上下文看，应该有"故"字。

（2）高下相倾：见高而为下也（河上公《道德真经注》）。"倾"，轻，依卢育三《老子释义》。

解说：

这一部分列举日常生活中的常见之名。

同美与丑、善与不善一样，日常生活中还存在着有与无、难与易、长与短、高与下、音与声、前与后的分别对待。有分别对待就会产生名。而日常分别是无穷的，所以，日常生活中的分别之名也是无穷的。这里列举的只是日常生活中的几种常见之名。

将名的产生与第一章结合看，我们就能明白第一章"有名，万物之母"的含义。无物之物由于知产生出分别之名。有了分别之名，日常之物才能在分别之名中呈现。如我们称某物为方桌子，方、桌子都是名，该物则在方桌子之名中呈现。

3. 是以[1]圣人[2]处无为[3]之事，行不言[4]之教。

（1）是以：因此。

（2）圣人：《道德经》中的"圣人"有时指得道者，有时特指得道的君主，具体视上下文而定。这里指得道者。

（3）无为：狭义的无为指无我之我处于无物之物中，所以，为而未注意。广义的无为还包括无我之我处于有物之物中，当为则为，不当为则不为，注意到自己的作为但无作为之心。

（4）不言：即无名。与无为一样，狭义的无名指无我之我处于无物之物中，因而无言、无名。广义的无名还包括无我之我处于有名之名、有名之物中，注意到有名之名但以无名之心对待，如下文的"功成而弗居"。"功成"则有名，但自己"弗居"，即以无名之心对待日常之名。

解说：

这一部分阐述得道者要以第一章"同谓之玄"的方式对待无名与有名、无为与有为，即以无名之心对待日常之名，以无为之心对待作为之事。

我们的生活离不开日常之名，但如果我们以有名之心对待日常之名，就是有名；如果刻意不承认日常之名，就是有我。有名、有我都不合道。得道者以无名之心对待日常之名，"处无为之事，行不言之教"。其中，"行不言之教"中的"不言"就是第一章所谓的无名（由于言与名都属于语言文字系统，《道德经》对言与名没有进行严格区分）。

在第一章结构部分说过，无为、不言（无名）都有狭义和广义两种含义，狭义的无为、无名，就是无我之我与无物之物处于混而为一的状态。此时人根本没有意识到或注意到自己的作为和物之名。广义的无为还包括面对日常之事当为则为、不当为则不为的行为（作为）状态，即行为之玄；广义的无名还包括面对日常之名当说则说、不当说则不说的状态，即名之玄。

从伦理价值的角度还可以将广义的有名之名分为两类：一、日常的名声和利益等带有伦理价值之名；二、一切事物的分别所产生的非伦理价值之名，如上文的长与短、高与下等。

4.万物作⁽¹⁾焉而不辞⁽²⁾。

（1）作：起也（《说文解字》），发生，产生。

（2）辞：辞谢而逆止（河上公《道德真经注》）。有人认为"不辞"应为"不为始"，原因有二。一、王弼注解第十七章"太上下知有之"这句话时说："'太上'，谓大人也。大人在上，故曰'太上'。大人在上，居无为之事，行不言之教，万物作焉而不为始"。这段话可能是引本章的，可见王本"不辞"字原为"不为始"二字。二、有些版本是"不为始"，如帛书甲乙本中都为"弗始"。

因此，将"不辞"改为"为始"有其道理。但考虑本章是原文，第十七章是引用，用后面第十七章的引文修改本章的原文，理由不充分。而且"不辞"为不干预，"不为始"为不创始，都是无为的意思，因而本书还是采用王弼的原文，尽量不做改动。

解说：

这一部分阐发"处无为之事"（行为之玄）的含义。

万物有自身的本性，顺随万物自身本性作为而不加干预（"作焉而不辞"），就是"处无为之事"。

如果"万物作焉而不辞"改为"万物作焉而不为始"，那么译文就是任万物自然生长而不主观创设，也是"处无为之事"的意思。

5、生而不有，为而不恃[1]，功成而弗[2]居。夫唯弗居，是以不去。

（1）恃：依赖，依仗。

（2）弗：不。

解说：

这一部分阐发名之玄（"行不言之教"）的含义。

在日常生活中，生养万物、作养万物、建立功业都会涉及日常之名。"功成而弗居"涉及的名是伦理价值之名，"生而不有，为而不恃"涉及的名则是非伦理价值之名。得道者虽然心中无名，但也无法逃脱有名之名。如果不承认有名之名，就是有我；如果以有名之心看待有名之名，就是有名。得道者遵循第一章"同谓之玄"的思想将无名与有名合一，以无名之心面对日常之名——"生而不有，为而不恃，功成而弗居"（生养万物而不据为己有，作养万物而不恃己能，成就功业却不居其功）。以"功成而弗居"为例，"功成"则有名，但自己"不居"，即以无名之心对待有名之物。"为而不恃"既可以看作是无名-有名之玄，也可以看作是无欲-有欲之玄，但本章涉及的是无名-有名之玄。

综上所述，本章的核心是如何处理无名与有名、无为与有为的关系，而不是主要处理有与无之间的关系。由此可见，第一章中"无，名天地万物之始；有，名万物之母"的断句方式是错误的。

第三章

不尚贤，使民不争；不贵难得之货，使民不为盗；不见（xiàn）可欲，使民心不乱。

是以圣人之治，虚其心，实其腹，弱其志，强其骨。常使民无知无欲，使夫智者不敢为也。为无为，则无不治。

译文：

不推崇贤能的人，使百姓不产生竞争；不看重难得的货物，使百姓不生盗心；不显摆可贪的东西，使百姓不被扰乱。

因此，得道的君主治理国家，去掉百姓的贪心，填饱百姓的肚子；弱化百姓的贪求之志，强健百姓的筋骨。常使百姓没有智巧、没有贪欲，使那些自作聪明的人不敢生事。以无为的方式而为，国家就没有治理不好的。

1.不尚⁽¹⁾贤⁽²⁾，使民不争；不贵⁽³⁾难得之货，使民不为盗；不见⁽⁴⁾可欲⁽⁵⁾，使民心不乱。

（1）尚：崇尚，推崇。

（2）贤：犹能也（王弼《道德真经注》）。

（3）贵：看重。

（4）见：通"现"，炫耀，显摆。

（5）可欲：可让人产生贪欲的东西。

解说：

这一部分从治理国家的角度阐发得道者如何运用第一章"同谓之玄"的思想处理"无欲"与"有欲"的关系。

我对待事物有两种状态，一是无欲，二是有欲。有欲不是指贪欲，而是指因对物感知和分别时所产生的欲望。贪欲与道无关，所以《道德经》直接让人去除贪欲。得道者虽然无贪欲，但生活在日常社会之中，也要面对可欲之物，如"贤"能之人、"难得之货"、"可欲"之物，即第一章所谓的"常有欲以观其徼"之"徼"。如果刻意不承认可欲之物，就是有我；如果以有欲之心对待有欲之物，就是有欲。这两种方式都不合道。得道者的处理方式是"不尚贤"、"不贵难得之货"、"不见可欲"。"贤"、"难得之货"、"可欲"是有欲之物、可欲之物，但得道者"不尚"、"不贵"、"不见"，即以无欲之心对待可欲之物—我之玄。

2.是以⁽¹⁾圣人之治，虚其心⁽²⁾，实其腹，弱其志⁽³⁾，强其骨。常使民无知无欲⁽⁴⁾。使夫智者不敢为也⁽⁵⁾。为无为⁽⁶⁾，则无不治。

（1）是以：因此。

（2）虚其心：断掉百姓的贪求之心。

（3）弱其志：使百姓的贪求之意弱化。

（4）常使民无知无欲，使夫智者不敢为也：不以三者炫之，则民不知所慕，淡乎其无欲，虽有智者，无所用巧矣(苏辙《道德真经注》)，君主不炫耀"贤"、"难得之货"、"可欲"等三者，百姓就不知羡慕什么，因而无欲；即使有智巧之人，也没有市场。"无知"，不知羡慕贤能之人、难得之货、可欲之物。"无欲"，不知羡慕则无贪欲，"欲"，贪欲。"智者"，以智巧妄生事端的人。"不敢为"，百姓不羡慕贤能之人、难得之货、可欲之物，智者就没有妄为的市场。

（5）为无为：以无为之心而为。"无为"，当为则为，不当为则不为。

解说：

这一部分阐明如何做到以无欲之心对待可欲之物。

贪欲与心、志相关，与腹、骨没有直接关系。因此，得道的君主治理国家时，要去掉百姓对"贤"、"难得之货"、"可欲"之物的贪求之心，弱化他们对"贤"、"难得之货"、"可欲"之物的追逐之志，但填饱他们的肚子，强健他们的筋骨（"实其腹"、"强其骨"），使百姓生活满意，安居乐业。这样，即使那些有贪欲的人想生事端,百姓也不加理会("使夫智者不敢为也")。因此,无为而为,让事物发挥自身的作用,让百姓安居乐业,就能实现无为而治。

从以上分析可以看出,本章处理的是有欲与无欲的关系,与有、无没有直接的关系。因此,第一章"常无,欲以观其妙;常有,欲以观其徼"的断句方式是错误的。

第四章

道冲而用之或不盈,渊兮似万物之宗。
挫其锐,解其纷。和其光,同其尘。
湛(zhàn)兮似或存。吾不知谁之子,象帝之先。

译文:
道是虚有的,却用之不绝。渊深呀,像万物的主宰。
消除自身的锐气,解除内心纷扰。同其光耀,混于尘世。
幽深呀,不在又似在。我不知道它是从哪里产生的,好像天帝的宗祖。

1. 道冲[1]而用之或不盈[2]。渊兮,似万物之宗[3];
(1)冲:虚。这里的"虚"不是空无一物,而是无物之物。因此,我们称之为"虚有"之物。
(2)盈:以其无形故似不盈(苏辙《道德真经注》),与"冲"相对。
(3)宗:主,指产生万物的本原。

解说:
这一部分阐发"玄之又玄"中物之玄坏节的含义。
"冲"为虚的意思,但这里不是指虚无一物,而是指我们对某种东西感觉到但没有意识到或注意到的状态,也就是第一章所说的"常道"。所以,我们将"冲"译为"虚有"。

人原本就处在道之中，即虚有之物中，与本原的虚有之物打交道，所以说"道冲"。这种虚有之物不断产生日常可用之物，所以说，"用之或不盈"。以无物之心对待可用之物（"道冲而用之或不盈"），就是无物-有物之玄。

对虚有之物，苏辙说："渊兮深眇，吾知其为万物宗也，而不敢真言之，故曰似万物之宗。"（苏辙《道德真经注》）这句话的意思是说，虚有的道是万物的根源，但如果用日常语言去言说，就会将道变成了有物之物，所以只好说，"似万物之宗"。

2. 挫其锐[1]，解其纷[2]。

（1）挫其锐：消除掉自己的锐气以保持柔弱状态。"锐"，锐气，指有欲的自我。

（2）纷：心中的一切纷扰，指有欲的自我。

解说：

这一部分阐发"玄之又玄"中我之玄环节的含义。

消除自身的锐气，解除心中的纷扰，就达到了无我状态。达到无我状态后，面对"道冲而用之或不盈"之物，自我就处于以无我之心对待事物的我之玄状态。

3. 和其光，同其尘[1]。

（1）和其光，同其尘：在光在尘，皆与为一（杜光庭《道德真经广圣义》）。

解说：

这一部分阐释如何达到"玄之又玄"的状态。

"道冲而用之或不盈"是无物-有物混而为一的物之玄状态。当（广义的）自我面对这种"道冲而用之或不盈"之物而"挫其锐，解其纷"时，就达到了广义的自我之玄状态。这种自我之玄与物之玄之间可能不存在分别，也可能存在分别。有分别就不合道，因此，还要将广义的自我之玄和物之玄再混而为一（玄），以达到第一章的"玄之又玄"。

"挫其锐，解其纷，和其光，同其尘"这句话在第五十六章再次出现，有人据此认为本章的这句话是衍文。这种看法存在问题。首先，从本章的结构看，"道冲而用之或不盈，渊兮似万物之宗"阐发"玄之又玄"中的物之环节，"挫其锐，解其纷"阐发"玄之又玄"中的我之玄环节，"和其光，同其尘"则阐发"玄之又玄"的含义。这几个环节缺一不可。其次，本章在先，五十六章在后。按照常识，这里应该是原文，可能有人引用本章的这句话解释第五十六章的文本，后来却变成了原文。当然，也有可能这两章的原文中都有这句话。这种情况在《道德经》里也存在，如第二章的"生而不有，为而不恃"这句话就在第十章、第五十一章分别出现过。

4.湛$^{(1)}$兮，似或存$^{(2)}$。吾$^{(3)}$不知谁之子，象$^{(4)}$帝$^{(5)}$之先$^{(6)}$。

（1）湛：深，沉，指无物状态。

（2）似或存：道是无物之物，我们感觉到但没有意识到或注意到，因而似存在又似不存在，即第十四章所谓的"惚恍"状态。

（3）吾：我。

（4）象：似（王弼《道德真经注》）。

（5）帝：天帝也（王弼《道德真经注》），商周时代所认为的自然与人的最高主宰。

（6）先：祖先。

解说：

这一部分显示物在"玄之又玄"状态中的表现形式。

无物之物生成万物，主宰万物，但无物之物无法被意识到，所以说，"湛兮，似或存"。不知道无物之物是从哪里产生的，所以说，好像天帝的宗祖（"象帝之先"）。

第五章

天地不仁，以万物为刍（chú）狗；圣人不仁，以百姓为刍狗。

天地之间，其犹橐（tuó）龠（yuè）乎？虚而不屈，动而愈出。多言数穷，不如守中。

译文：

天地不从仁（与不仁）出发，将万物如刍狗一样对待；得道的君主不从仁（与不仁）出发，将百姓如刍狗一样对待。

天地之间，就像个风箱吧？空虚而不穷竭，越动风越大。言语多就会陷入困境，不如守住自心。

1. 天地不仁[1]，以万物为刍（chú）狗[2]。圣人不仁，以百姓[3]为刍狗。

（1）天地不仁：天施地化，不以仁恩，任自然也（河上公《道德真经注》），天地不以仁、恩对待万物，而是顺其自然。

（2）以万物为刍狗：将万物当作用草扎成的狗。庄子《天运》篇中说："夫刍狗之未陈也，盛以箧衍，巾以文绣，尸祝齐戒以将之。及其已陈也，行者践其首脊，苏者取而爨之而已"（用草扎成的刍狗在没有用于祭祀时，用竹筐装着，还要用刺有花纹的毛巾盖着，等主持祭祀的人斋戒之后，才能迎送它。可是，等到祭祀完毕之后，行人就会践踏它的头和背，割草的人拿它烧火煮饭）。范应元在《老子道德经古本集注》中说："夫春夏生长亦如刍狗之未陈，秋冬凋落亦如刍狗之已陈，皆时也，岂春夏爱之而秋冬不爱之哉"（春夏季节万物生长，就像刍狗还没有用于祭祀的时候一样，秋冬季节万物凋落，就像刍狗祭祀完毕之后一样。难道春夏爱万物而秋冬不爱万物吗）。从范应元的解说可以看出，"以万物为刍狗"意为对待万物如刍狗一样，没有仁与不仁之心。"刍"，本义是割草，引申为割草的人和割下来的草。

（3）百姓：战国时期之前指贵族（贵族才有姓氏）。战国时期之后泛指平民。在《道德经》中，人、民、百姓等词的含义没有太大区别，因而本书一律翻译为百姓。

解说：

这一部分以"天地不仁"的特性类比阐明第一章中无欲－有欲之玄的含义。

仁则有不仁。仁与不仁相生（参见第二章）。无仁与不仁就是第一章所谓的无欲。天地对万物没有仁与不仁之心，任其自然地生长。得道的君主效法天地，以没有仁与不仁的分别之心对待百姓，任其自在地生存。

《道德经》中的"天地"不是道本身，只是道的产物（第二十五章："有物混成，先天地生"）。"天地"也不等于一般的物，而是指日常意义的上天与大地（第二十五章："人法地，地法天"）。物则存在于天地之间。

2. 天地之间，其犹橐（tuó）籥（yuè）[1]乎？虚而不屈[2]，动而愈出。多言数穷[3]，不如守中[4]。

（1）橐籥：古人用于生火的风箱。

（2）屈：竭也（河上公《道德真经注》），尽。

（3）多言数穷：言语太多就会陷入困境，与"虚而不屈"相对。"数"，术数，智巧。

（4）中：心中（卢育三《老子释义》）。

解说：

这一部分以天地如风箱的特性类比阐明第一章中无为－作为之玄和无名－有名之玄的含义。

橐籥是用于生火的风箱。不推拉风箱时，风箱不生风，也无声响。一拉动风箱就会生风，而且拉得越快风就越大，声音响个不停。人生处世,也像风箱一样，不妄动、不妄言则无事。一妄动，事情就没完没了；一妄言就会陷入无穷的分别之中。而人生是有限的，以有限的生命追逐无穷的分别之物，就会疲于奔命，陷入困境（见《庄子·养生主》篇）。因此，得道的君主以无为之心对待当为之事，以无名之心对待有名之物，守住自己的内心，不追逐外物。

第六章

谷神不死，是谓玄牝（pìn）。玄牝之门，是谓天地根。绵绵若存，用之不勤。

译文：

虚寂的山谷神妙莫测，生命力永不枯竭，这就叫自然的生殖力。自然的生殖力是产生天地的根源。它似在又似不在地存在着，作用无穷无尽。

1. 谷神不死(1)，是谓玄牝(2)。

（1）谷神不死：中虚故曰谷，不测故曰神，天地有穷而道无穷，故曰不死（司马光《道德真经论》），内部是虚的所以叫做谷，变化莫测就是神，天地有限度但道是无穷的，所以说不死。"谷"，山谷之谷，取其虚义。"神"，神妙莫测。

（2）玄牝：指神妙莫测、能生万物的生殖力。"玄"，混而不分。"牝"，鸟兽之雌性，这里取雌性生殖力。

解说：

这一部分描述虚有的山谷生命力永不枯竭的特性。

山谷是虚有的，但神妙莫测，生命力永不枯竭——万物生长、流水不止，恰似生成有名之名的无名之名（道之名），因而谓之"玄牝"。从山谷这种虚有之物中产生有物之物的生，不是从有物之物到有物之物的生，而是指无对待的生，属于日常意义上的不生。不生，所以不死，所以说，虚有的山谷就类似道一样，虚有但生命力永不枯竭（"谷神不死"）。

司马光说，"中虚故曰谷"，这里的虚与第四章"道冲而用之或不盈"的"冲"字一样，不是指虚无一物，所以称之为虚有之物。

2. 玄牝之门，是谓天地根(1)。绵绵(2)若存(3)，用之不勤(4)。

（1）根：本也（杜光庭《道德真经广圣义》），根源，本原。

（2）绵绵：微而不绝也（苏辙《道德真经注》），感觉到而没有意识到，但用起来又无穷无尽，即第四章的"道冲而用之或不盈"。

(3)若存：存而不可见也（苏辙《道德真经注》），即第四章的"似或存"。

(4)勤：尽（《淮南子·原道训》高诱注：勤，尽也）。

解说：

这一部分以虚有的山谷产生实有万物的性质类比阐发无名–有名之玄的含义。

无名之名产生有名之名后，万物在有名之名中呈现，所以说，有名之名是"天地根"（第一章："有名、万物之母"）。但这个过程无法用感知日常之物的方式观察，只能以无物之心才能感觉到（参见第十四章"视之不见名曰夷"）。得道者无心地使用物而不能刻意地去感知物，因而万物"绵绵若存，用之不勤"。

第七章

天长地久。
天地所以能长且久者，以其不自生，故能长生。
是以圣人后其身而身先，外其身而身存。非以其无私邪（yé）? 故能成其私。

译文：

天地长久。

天地之所以能够长久，因为它不刻意求生，所以才长生。

因此，得道者身居他人之后，反而能处他人之先；将自己置之度外，反而能保全生命。不正是因为他无私吗？所以能成就自己。

1. 天长地久。天地所以能长且久者，以其不自生⁽¹⁾，故能长生。

（1）自生：自生则与物争，不自生则物归也（王弼《道德真经注》），自行生长就会与他物竞争，不自行生长则万物归附。

解说：

这一部分阐释天地长久存在的原因。

天地为什么会长久？因为它不刻意求生。不刻意求生，所以与物无争，于是，万物就能不断地生长。万物不断地生长，天地自然就长久，因为天地正是由万物构成的。

2.是以⁽¹⁾圣人后其身⁽²⁾而身先，外其身⁽³⁾而身存。非以⁽⁴⁾其无私⁽⁵⁾邪⁽⁶⁾？故能成其私。

（1）是以：因此。

（2）后其身：不刻意考虑自身，将自身置于他人之后。

（3）外其身：不刻意考虑自身，将自身置之度外。

（4）以：因为。

（5）无私：无私者，无为于身也。身先身存，故曰，能成其私也（王弼《道德真经注》），无私即以无为的方式对待自身，因而能处他人之先，保全自身。

（6）邪：通"耶"。

解说：

这一部分类比阐明得道者不刻意求生反而长生、对自身无为反而成就自身的道理。

得道的君主效法天地，不与百姓争先，将自己置之度外。因而百姓不会被骚扰。百姓不被骚扰，就能安居乐业。百姓安居乐业了，国家自然会安定，君主也能"身存"、"身先"了。所以说，以无我的方式对待自身反而成就自己的"身先"、"身存"。

第八章

上善若水。

水善利万物而不争，处众人之所恶（wù），故几（jī）于道。

居善地，心善渊，与善仁，言善信，正善治，事善能，动善时。

夫唯不争，故无尤。

译文：

上善之人像水一样。

水善于滋润万物而与万物无争，处于众人所厌恶之地，所以接近于道的品质。

居处无所挑剔，心如深渊般沉静，交往没有偏好，说话出于实情，治国不生事端，处事随物而成，行动顺应时机。

正因为无争，所以不会被人埋怨。

1. 上善若水⁽¹⁾。水善利万物而不争，处众人之所恶⁽²⁾，故几⁽³⁾于道。

（1）上善：超越善与恶的善。

（2）恶：厌恶，讨厌。

（3）几：接近。

解说：

这一部分指出得道者的本性像水一样。

水不争利、不避害、无好恶。道也不争利、不避害、无好恶。从这个角度看，水与道是一样的。但是，道是虚有的，水是实有的，所以说，水还不是道，只是接近于道，即"几于道"。

文中"处众人之所恶"不是说水好像有这种偏好，而是说水对所居之地无好坏之分，与物无争。物处于自己喜欢的地方，水自然就处物所恶之地。同样，得道者也不是喜欢处众人所恶之地，而是因为众人选择自己认为好的地方，得道者心无偏好，与人无争，自然就"处众人之所恶"之地。

2. 居善地⁽¹⁾，心善渊⁽²⁾，与善仁⁽³⁾，言善信⁽⁴⁾，正善治⁽⁵⁾，事善能⁽⁶⁾，动善时⁽⁷⁾。夫唯不争⁽⁸⁾，故无尤（yóu）⁽⁹⁾。

（1）居善地：没有善与不善之分，因而哪里都是合适之地，处处都能随遇而安。

（2）心善渊：内心如深渊般沉静，不追逐外物。

（3）与善仁：与人交往没有好恶。"与"，交往。"善仁"，指没有仁与不仁之分（参见第五章："天地不仁，以万物为刍狗"）。

（4）信：水内影照形，不失其情也（河上公《道德真经注》），水的影子照见外物之形，不失其真实性。

（5）正善治：不妄生事端，无为而治。"正"，通"政"。

（6）事善能：能方能圆，曲直随形（河上公《道德真经注》），自身柔弱，完全顺随外物而为。

（7）动善时：夏散冬凝，应期而动，不失天时（河上公《道德真经注》），夏天冰融化成水，冬天水结成冰，顺时而动，不失时机。

（8）不争：壅之则止，决之则流，听从人也（河上公《道德真经注》），阻塞则停止，疏通则流动，完全听从人。

（9）尤：埋怨。

解说：

这一部分以水的特性类比阐明得道者无欲－有欲之玄、无为－作为之玄的含义。

"居善地"即对所处之地无所挑剔，随遇而安。"心善渊"即内心沉静，不追逐外物。"与善仁"即心无好恶，与人交往不带偏向。这都是无欲－有欲之玄的表现。

"言善信"即说话出于实情，不带主观偏见。"正善治"即无为而治，"事善能"即做事顺随外物而成。"动善时"则能"应期而动，不失天时"。这都是无为－作为之玄的表现。

第九章

持而盈之，不如其已；揣（zhuī）而棁（ruì）之，不可长保。

金玉满堂，莫之能守；富贵而骄，自遗其咎。

功遂身退，天之道。

译文：
拿的东西太满，不如适当减少；打造得太锋利，锐势难以长保。
金玉堆满客厅，就无法守住；富贵而且骄傲，就自招祸患。
功成而不居功，才是自然之道。

1. 持而盈[1]之，不如其已[2]。揣[3]而梲[4]之，不可长保。

（1）盈：满也（河上公《道德真经注》）。

（2）已：止也（河上公《道德真经注》），减少。

（3）揣：捶（王弼《道德真经注》），锤击。

（4）梲：应为"锐"，王弼注文为"锐之令利"。

解说：
这一部分列举日常生活中两种常见的现象为下文的类比论证作铺垫。

从生活常识中，我们知道，拿着装得太满的水，就会溢出，刀刃锻打得太锋利，其锋利程度就难以长久保持。这里，"持而盈之"包含拿和满两个意思。也就是说，如果装得不满就不会存在问题，只有装得太满才容易溢出。同样，锻打得只是一般的尖锐也不存在问题，只有锻打得过于锋利，其锋利程度才难以长久保持。因此，王弼说，"既揣末令尖，又锐之令利，势必摧故不可长保也。"

2. 金玉满堂[1]，莫之能守；富贵而骄，自遗[2]其咎[3]。功遂[4]身退[5]，天之道。

（1）堂：客厅。古代宫室前为堂，后为室。孔子《论语·先进》篇评论子路说，"由也升堂矣，未入于室也"。可见，堂与室是不同的。

（2）遗：留。

（3）咎：灾祸。

（4）功遂：功成。"遂"，成。

（5）身退：身退者，非谓必使其避位而去也，但欲其功成而不有之尔（王真《道德经论并要义述》），不是说一定要辞去职位，但一定要功成而不居功。

解说：

这一部分接上一部分用类比的方法阐述我们应如何以无名－有名之玄、无欲－有欲之玄的方式处世。

"金玉满堂"与上文的"持而盈之"、"揣而梲之"一样，包含"金玉"和"满堂"两个意思。堂与室是不同的。前为堂，后为室，由堂才能入室。因此，"金玉满堂莫之能守"的意思是说，如果将金银珠宝放在前堂这个显眼的地方加以炫耀，就是在招人惦记，因而无法守住。相反，如果将金玉放在室内而不显摆，就不会存在问题（参见二十六章"虽有荣观，燕处超然"）。同样，"富贵而骄"包括富贵和骄傲两个意思，"功成身遂"包括成功和身退两个意思。如果富贵而骄傲、功成而居其功，就可能带来祸害。如果处富贵而不骄傲、功成而不贪恋其功，就不会有什么问题。

金玉满堂、富贵而骄并没有说将金玉丢掉、将富贵抛弃，因而这里的功成身退也不是指功成后一定要引退，应该理解为功成后不居其功、不居其名。所以，王真说，"身退者，非谓必使其避位而去也，但欲其功成而不有之尔"（王真《道德经论并要义述》）。可参见第二章"夫唯弗居是以不去"的解说。

第十章

载营魄抱一，能无离乎？专气致柔，能婴儿乎？涤（dí）除玄览，能无疵乎？爱民治国，能无知乎？天门开阖（hé），能无雌乎？明白四达，能无为乎？生之，畜之，生而不有，为而不恃，长而不宰，是谓玄德。

译文：

身体与魂魄合一，能不分离吗？顺气以达到柔和，能像婴儿一样吗？涤除心中杂念，能做到没有瑕疵吗？

爱民治国，能做到忘其所知吗？面对变化之自然，能做到雌弱吗？通晓万事万物，能不妄为吗？

生长万物，养育万物。生养万物而不据为己有，作养万物而不恃己能，成长万物但不主宰，这就叫合道之德。

1. 载$^{(1)}$营魄$^{(2)}$抱一$^{(3)}$，能无离乎？专$^{(4)}$气致$^{(5)}$柔，能婴儿$^{(6)}$乎？涤除玄览$^{(7)}$，能无疵乎$^{(8)}$？

（1）载：身体，"凡人所生者，神也；所载者，形也"（司马光《道德真经论》），运载也（杜光庭《道德真经广圣义》）。一说载为发语词，"载，犹夫也，发语之端也"（陆希声《道德真经传》）。

（2）营魄：魂魄也（河上公《道德真经注》）。一说营指人的精神所居之所（原指军队驻扎的地方），魄指依附形体而存在的精神。如果将"载"字理解为发语词，就可以将"营魄"做后一种解释。

（3）抱一：指身体与魂魄合一的无我、无物状态。"一"，物与物无分别、但我与无分别之物之间存在分别的状态或物我混一的状态。"抱一"则指物、我混一的得道状态。

（4）专：任也（王弼《道德真经注》），不使气而顺气之自然，才能如婴儿般无欲。心支配气就会逞强，做不到柔弱，因而不合道，"心使气曰强"（第五十五章）。

（5）致：达到。

（6）婴儿：取婴儿无欲之意。

（7）涤除玄览：去掉有我、作为之心。"涤"，洒也（《说文解字》），用水冲洗。"玄"，心、物混而不分的状态。"览"，镜子，指人心。

（8）无疵：无瑕疵，这里指去掉一切妄为之心的状态。

解说：

这一部分提出自我性修道环节的纲要。

第一章说过，广义的自我分为三个环节，无名-有名环节、无欲-有欲环节、

无为 - 作为环节。这一部分则按照这个顺序提出自我修道的大纲。

"载营魄抱一能无离乎",即做到身体与魂魄合一而不加分别。这是无名环节的修行(参见第二章)。

"专气致柔能婴儿乎",即顺气而不使气,如婴儿般无欲。这是无欲环节的修行(参见第三章)。

"涤除玄览能无疵乎",即涤除心中妄念,完全顺物而为。这是无为环节的修行(参见第二章)。

2. 爱民治国,能无知乎?天门[1]开阖[2],能无[3]雌乎?明白四达[4],能无为乎?

(1)天门:谓万物所由从也(王弼《道德真经注》),无物之物产生有物之物的自然之门。

(2)开阖:指无物之物产生有物之物、有物之物回归无物之物的变化。"阖",通"合",闭。

(3)无:应为"为"字,王弼注释为"言天门开阖能为雌乎,则物自宾而处自安矣"。

(4)达:通也(范应元《老子道德经古本集注》),通达。

解说:

这一部分提出社会性修道环节的纲要。

上一部分阐述了个人性修道的纲要。但个人修道之后,还要在社会上生存,面对有物之物,与他人相处,因而还存在着社会性环节修行的问题。与自我修行的环节一样,处世环节的修行也是按照无名 - 有名环节、无欲 - 有欲环节、无为 - 作为环节进行的。

"爱民治国能无知乎",即不以雄与雌、荣与辱的分别之心、有知之心,而是以"知其雄守其雌"、"知其荣守其辱"的无名 - 有名混一之心治理国家、教化百姓。这是得道者社会性无名 - 有名环节的修行(参见第二章)。在有的版本中,"知"作"为"字,这是错误的。首先,这句话阐释的是无名 - 有名问题，不是无为-有为问题。无名-有名属于"知"，无为-有为问题才属于"为"。庄子在《养生主》中说，"吾生也有涯，而知也无涯。以有涯随无涯，殆已；已而为知者，殆而已矣。为善无近名，为恶无近刑"。这里的知就是分别善、恶之知。其次，第二十八章在阐释"爱民治国能无知乎"这句话的含义时说，"知其雄，守其雌"，这里用的也是"知"，与"为"没有直接关系。

"天门开阖能无雌乎"，即面对自然的开合、变化，完全做到雌弱。这是社会性无欲-有欲之玄环节的修行（参见第三章）。

"明白四达能无为乎"，面对日常事务，以无为之心加以处置。这是社会性无为-作为之玄环节的修行（参见第二章）。在有的版本中，"为"作"知"字，这是错误的。这句话阐释的是无为-有为问题，不是无名-有名问题。将这里的"为"误作"知"，则会将"爱民治国能无知乎"中的"知"字误作"为"字。

3. 生之⁽¹⁾，畜之⁽²⁾。生而不有，为而不恃，长而不宰⁽³⁾，是谓玄德⁽⁴⁾。

（1）生之：不塞其原也（王弼《道德真经注》），不阻塞本原，道就能产生万物。参见第五十一章"道生之"的含义。

（2）畜之：不禁其性也（王弼《道德真经注》），不违逆其性，物自身就能蓄养万物。参见第五十一章"德畜之"的含义。

（3）宰：宰制，控制。

（4）玄德：与物合一之德（与物合一就得道了）。"德"，得（道）。

解说：

这一部分提出修道最终所达到的效果。

生而不有——生养万物就会有日常之名，但得道者不居其名，而是以无名之心对待有名之名，这是无名-有名混一之玄。参见第二章。

为而不恃——蓄养万物而不恃己能，即以无欲之心对待有欲之物，这是无欲-有欲混一之玄。参见第三章。

长而不宰——成长万物但不主宰万物，即以无为之心对待作为之物，这是

无为 – 作为混一之玄。参见第二章。

第十一章

三十辐共一毂（gū），当其无，有车之用。
埏（shān）埴（zhí）以为器，当其无，有器之用。
凿户牖（yǒu）以为室，当其无，有室之用。
故有之以为利，无之以为用。

译文：
三十根辐条环绕一个车毂，有了车毂的空虚处，才有车的作用。
糅和陶土做成器物，有了器物的空虚处，才有器物的作用。
开凿门窗建造房屋，有了室内的空虚处，才有房屋的作用。
因此，有给予便利，无发挥功用。

1. 三十辐[1]共一毂[2]，当其无[3]，有车之用。埏（shān）埴[4]以为器，当其无，有器之用。凿户牖[5]以为室，当其无，有室之用。

（1）辐：车轮的辐条。

（2）毂：车轮中心的圆木，其外沿与车辐相接，中间有插轴的圆孔。

（3）当其无：只有当有了空虚处。"其"，车毂。"无"，车毂之中的空处，与车毂的实有部分相对。

（4）埏埴：和陶土。"埏"，和也（河上公《道德真经注》），揉和。"埴"，粘土，陶土。

（5）户牖：门窗。"户"，门。"牖"，窗。

解说：
这一部分运用三个人工制作物的例子阐明名的产生。

以造车为例，三十根辐条绕着车毂的空虚处，有车毂的空虚处（无）和实有的辐条（有）才有车毂。而有车毂才有车，所以，有和无带来车之用。揉捏粘土制造成器物，器物由实有的部分（有）和空虚的部分（无）构成，即由有和无带来器物之用。同样，建造的房屋由带有门窗的四壁（有）和四壁中间的空虚处（无）构成，即有和无带来房屋之用。

在现代社会，制造车轮、制作器物、建造房子的方法与老子时代有很大的不同，但并不影响这里的结论。

2. 故有之以[1]为利[2]，无之以为用[3]。

（1）以：犹则也（高亨《老子正诂》）
（2）利：利益。
（3）用：作用，功用，与"有之以为利"之"利"的含义相同。

解说：

这一部分总结人工制作物如何产生有之名与无之名。

从上述三个事例可以得出这样的结论：人工制造物先产生有与无，然后物才能在有和无中呈现出来。而有和无都是名（参见第二章），有名才有物，所以第一章说，"有名，万物之母"。

第十二章

五色令人目盲，五音令人耳聋，五味令人口爽，驰骋畋（tián）猎令人心发狂，难得之货令人行妨。

是以圣人为腹不为目，故去彼取此。

译文：

缤纷的色彩会使眼睛失明，纷杂的音乐会使听觉失灵，丰富的口味会使味觉迟钝，纵情狩猎会使心失常态，难得的货物会妨碍人的行为。

因此，得道者追求饱腹而不追逐声色，抛弃外在的诱惑而重视平静的生活。

1.五色⁽¹⁾令人目盲，五音⁽²⁾令人耳聋，五味⁽³⁾令人口爽⁽⁴⁾，驰骋⁽⁵⁾畋⁽⁶⁾猎，令人心发狂⁽⁷⁾，难得之货令人行妨⁽⁸⁾。

（1）五色：青、黄、赤、白、黑。

（2）五音：古代五声音阶的五个阶名，即宫、商、角、徵、羽。

（3）五味：酸、甜、苦、辣、咸。

（4）爽：差失也（王弼《道德真经注》），味觉出问题。

（5）驰骋：纵马奔驰。

（6）畋：打猎。

（7）狂：心失常态（卢育三《老子释义》）。

（8）妨：伤也（河上公《道德真经注》），败坏人的品行。

解说：

这一部分从人与物之间关系的角度提出有名之名，并阐述追逐有名之物所造成的危害。

在日常生活中，我们对物有无欲、有欲和贪欲三种心态。无欲则无日常之名（参见第一章的解说）；有欲则会有五色、五音、五味之名（参见第二章的解说），有驰骋畋猎之事和难得之货（广义的伦理价值之名包含利）；贪欲则使我们追逐这些有名之物，从而造成目盲、耳聋、口爽、心发狂、行妨的后果。

2.是以⁽¹⁾圣人为腹不为目，故去彼取此。

（1）是以：因此。

解说：

这一部分阐述得道者对待有名之物的原则。

得道者顺随外物，不贪名，"为腹不为目"。所谓"为腹"就是说让自己丰衣足食，但又不会想尽一切办法去满足自己的口腹之欲。所谓"不为目"就是以无名之心对待一切事物。如何做到"为腹不为目"？第十四章将给出详细的解答。

第十三章

宠辱若惊，贵大患若身。
何谓宠辱若惊？宠为下，得之若惊，失之若惊，是谓宠辱若惊。
何谓贵大患若身？吾所以有大患者，为吾有身，及吾无身，吾有何患？
故贵以身为天下，若可寄天下；爱以身为天下，若可托天下。

译文：
受宠受辱好像受惊一样，重视身体像重视大患。

什么叫宠辱若惊？得宠也是不好的,得宠使人感到惊喜,失宠使人感到惊吓,这就叫宠辱若惊。

什么叫重视身体像重视大患呢？我之所以有大患，是因为我有身体，如果我没有这个身体，我会有什么祸患呢？

因此，只有把生命看得比天下还重的人，才可以将天下交付给他；只有把生命看得比天下更值得爱的人，才可以将天下托付给他。

1. 宠辱若惊，贵[1]大患若身。何谓宠辱若惊？宠为下[2]，得之若惊，失之若惊[3]，是谓宠辱若惊。何谓贵大患若身？吾所以有大患者，为[4]吾有身，及吾无身，吾有何患？

（1）贵：看重。
（2）宠为下：（受辱也是不好的）得宠是不好的。
（3）失之若惊：失宠则像受到惊吓。
（4）为：因为。

解说：
这一部分从人与人之间关系的角度阐述名的产生。

与第二章产生美与恶、善与不善一样，分别对待也会产生宠与辱。得宠会使人感到惊喜，受辱像受到惊吓，所以说，宠辱若惊。这里需要说明的是，老子并不认为最高的快乐是惊喜，当然也不是惊吓，而是无忧无乐的至乐，所以第三十九章说，"数舆无舆"，庄子也说，"至乐无乐，至誉无誉"（《庄子·至乐》）。

没有处理好自身与他人的关系就会有宠与辱，没有处理好我与自身的关系，就会"有身"。有身"就会追逐外物，从而带来大患，所以说，"贵大患若身"。反之，如果我们能以无名之心对待自己的身体，即不在意自己的身体，就不会追逐外物，也就不会有大患，"吾有身，及吾无身，吾有何患"？

所谓"无身"不是说消灭自己的身体，而是说不刻意地看重自身，以无身之心看待自身，以忘我的心态处世。

2. 故贵以⁽¹⁾身为⁽²⁾天下，若⁽³⁾可寄⁽⁴⁾天下；爱以身为天下，若可托⁽⁵⁾天下。

（1）以：把（卢育三《老子释义》）。

（2）为：王引之说，"家大人曰：'为'，犹于也'"（王引之《经传释词》）。

（3）若：乃（王弼《道德真经注》）。

（4）寄：应为"托"。王弼注：无以易其身，故曰贵也。如此乃可以托天下也。

（5）托：应为"寄"字。王弼注：无物可以损其身，故曰爱也。如此乃可以寄天下也，不以宠辱荣患损易其身，然后乃可以天下付之也。

解说：

这一部分阐述只有做到"吾无身"者（不刻意看重自身）才能治理好国家。

既然"有身"会带来宠辱等大患，那么"无身"就会消除大患。所谓"无身"，就是以无名之心对待自己的身体。这样的人不会不顾自身地去追逐外物，而是把生命看得比天下还重，把生命看得比天下更值得爱。这样既不会给自己带来大患,也不会给天下带来大患。天下应该被托付给这样的人。

第十四章

视之不见名曰夷,听之不闻名曰希,搏之不得名曰微。此三者不可致诘(jié),故混而为一。

其上不皦(jiǎo),其下不昧,绳绳不可名,复归于无物,是谓无状之状,无物之象。是谓惚恍。迎之不见其首,随之不见其后。

执古之道,以御今之有。能知古始,是谓道纪。

译文:

看而没有注意到,名为"夷";听而没有注意到,名为"希";摸而没有注意到,名为"微"。这三种情形无法彻底追问,所以是混而为一的。

它上不明亮,下不昏暗,绵延不绝,无法命名,归于无物状态。这就叫做没有形状的形状,无物之物的形象。这就叫做恍惚。迎向它,看不见前头;跟随它,看不见后面。

把握自古就存在的道,就能驾驭当下的无名之物。能够知晓自古存在之物的本原,就掌握了道的纲要。

1. 视之不见,名曰夷[1];听之不闻,名曰希[2];搏[3]之不得,名曰微[4]。此三者[5]不可致诘[6],故混而为一[7]。

(1) 夷:无色曰夷(河上公《道德真经注》),看而没有注意到颜色。

(2) 希:无声曰希(河上公《道德真经注》),听而没有注意到声音。

(3) 搏:持、抓住、触摸等身体行为,与视、听一道构成人与世界打交道的基本方式。

(4) 微:无形曰微;言一无形体,不可持持而得之(河上公《道德真经注》),摸而没有注意形体。

(5) 三者:夷、希、微。

（6）不可致诘：夫无色、无声、无形，口不能言，书不能传……不可问诘而得之也（河上公《道德真经注》），无色、无声、无形，所以不能言说，不能书写，因而无法追问。"诘"，追问。

（7）混而为一：一尚不立，何况于三（王夫之《老子衍》引李约说），一都无法言说，何况是三（夷、希、微）呢。

解说：

这一部分描述道在无名视角下呈现的性质。

第十一章至十三章分别从三个角度阐述了名的产生。本章开头就提出以"视之不见"、"听之不闻"、"搏之不得"的原则对待第十一章至第十三章中的有名之名。什么是"视之不见"、"听之不闻"、"搏之不得"呢？《道德经》没有具体描述这三种状态，我们可以用《庄子》中庖丁解牛的故事加以解说。庖丁是一位宰牛的屠夫。他宰牛时，根本不用刻意地盯着牛，只凭眼神去感觉，刀刃就不会割到肉，更不会碰到骨头，而是顺着牛骨间的缝隙游刃有余。因此，十九年来庖丁虽然宰了数千头牛，但刀刃还像刚从磨刀石上磨过一样。这里，凭眼神感觉就是"视之不见"之"视"，用眼睛盯着看则是"视之不见"之"见"。庖丁宰牛时就是"视之不见"。

由此类推，我们可以知道"听之不闻"、"搏之不得"的含义。当我们专心致志地看书时，窗外飘来了音乐声。这声音我们感觉到了，但没有引起注意。我们正在学习时听到音乐的状态就是"听之不闻"的状态。我们在熟悉的小路上散步时，感觉到我们的脚踏在地面上，但没有引起注意。我们踩在地面上的状态就是"搏之不得"的状态。

既然这三者都只是感觉到而无法注意到，那么我们也无从彻底追问三者之间的关系，只能任其混而为一。因为如果我们有意识地追问，就不是"视之不见"、"听之不闻"、"搏之不得"，而是"视之而见"、"听之而闻"、"搏之而得"了。

2. 其上不皦[1]，其下不昧[2]。绳绳[3]不可名[4]，复归[5]于无物[6]。是谓无状之状[7]，无物之象[8]，是谓惚恍[9]。迎之不见其首，随之不见其后。

（1）皦：明亮，与"昧"相对。

（2）昧：昏暗，与"皦"相对。

（3）绳绳：运而不绝也（河上公《道德真经注》），微而不绝的样子。

（4）不可名：无从命名（因事物本身无色、无声、无形），参见第一章"名可名非常名"。

（5）复归：归结（卢育三《老子释义》）。

（6）无物：有物但"视之不见"、"听之不闻"、"搏之不得"。

（7）无状之状：有状但"视之不见"。"状"，形状。

（8）无物之象：有象但"视之不见"。"象"，日常之物之象。

（9）惚恍：不可得而定也（王弼《道德真经注》），即有物但处于"视之不见"、"听之不闻"、"搏之不得"的状态。

解说：

这一部分描述无名之物的状态。

无名之物"混而为一"，没有皦与昧的分别，处于绵绵不断的状态，因而不可命名（即第一章所谓的"常道"、"常名"）。这种无分别状态就是事物本身的状态，即无物状态。"无状之状"、"无物之象"、"惚恍"、不见"首"与"后"都是对无名之物不同角度的描述。

3. 执古之道，以御今之有(1)。能知古始，是谓道纪(2)。

（1）御今之有：驾驭当下的无名之物。"御"，驾驭。"有"，有其事（王弼《道德真经注》），指上文所说的无名之物。

（2）能知古始是谓道纪：道自古就存在，因而知古之道，就知当下之道，就能驾驭当下的事物。"纪"，纪纲（河上公《道德真经注》），本义指散丝的头绪。

解说：

这一部分阐释如何才能达到无名状态。

道古今不变，明白了"古之道"，就能掌握无名之物，"执古之道，以御今之有"。因此，明白自古就存在的道，就是我们修炼到无名状态的关键。

第十五章

古之善为士者，微妙玄通，深不可识。夫唯不可识，故强为之容。

豫兮若冬涉川，犹兮若畏四邻，俨兮其若容，涣兮其若冰之将释，敦兮其若朴，旷兮其若谷，混兮其若浊。

孰能浊以静之徐清？孰能安以久动之徐生？

保此道者不欲盈。夫唯不盈，故能蔽不新成。

译文：

古代善于行道之人，与物为一，通达一切物，高深莫测。正因为高深莫测，所以只能勉强来描述他。

小心呵，就像冬天渡过江河；谨慎呵，好像怕打扰四邻的安宁；恭敬呵，就像在别人家作客；自在呵，就像冰雪在消融；质朴呵，就像未经雕凿的木料；开阔呵，就像山谷；浑朴呵，就像浑浊的水。

谁能够在动荡中安静下来使浊水逐渐澄清？谁能在安定中变动起来使事物逐渐呈现生机？

保有此道的人不追求盈满。正因为他不求盈满，所以旧的不遮蔽新的。

1.古之善为士[1]者，微妙[2]玄[3]通[4]，深不可识。夫唯不可识，故强[5]为之容[6]：

（1）为士：善于行道之人。河上公本、帛书《老子》乙本为"道"字。

（2）微妙：与物为一，难以认知。"微"，第十四章"搏之不得，名曰微"之微。"妙"，第一章"常无欲以观其妙"之妙。

（3）玄：混而不分的状态。

（4）通：通达事物，即与事物混而为一。

（5）强：勉强。

（6）容：描述，描绘。

解说：

这一部分提出古代得道者的行事方式——"微妙玄通，深不可识"。

上一章末尾说，达到无名的关键在于能领悟自古就存在的道（"能知古始，是谓道纪"）。这一部分具体阐发这一句话的含义。

得道之人无我而顺物，与物为一，所以说"微妙"。"微"就是能感觉到但难以意识到（第十四章说，"搏之不得，名曰微"），"妙"是第一章"常无欲以观其妙"之妙。"微妙"我则与物混而为一，所以说"玄"；混而为一则与物不冲突，能通达万物，所以说"通"。"微妙玄通"因而高深莫测（无物之物不可测，能测的则是有物之物。与无物相对的自我同样无从预测），无从描述。但为了显示得道者的行为，又必须勉强描述，所以说，"强为之容"。

2. 豫⁽¹⁾焉若冬涉川⁽²⁾，犹⁽³⁾兮若畏四邻，俨⁽⁴⁾兮其若容⁽⁵⁾，涣⁽⁶⁾兮若冰之将释⁽⁷⁾，敦⁽⁸⁾兮其若朴⁽⁹⁾，旷⁽¹⁰⁾兮其若谷⁽¹¹⁾，混⁽¹²⁾兮其若浊。

（1）豫：迟疑，犹豫。

（2）川：河流。

（3）犹：犹豫，迟疑。

（4）俨：敬也（《尔雅·释诂》），恭敬。

（5）容：应为"客"字。河上公本、帛书《老子》甲乙本均为"客"字。

（6）涣：涣散，散开，像花儿一样绽开。

（7）释：消融，融化。

（8）敦：敦厚，质朴。

（9）朴：原意为没有加工的木材，这里指无欲的状态。

（10）旷：空阔，意指旷达，豁达，心胸开阔。

（11）谷：山谷。

（12）混：不分明的样子，即"微妙玄通"之"玄"。

解说：

这一部分描述古代得道者"微妙玄通深不可识"的具体表现。

豫焉若冬涉川，犹兮若畏四邻，俨兮其若容——小心、谨慎、恭敬（"豫"、"犹"、"俨"），顺随外物，与外物混而为一。这是"微妙玄通"之"微妙"的表现。

敦兮其若朴，混兮其若浊——像未加工的木材（"敦兮其若朴"），像浑浊的水一样不分明（"混兮其若浊"），都是取其混而未分之意。用这两种事物类比阐明"微妙玄通"之"玄"的含义。

涣兮若冰之将释，旷兮其若谷——像冰雪消融取其慢慢绽开之意（"涣兮若冰之将释"），像深山的幽谷取其空旷而通达万物、容纳万物之意（"旷兮其若谷"）。用两种事物类比阐明"微妙玄通"之"通"的含义。

3. 孰$^{(1)}$能浊以$^{(2)}$静之徐清？孰能安久$^{(3)}$以动之徐生？保此道者不欲盈$^{(4)}$，唯不盈，故能蔽不新成$^{(5)}$。

（1）孰：谁。

（2）以：犹"而"也（王引之《经传释词》），帛书《老子》甲、乙本均为"而"字。

（3）久：该字是多余的，应该删掉。原因有二。一、王弼注为"夫晦以理物则得明，浊以静物则得清，安以动物则得生，此自然之道也"（王弼《道德真经注》），没有"久"字。二、有了"久"字，"孰能浊以静之徐清"与"孰能安久以动之徐生"就不对称。

（4）盈：满。

（5）蔽：旧。

解说：

这一部分阐述"微妙玄通深不可识"所产生的功用。

如果达到了"微妙玄通"的状态,就不仅能让浑浊的水逐渐恢复清澈状态("静之徐清"),即"微妙玄通"之"玄",而且能让安静之物慢慢出现生机("动之徐生"),即"微妙玄通"之"通";既不排斥旧的事物("玄"),又不阻碍新的事物("通"),因而使新旧混而为一("蔽不新成")。

所谓让浑浊的水逐渐恢复清澈、让安静之物慢慢出现生机不过就是以不分清与浊、动与静的无名之心对待事物,即对事物不加干预。不加干预,浊水自身就能逐渐清澈,安定之物就会顺自然而动。同样,所谓不排斥旧的事物、不阻碍新的事物,就是以不分新、旧的无名之心对待事物,即"不盈",因而旧的自然就不会遮蔽新的。

顺随外物、不以对待之心加以干预就是自古得道者"微妙玄通"的处世方式。

第十六章

致虚极,守静笃(dǔ)。万物并作,吾以观复。

夫物芸芸,各复归其根。归根曰静,是谓复命。复命曰常,知常曰明。不知常,妄作,凶。

知常容,容乃公,公乃王,王乃天,天乃道,道乃久,没身不殆。

译文:

达到虚寂之至,保持清净的极点。万物竞相生长,我因此看到了万物向其本原的回归。

万物变化纷纭,各自回归其本原。返回本原的叫做静,静就叫回归物之本性,回归物之本性就叫常道,知道了常道就叫明。不明白常道,胡乱作为,就会有凶险。

认识常道,才能包容万物,包容万物才能公而无私,公而无私才能具备王者之德,王者之德才合天之德,合天之德则合道,合道才能长久,终身不会有危险。

1. 致⁽¹⁾虚⁽²⁾极⁽³⁾,守静笃⁽⁴⁾。万物并作⁽⁵⁾,吾以观复⁽⁶⁾。

（1）致：至也（河上公《道德真经注》），达到。

（2）虚：虚寂。

（3）极：极致。

（4）笃：彻底，与"极"含义相同。

（5）万物并作：即万物竞相生长。"并"，皆，都。"作"，生也（河上公《道德真经注》）。

（6）复：返（本原）。

解说：

这一部分阐述只有达到彻底的虚寂、清静才能达到无名。

第一章说过，有名之名产生于无名之名，日常万物则在有名之名中呈现（第一章："有名，万物之母"）。而无名之物，不可命名、不可表述，也不可感知（第十四章）。我们只有达到彻底的虚寂、清静，才能在有名万物的回归中，领悟到无名之物，"万物并作，吾以观复"。

2.夫物芸芸⁽¹⁾，各复归其根⁽²⁾。归根曰静，是曰复命⁽³⁾。复命曰常⁽⁴⁾，知常曰明。不知常，妄作凶。

（1）芸芸：华叶盛（河上公《道德真经注》），花叶茂盛的样子。

（2）各复归其根：各返其所始也（王弼《道德真经注》），万物回归无物之物这个本原。

（3）命：在天曰命，在物曰性（程颢、程颐：《二程集》）。

（4）常：第一章"道，可道，非常道"之"常"。

解说：

这一部分接上一部分阐述为什么只有做到清静才能达到无名。

无物之物产生万物，万物又会回归无物之物。所以说，万物虽然茂盛生长，但都回归其本原（"夫物芸芸，各复归其根"）。回归其本原就能达到清静。达到清静就能回归物的生命之性。人回归物的生命之性便能领悟常道（第一章："道，可道，非常道"）。领悟了常道，就能得道之明。否则，不明常道，就会与有名之物产生冲突，从而带来凶险。

3. 知常容⁽¹⁾，容乃公⁽²⁾，公乃王⁽³⁾，王乃天，天乃道，道乃久，没身不殆⁽⁴⁾。

（1）容：无所不包通也（王弼《道德真经注》），包容一切。

（2）公：无所不包通，则乃至于荡然公平也（王弼《道德真经注》），无所不包就能做到真正的公平。

（3）公乃王：公而无私才能成为君王。

（4）没身不殆：终身不会有危险。"没身"，终身。"殆"，危险。

解说：

这一部分阐释清净知常道的功用。

达到清净能领悟常道。领悟了常道，才能以无名之心包容一切（参见第二章），能包容一切才能公而无私，公而无私才具备王者之德，王者之德才合天之德，合天之德则合道。因此，第二十五章说："故道大，天大，地大，王亦大。域中有四大，而王居其一焉。人法地，地法天，天法道，道法自然。"合乎道就能长久地与万物和谐相处，使自己终身免于大患。

第十七章

太上，下知有之；其次，亲而誉之；其次，畏之；其次，侮之。信不足焉，有不信焉。

悠兮其贵言。功成事遂，百姓皆谓我自然。

译文：

最高明的君主，百姓只知道其存在；次一等的君主，百姓亲近他、赞美他；再次一等的君主，百姓畏惧他；更次一等的君主，百姓蔑视他。君主诚信不足，百姓就不信任他。

（最高明的君主）悠闲自在，不轻易发号施令。事情做成了，百姓都说，我们本来就是这样的。

1. 太上^(1)，下^(2)知有之，其次，亲而誉^(3)之，其次畏之，其次侮之。信不足焉，有不信焉。

（1）太上：高明的君主，即合道的君主。

（2）下：百姓，社会大众。

（3）誉：赞美，称赞。

解说：

这一部分对比阐释做到"致虚极守静笃"的君主和不能做到"致虚极守静笃"的君主治理国家的不同结果。

高明的君主为而不妄为，"致虚极，守静笃"（第十六章）。因而百姓只知道他的存在而感觉不到他的统治，既无从诋毁，又无从称赞。无誉无毁则无名（参见第二章）。次一等的君主虽然做不到"致虚极，守静笃"，但会给百姓带来好处，因而百姓对君主"亲而誉之"。不过，亲疏相生、毁誉相生。有"亲而誉之"就会有"疏而毁之"。亲、疏、毁、誉都是名。有名则不合道（参见第二章）。再次一等的君主依靠赤裸裸的威权治理国家，所以百姓怕他。一旦君主的威权不能维持，国家就会走向动乱。最次一等的君主连威权都失去了，只能靠智巧维系秩序。运用智巧就会失去诚信，百姓便不再相信他。

2. 悠^(1)兮其^(2)贵言^(3)，功成事遂^(4)，百姓皆谓我自然^(5)。

（1）悠：悠闲自在，不生事端。

（2）其：指"太上"的君主。

（3）贵言：不轻易说话，当说则说，不当说则不说。"贵"，重。

（4）遂：成。

（5）自然：本来如此。

解说：

这一部分阐释"致虚极守静笃"的君主治理国家所采用的具体方式。

怎样做到"致虚极守静笃"以致"下知有之"而无从评价？悠闲自在，不生事端，当言则言，不当言则不言。这样，百姓既不会感觉到君主给自己带来好处，也不会感觉到君主会给自己带来危害。因此，等到事情做成时，百姓觉得事情本来就应该是这样的。

第十八章

大道废，有仁义；智慧出，有大伪；六亲不和，有孝慈；国家昏乱，有忠臣。

译文：

大道废弃了，才会出现仁义；智慧出现了，才会有大伪；六亲不睦，才会有孝慈问题；国家昏乱，才会有忠臣。

大道废，有仁义[1]；智慧出，有大伪。六亲[2]不和，有孝慈[3]；国家昏乱，有忠臣。

（1）仁义：《道德经》的仁义与儒家的不完全相同。《道德经》中的仁是对某类东西的偏爱（参见第五章"天地不仁，以万物为刍狗；圣人不仁，以百姓为刍狗"的解说），《道德经》中的义则是对某类东西的追逐（参见第三十八章"上义为之而有以为"）。儒家的仁不仅是对某类东西的偏爱，还包含对礼的遵守，"七十而从心所欲，不逾矩"（《论语·为政》）。"矩"近似《道德经》中的礼。在《道德经》看来，儒家的礼不过是失道、失德后的产物，是一种"忠信之薄而乱之首"的东西（第三十八章）。儒家的义指一种合适的处世方式，包括合适的利益调节方式（《中庸》："义者，宜也。"）。合适的标准是礼。因此，在《道德经》看来，儒家的义也不过是失道、失德后的产物，是不合道的。

（2）六亲：父子兄弟夫妇也（王弼《道德真经注》）。

（3）孝慈：指父慈子孝。

解说：

这一章阐释做不到第十六章的"致虚极守静笃"所产生的后果。

如果君主做不到第十六章的"致虚极守静笃"，就不能成为"公乃王"之王，就会抛弃大道。抛弃了大道，无物之物就会变为日常之物。对日常之物，人们就有爱、恨之分。偏爱就是仁。义则不仅有偏爱，还会对偏爱之物加以追逐，所以说，"大道废，有仁义"。仁、义都属于有为（三十八章："上仁为之而无以为"、"上义为之而有以为"。）。

在推崇仁义的社会，人们追逐偏爱之物即利益，自然会产生追逐利益的智慧。但是，日常的智慧建立在分别对待之上，而分别又是无穷的。智慧不可能解决一切冲突，人们就会以伪来掩饰，所以说，"智慧出，有大伪"。

追逐利益不仅会产生智慧和大伪，而且会在六亲之间造成矛盾。如果六亲有矛盾，就会凸显长辈慈与不慈的问题、晚辈孝与不孝的问题。

追逐利益还会造成国家的混乱。国家混乱了，就凸显出臣子的忠诚问题，所以说，"国家昏乱，有忠臣"。

第十九章

绝圣弃智，民利百倍；绝仁弃义，民复孝慈；绝巧弃利，盗贼无有。此三者以为文不足。故令有所属：见素抱朴，少私寡欲。

译文：

抛弃对圣智的追求，百姓就可以获得百倍的利益；抛弃仁义思想，百姓可以恢复自然的孝慈；抛弃机巧、私利，盗贼就会消失。（圣智、仁义、巧利）这三者全是巧饰的东西，不足以治理天下。所以，要让天下有所归属：保存质朴、减少私利和贪欲。

1. 绝圣弃智⁽¹⁾，民利百倍；绝仁弃义，民复孝慈；绝巧弃利，盗贼无有。

（1）绝圣弃智：抛弃对圣、智的追求，这里主要指抛弃圣、智之名。

解说：

这一部分阐述如何彻底回归"致虚极守静笃"。

第十八章说，"大道废，有仁义；智慧出，有大伪；六亲不和，有孝慈；国家昏乱，有忠臣。"这里的仁、义、智慧、孝、慈、忠等等都是指其名而言的。因此，如果要从根本上解决这个问题，就要抛弃一切有名之名，包括第十八章的仁、义、智慧、孝、慈、忠（绝圣弃智，民利百倍；绝仁弃义，民复孝慈），乃至得道者之道（第三十八章："上德不德"）、圣人之名等等一切有名之物。

抛弃了对圣、智之名的追求，百姓就可以获得百倍的好处；抛弃了仁义思想，就能让百姓恢复真正的孝慈；抛弃了机巧和私欲，"不贵难得之货"，就会"使民不为盗"（第三章）。

需要注意的是，虽然我们不能追逐一切有名之名，如孝之名、慈之名、忠之名（第十八章："大道废，有仁义"），但老子对于出自本性的孝、慈、忠等并不反对。因为它们是出于自然的（绝仁弃义，民复孝慈）。

2. 此三者以为文⁽¹⁾不足，故令有所属⁽²⁾：见素抱朴⁽³⁾，少私寡欲。

（1）文：文饰。

（2）属：归属。

（3）见素抱朴：见真素，抱淳朴（杜光庭《道德真经广圣义》），指保持淳朴的合道状态。"素"，指没有染色的绢。"朴"，指未加工的木料。

解说：

这一部分阐释如何抛弃圣智、仁义、巧利。

正因为智慧、机巧、巧利都是人为的东西，会让人失去自然本性，扰乱天下，所以，如果想让百姓回归本性，就要保持没有文饰、没有人为的淳朴状态，放弃对智慧、机巧和巧利的追逐。

第二十章

绝学无忧。

唯之与阿，相去几何？善之与恶，相去若何？人之所畏，不可不畏。

荒兮其未央哉！众人熙熙，如享太牢，如春登台。我独泊兮其未兆，如婴儿之未孩。儽（lěi）儽兮若无所归。

众人皆有馀，而我独若遗。我愚人之心也哉！沌沌兮！

俗人昭昭，我独昏昏；俗人察察，我独闷闷。

澹兮其若海，飂（liù）兮若无止。

众人皆有以，而我独顽且鄙。

我独异于人，而贵食母。

译文：

抛弃分别之学则无烦恼。

应诺与呵斥，相差多少？美好与丑恶，相去多远？众人所畏惧的，我也不能不畏惧。

没完没了的享乐呀！众人兴高采烈，好像享受着太牢美食，又如春天登台欣赏美景。唯独我恬静无欲，好像不知嬉笑的婴儿；无动于衷啊，好像没有追求。

众人都绰绰有余，而我好像不足的样子。我真是愚人的心肠呵！混混沌沌啊！

世人似乎一切都高明，唯有我好像糊里糊涂；世人都严苛明察，唯有我好像无知无识。

沉静呵，像幽深的大海；飘逸呵，好像没有止境。

众人都有所作为，唯独我愚顽且迟钝。

我独独与众人不同，看重道的指引。

1. 绝学⁽¹⁾无忧。唯⁽²⁾之与阿⁽³⁾，相去几何⁽⁴⁾？善⁽⁵⁾之与恶，相去若何⁽⁶⁾？人之所畏，不可不畏。

（1）绝学：去掉是非分别之学，如对唯与阿、善与恶的分别。

（2）唯：唯唯诺诺之唯，与"阿"（通"呵"）相对。

（3）阿：通"呵"，呵斥，斥责。

（4）几何：多少。

（5）善：应为"美"字。第二章中美与恶相对，善与不善相对，"天下皆知美之为美，斯恶矣；皆知善之为善，斯不善矣"（第二章）。帛书《老子》甲乙本也为"美"字。

（6）若何：多少。

解说：

这一部分接上一部分的无名过渡到阐述这一部分的无欲。

本章开头的"绝学无忧。唯之与阿，相去几何？善之与恶，相去若何？"，即唯与阿、善与恶混而为一，表达的是要做到无名（参见第二章），可以看作是从无名向无欲的过渡。

学问可以分为分别之学与非分别之学。前者是日常有名的学问，如善与恶、长与短，后者是合道的学问，即不分善与恶、长与短的"绝学"。"绝学"也不是什么都不学，而是去掉分别之心，以无分别之心对待日常的学问，就如同第二章的"功成而弗住"（功成则有名，但自己不居）。无分别就不会与日常习惯对立，而是顺随日常习惯，所以说，"人之所畏，不可不畏"。只有做到"人之所畏，不可不畏"，才能做到下文"如婴儿之未孩"般无欲。

2. 荒兮其未央哉(1)！众人熙熙(2)，如享太牢(3)，如春登台。我独泊(4)兮其未兆(5)，如婴儿之未孩(6)；儽儽(7)兮，若无所归(8)。众人皆有余(9)，而我独若遗(10)。我愚人之心也哉！沌沌(11)兮，俗人昭昭(12)，我独昏昏(13)。俗人察察(14)，我独闷闷(15)。澹(16)兮其若海，飂(17)（liù）兮若无止。

（1）荒兮其未央哉：世人没完没了地追求享受。"荒"，犹广也（吴澄《道德真经注》）。"央"，尽也（《广雅·释诂》），尽头，终止。

（2）熙熙：淫放多情欲（河上公《道德真经注》），纵情享受的样子。

（3）太牢：古代天子、诸侯祭祀时，牛肉、羊肉、猪肉三牲齐备，叫太牢。

（4）泊：淡泊，恬静无贪欲。

（5）未兆：没有征兆，指没有欲望。

（6）孩：小儿笑也（《说文解字》）。

（7）儽儽：疲也（《广雅·释诂》），疲惫、颓丧的样子，对一切无动于衷的样子。

（8）若无所归：好像无家可归，指无所欲求。

（9）馀：通"余"。

（10）遗：不足的意思。借为"匮"，不足之意（奚侗《老子集解》）。

（11）沌沌：蒙昧无知的样子。

（12）昭昭：谓智巧现于外也（释德清《老子道德经解》），高明的样子，明白的样子。

（13）昏昏：昏昧的样子，与"昭昭"相对。

（14）察察：明察且严苛的样子。

（15）闷闷：无所截割（河上公《道德真经注》），即无分别的样子，与"察察"相对。

（16）澹：静也（《广雅·释诂》），恬静无欲的样子。

（17）飂：无所系縶（王弼《道德真经注》），高风（《说文解字》）。

解说：

这一部分用对比的方法描述世人追逐外物的状态与得道者"如婴儿之未孩"般无欲的表现。

"荒兮其未央哉，众人熙熙，如享太牢，如春登台"，众人沉浸于物欲的状态。

"我独泊兮其未兆，如婴儿之未孩；累累兮，若无所归"，自己以无欲之心对待事物的情境。

"众人皆有馀"，指众人欲望得到满足的样子。

"我独若遗"，指自己无欲，因而显得不足的样子。

"俗人昭昭"、"俗人察察"描述众人严苛明察、欲望外露的表现。

"我愚人之心也哉！沌沌兮"、"我独昏昏""我独闷闷"，描述自己淳朴无欲、无所追求的样子。

"淡兮其若海，飂兮若无止"是指因为自己无欲，所以既能如大海般深沉而不追逐外物，又能顺随外物、通达万物，与第十五章"微妙玄通"之"玄通"的含义相同。

3. 众人皆有以⁽¹⁾，而我独顽似鄙⁽²⁾。我独异于人，而贵⁽³⁾食母⁽⁴⁾。

（1）有以：作为也（河上公《道德真经注》），有为。

（2）顽似鄙：愚且浅陋。"顽"，愚也（《广雅·释诂》）。"似"，通"且"，河上公本为"且"字。"鄙"，笨拙。

（3）贵：看重。

（4）食母：乳母。大夫之子有食母（《礼记·内则》）。求食于母者，贵如婴儿心无营求尔（杜光庭《道德真经广圣义》）。

解说：

这一部分阐述达到"如婴儿之未孩"的关键。

众人有为，因而有欲；自己无为（"顽似鄙"），因而无欲而贵道（"贵食母"）。

第一章说过，无欲、无名、无为是同一事物的三个环节，不可分割。所以，本章在阐述无欲－有欲时，涉及无名和无为。

第二十一章

孔德之容，唯道是从。

道之为物，唯恍唯惚。惚兮恍兮，其中有象；恍兮惚兮，其中有物。窈（yǎo）兮冥（míng）兮，其中有精；其精甚真，其中有信。

自今及古，其名不去，以阅众甫。吾何以知众甫之状哉！以此。

译文：

大德之人的表现，完全顺随道。

道这种物，是恍恍惚惚的。惚惚恍恍啊，其中有迹象；恍恍惚惚啊，其中有物。幽远、昏暗啊，其中有精妙之物。那精妙之物真实存在，可以验证。

从当下追索到古代，它的名字不消失，由此就能看到万物的本原。我怎么知道万物本来的样子呢？根据就在此。

1.孔德⁽¹⁾之容⁽²⁾，惟道是从⁽³⁾。

（1）孔德：真正得道的人。"孔"，大也（河上公《道德真经注》）。"德"，得（道）。

（2）容：容貌，样态。

（3）惟道是从：只顺从道。"惟……是……"是古文的一种固定倒装结构句式，用以强调宾语。"是"，助词，其作用就是把宾语提到谓语之前。"惟"，只，仅仅。"从"，顺从，顺随。

解说：

这一部分阐明上一章"贵食母"的方法。

上一章末尾说若要达到如婴儿般无欲，就要做到"贵食母"。而得道者要做到"贵食母"，就要做到本章的"惟道是从"。

2.道之为物⁽¹⁾，唯恍唯惚⁽²⁾。惚兮恍兮，其中有象⁽³⁾；恍兮惚兮，其中有物。窈兮冥兮⁽⁴⁾，其中有精⁽⁵⁾；其精甚真，其中有信⁽⁶⁾。

（1）道之为物：道是物。

（2）唯恍唯惚：感觉到但没有意识到，似有若无。"唯"，语助词，无义。"恍惚"，感觉到而没有意识到，第十四章说，"视之不见，名曰夷；听之不闻，名曰希；搏之不得，名曰微……是谓惚恍"。

（3）象：惚恍之物之象。

（4）窈兮冥兮：深远而昏暗的样子。"窈"，幽远的样子。"冥"，昏暗不分明的样子。

（5）精：指恍惚之物，即第一章"以观其妙"之"妙"。

（6）信：信实，可信。

解说：

这一部分描述在无欲－有欲视角下的道及其性质。

既然"孔德之容，惟道是从"，那么在无欲－有欲视域下的道是什么样子的呢？

"道之为物，唯恍唯惚"——道就是物，是"唯恍唯惚"之物。什么是"恍惚"？"视之不见名曰夷，听之不闻名曰希，搏之不得名曰微。……是谓惚恍"（第十四章）。"恍惚"就是"视之不见"、"听之不闻"、"搏之不得"的状态。《道德经》没有具体描述这三种状态，但我们可以用庄子庖丁解牛的故事加以解说。庖丁是一位宰牛的屠夫。他宰牛时，根本不用眼睛刻意盯着牛，只是凭眼神去感觉，刀刃就不会割到肉，更不会碰到骨头，而是完全顺着牛骨间的缝隙游刃有余。因此，十九年来庖丁虽然宰了数千头牛，但刀刃还像是刚从磨刀石上磨过一样。这里，凭眼神感觉就是"视之不见"之"视"，用眼睛盯着看则是"视之不见"之"见"。庖丁宰牛时就是"视之不见"。

由此类推，我们可以知道"听之不闻"、"搏之不得"的含义。当我们专心致志地看书时，窗外飘来了音乐声。这声音我们感觉到了，但没有引起注意。我们正在学习时听到音乐的状态就是"听之不闻"的状态。我们在熟悉的小路上散步时，感觉到我们的脚踏在地面上，但没有引起注意。我们踩在地面上的状态就是"搏之不得"的状态。

推而广之，一切感觉到物（包括事情、物品、人，乃至习俗等一切存在的东西）却没有意识到物或注意到物的状态就是"恍惚"状态。《道德经》称这种"恍惚"状态下的物为"无物之物"。因此，"恍惚"之物不是什么都没有，而是有物，且就在当场。我们能感觉到"恍惚"之物和"恍惚"之物之象，"其中有象"、"其中有物"。只不过，由于这种物是"恍惚"的，显得幽远、昏暗（清晰、明了就不是道，而是日常之物了），人们无法意识到、注意到。但是，这种微妙的"恍惚"之物真实存在（"其精甚真"），且可以验证。

3. 自今及古，其名⁽¹⁾不去，以阅⁽²⁾众甫⁽³⁾。吾何以知众甫之状哉？以此⁽⁴⁾。

（1）名：常名（第一章："道，可道，非常道；名，可名，非常名"）。

（2）阅：观，即第一章"以观其妙"之观。

（3）众甫：物之始也（王弼《道德真经注》），指道。"甫"，始也（河上公《道德真经注》），物的本原。

（4）此：指"其名不去"中的名。

解说：

这一部分说明通达道的原则：知古。

既然"唯恍唯惚"之道自古就存在，且"其名不变"，那么，我们只要知古就能知今，就能通达道（"以阅众甫"）。

第二十二章

曲则全，枉则直，洼则盈，敝则新，少则得，多则惑。

是以圣人抱一为天下式。不自见，故明；不自是，故彰，不自伐，故有功；不自矜，故长。

夫唯不争，故天下莫能与之争。

古之所谓曲则全者，岂虚言哉！诚全而归之。

译文：

居偏才能保全，弯曲才能伸直，低洼才能积水，容旧才能有新，居少才可得到，贪多反而迷惑。

因此，得道者将守一作为对待天下事务的准则。不固执己见所以能看分明，不自以为是所以能看清楚，不自我夸耀所以有功劳，不自高自大所以能长久。

正因为不与人争，天下才没有人能与他相争。

古人所说的"居偏才能保全"，难道是空话吗？它确实能使全部都归于居偏者。

1. 曲则全[1]，枉[2]则直，洼则盈[3]，敝则新[4]，少则得，多则惑[5]。是以[6]圣人抱一[7]为天下式[8]。

（1）曲则全：居偏不贪全，反而能保全。"曲"，偏，与"全"相对，作居偏讲。河上公等作"曲己"讲（河上公《道德真经注》："曲己从众，不自专，则全其身也"），但"曲己"好像是被迫的，不是自然状态，所以作居偏讲更为合适。

（2）枉：屈，弯曲。

（3）洼则盈：洼地才能积水。"洼"，洼地。"盈"，充满。

（4）敝则新：新与旧是相对的，没有旧则没有新，所以不刻意去旧才能包容新。参见"故能敝不新成"（第十章）。"敝"，敝旧。

（5）少则得，多则惑：居少才可得到，贪多就会迷惑。这里的"少"不是故意少取，而是适量的意思，自己应得的意思。"多"则是贪多的意思。贪多则追逐外物，与物不为一，即没做到"抱一"。

（6）是以：所以。

（7）"抱一"：处于无物之物的状态，即道的状态。参见第十章"载营魄抱一，能无离乎"的注释。

（8）式：法则，准则。

解说：
这一部分以生活中的现象类比阐述处世为什么要"抱一"。

在日常生活中，偏与全、曲与直、洼与盈、旧与新、少与多都是相互对待、相互生成的。一般人都喜欢全、直、新、多，厌恶曲、弯、敝、少。但是，有偏才会有全，弯曲才能伸直，有低洼处才会充满，容旧才会有新（因为新旧是相对的，没有旧则没有新），获取应得的少才能真正得到，贪不应得的多就会迷惑。因此，得道者"抱一为天下式"，不分曲与全、枉与直、洼与盈、敝与新、少与多；居众人所厌恶的曲、枉、洼、敝、少之地（第八章："处众人之所恶"），反而能保全、伸直、充盈、容新、不惑。

2.不自见⁽¹⁾故明，不自是⁽²⁾故彰，不自伐⁽³⁾故有功，不自矜⁽⁴⁾故长。夫唯不争，故天下莫能与之争。

（1）自见：以己见为见，不顺随他人之见。"见"，有两种理解方式。一、观点，想法。"不自见"就是不固执己见。二、通"现"字，"不自见"就是不自我显摆。第一种理解方式的"不自见"和"故明"的意思衔接更合理。因此，本书采用第一种解释。

（2）自是：自以为是，不顺随他人之是。

（3）伐：夸耀。

（4）矜：自高自大。

解说：

这一部分阐述如何做到"抱一"。

只以己见为见，不见他人之见，因而所见就不明。反之，不以己见为见，就能见他人之见，与他人之见"抱一"，因而就不会被己见所遮蔽，所见就广（明）。同样，不自以为是，做到与他人"抱一"，就能见他人之是，因而为他人所接受，自己也能彰显。不自我夸耀，做到与他人"抱一"，"功成而弗居"（第二章），就能保有自身，保有其功。否则自身难保，也难保其功。不自高自大，做到与他人"抱一"，就不会与人冲突，因而能长久。

不固执己见、不自以为是、不自我夸耀、不自高自大，与他人合一（"抱一"），就会与人无争而处处走在他人之先。所以说，"夫唯不争，故天下莫能与之争"。

3.古之所谓曲则全者，岂虚言哉！诚⁽¹⁾全⁽²⁾而归之⁽³⁾。

（1）诚：实在。

（2）全："曲则全"之全。

（3）归之：归"抱一"者。

解说：

这一部分总结"抱一"的功用。

不居偏而追求全就是在追逐外物，与外物相对待，反而无法"居全"。居偏则与物融为一体，即"抱一"。"抱一"就能"居全"，"古之所谓曲则全者，岂虚言哉！诚全而归之"。

第二十三章

希言自然。

故飘风不终朝，骤雨不终日。孰为此者？天地。天地尚不能久，而况于人乎？

故从事于道者，道者同于道；德者同于德；失者同于失。同于道者，道亦乐得之；同于德者，德亦乐得之；同于失者，失亦乐得之。

信不足焉，有不信焉。

译文：

少言才合乎自然。

因此，狂风刮不了一早晨，暴雨下不了一整天。是谁在运作这些呢？是天地。天地的狂暴尚且不能持久，何况人呢？

因此，依道行事的，就合于道；依德行事的，就合于德；失道、失德的，就会与失同行。合于道的，道也合于他；合于德的，德也合于他；失道、失德的，道、德也抛弃他。

君主诚信不足，百姓就不相信他。

1. 希(1)言自然。故飘风(2)不终朝，骤雨(3)不终日。孰(4)为此者？天地。天地尚(5)不能久，而况于人乎？

（1）希：听到而没有意识到，"听之不闻名曰希"（第十四章）。

（2）飘风：疾风也（河上公《道德真经注》）。

（3）骤雨：暴雨也（河上公《道德真经注》）。

（4）孰：谁。

（5）尚：尚且。

解说：

这一部分以天地不能长久地狂风暴雨类比阐明得道者不可随心所欲。

自然界的狂风不可能刮一整个早晨，自然界的暴雨不可能下一整天。掌控狂风暴雨的天地都不能随心所欲，何况是人呢？因此，我们要引以为戒，不可随心所欲，不可妄言、妄为，而要"处无为之事，行不言之教"（第二章），当言则言，不当言则不言。

2. 故从事于道者，道者[1]同于道，德者同于德，失者同于失。同于道者，道亦乐得之；同于德者，德亦乐得之；同于失者，失亦乐得之。

信不足焉，有不信焉[2]。

（1）道者：此二字为衍文。

（2）信不足焉，有不信焉：帛书甲乙本均没有这句话。

解说：

这一部分文字有多种版本，但文义大同小异，都是阐述无欲才能合道、合德的结论。

如果我们不是随心所欲，而是顺随事物自身，依道、德行事的，道、德就会有助于他，就能做到第二十二章"诚全而归之"。反之，我们如果不能顺随外物，就会与道相违，从而造成失败。

对君主而言，君主失道、失德就没有诚信。没有诚信，百姓就不信任他。

第二十四章

企者不立，跨者不行，自见者不明，自是者不彰，自伐者无功，自矜者不长。其在道也，曰余食赘（zhuì）行。物或恶之，故有道者不处。

译文：

踮脚站着，无法持久；跨步行走，无法走远；不执一己之见所以能看清楚，不自以为是所以能彰显，不自我夸耀所以有功，不自高自大所以能长久。

从道的角度看，这些都叫做剩饭、赘瘤。人们讨厌这样的行为，所以，得道的人不会这样行事。

1. 企者不立，跨者不行，

（1）企：踮起脚后跟。

（2）跨：跨大步。《说文解字》段玉裁注："谓大其两股间以有所越也。"

解说：
这一部分列举两种违反人自然本性的行为及其所带来的问题。

踮起脚跟站立，不是人类的自然站立姿势，所以无法站稳；跨着大步走路不是人类的自然行走方式，所以无法走远。

2. 自见[1]者不明，自是[2]者不彰[3]，自伐[4]者无功，自矜[5]者不长。

（1）自见：以己见为见，不见他人之见。参见第二十二章"自见者不明"的注释。

（2）自是：自以为是，不见他人之是。

（3）彰：彰显。

（4）伐：夸耀。

（5）矜：自高自大。

解说：
这一部分列举四种我行我素的行为及其所带来的问题。

固执己见者不见他人之见，遮蔽他人之见，因而所见就不明。自以为是者不见他人之是，就难以为他人接受，因而不会彰显。自我夸耀者、自高自大者，就会遭人忌恨，难保其功，甚至难保自身，所以说，"自伐者无功，自矜者不长"。

3. 其[1]在道也，曰余食[2]赘[3]行。物[4]或恶之，故有道者不处。

（1）其：指上文的自见、自是、自伐、自矜。
（2）馀食：剩饭。
（3）赘：长在皮肤上的肿瘤。
（4）物：这里指人。

解说：

这一部分提出要抛弃"自见"、"自是"等"余食赘行"（即第十章的"涤除玄览"）的结论。

既然自见、自是、自伐、自矜都属于不合自然的作为方式，都会给我们带来问题，那么得道者就要将这些行为如同剩饭、赘瘤般去除。这正是第十章"涤除玄览"以达到"无疵"的含义。

第二十五章

有物混成，先天地生，寂兮寥兮，独立而不改，周行而不殆，可以为天地母。吾不知其名，字之曰道，强为之名曰大。大曰逝，逝曰远，远曰反。

故道大，天大，地大，王亦大。域中有四大，而王居其一焉。

人法地，地法天，天法道，道法自然。

译文：

有浑然一体之物，在天地形成之前就存在了。它寂静无声、虚有无形，无所依赖且古今如此，无所不在，无往不通，可以作为天地万物的本原。我不知道如何描述它，称其为道，勉强称之为"大"。"大"而变动不居，变动不居而无所不通，无所不通却返其本原。

所以，道大、天大、地大、王也大。宇宙中有四大，而王居其中之一。

人取法地，地取法天，天取法道，道本自然。

1.有物混(1)成，先天地生。寂(2)兮寥(3)兮，独立不改，周行而不殆(4)，可以为天下母。吾不知其名,字⁽⁵⁾之曰道,强为之名曰大⁽⁶⁾。

(1)混:混而不分,即没有第二章所谓有与无、长与短等等的分别。

(2)寂:无声。

(3)寥:无形。

(4)独立而不改,周行而不殆:廓然无耦曰独立,古今常一曰不改,无所不在曰周行,所在皆通曰不殆(王夫之《老子衍》引钟士季说),没有东西与之相对就是独立,古今总是如此就是不改,无处不在就是周行,所在之处没有障碍就是不殆。"殆",危险。

(5)字:根据人名的含义另取的别名叫字,这里作动词用。

(6)大:指道,不是与"小"对立的大。

解说:

这一部分描述道不可感知、不可描述、运行不止的性质。

道是可以感觉到但没有注意到的混成之物,无所依赖,古今如此,无处不在,无处不通,无声、无形却生成万物。因此,道不可描述。不可描述则"不知其名"(一旦命名,就成了"非常道",参见第一章),但为了传道,不得不勉强命名为道,也可以称之为不可分之"大"。

"有物混成",处于感觉到但没有注意到的状态,因而没有分别,即"混成"。

"先天地生",有"混成之物"才能产生天地万物。

"寂兮寥兮",因为"混成",所以无声、无形。

"独立不改",道这种"混成之物"无所依赖,且古今如此。

"周行而不殆",道无所不在,有物的地方先有道。

"可以为天下母",日常之物都从"混成之物"而来,所以说"为天下母"。

2. 大曰逝⁽¹⁾,逝曰远⁽²⁾,远曰反⁽³⁾。故道大,天大,地大,王亦大⁽⁴⁾。域⁽⁵⁾中有四大⁽⁶⁾,而王居其一焉。

(1)逝:行也。不守一大体而已。周行无所不至,故曰逝也(王弼《道德真经注》),即变动不居。

（2）远：言远者，穷乎无穷，布气天地，无所不通也（河上公《道德真经注》），道在天地间无所不在、无所不通。

（3）反：通"返"。道产生万物，但天地万物又会返于道这个本源。

（4）王亦大：天地之性，人为贵，而王是人之主也。虽不职大亦复为大与三匹，故曰，王亦大也（王弼《道德真经注》），天地之中人为贵，而王是人之主。虽然王算不上大，但能与道、天、地相匹配，所以说，王也是大。

（5）域：无称不可得而名曰域也（王弼《道德真经注》），无法称谓，只能称为域。

（6）四大：道、天、地、王。

解说：

这一部分描述道的运行状况。

"大曰逝"，道生生不息，不能固定。因为固定不变就不是道，而是有物之物了。

"逝曰远"，有物之处先有道，因而道无处不在。

"远曰反"，道产生万物，但天地万物又会返回道这个本源。

"故道大，天大，地大，王亦大。域中有四大，而王居其一焉"，道生天地，人居天地之中，人、天、地三者的无物形态表现为道。人、天、地、道（无物之物）合而为四。王弼说，天地之中人为贵，而王是人之主。虽然王算不上大，但能与道、天、地相匹配，所以说，王也是大。

3. 人法⁽¹⁾地，地法天，天法道，道法自然。

（1）法：不违（王弼《道德真经注》）。

解说：

这一部分阐述人应如何顺随道。

人生存在大地上，因而不可违逆大地。大地在上天之下，因而不可违逆上天（古人对上天与大地关系的看法与现在不一样。他们认为天优于地，所以，地不能违逆天）。有物之物不可违逆无物之物，因而天地不可违逆道。道就是自然而然。

第二十六章

重为轻根，静为躁君。

是以圣人终日行不离辎（zī）重。虽有荣观，燕处超然。

奈何万乘（shèng）之主，而以身轻天下？轻则失根，躁则失君。

译文：

稳重是轻浮的根本，沉静是急躁的主宰。

因此，得道者整天行走好像不离辎重。即使有华丽的宫室，也泰然安居。为什么万乘大国的君主要将自身看得比天下轻呢？

轻浮就会失去根本，急躁就会失去主宰。

1. 重为轻根，静为躁君。是以圣人终日行不离辎重[1]。虽有荣观[2]，燕[3]处超然[4]。

（1）辎重：带有帷盖的载重车，一般指军用物资车。"辎"，车。

（2）荣观：豪华的宫室。"荣"，华丽，华美。"观"，宫阙（河上公《道德真经注》），宫阙，楼台。

（3）燕：安也（林希逸《老子鬳斋口义》），泰然自得的样子。

（4）超然：不以经心也（王弼《道德真经注》），不以为意（司马光《道德真经论》）。

解说：

这一部分提出君主只有做到"重"、"静"而不追逐外物才能做到无为。

稳重是轻浮的根本，沉静是急躁的主宰。稳重、沉静则不追逐外物，好像寸步都不离辎重。这样的人即使拥有华丽的宫室，也不以为意，像对待普通的房屋一样,不会去显摆、炫耀,"虽有荣观,燕处超然"。

2.奈何⁽¹⁾万乘之主⁽²⁾,而以⁽³⁾身轻天下?轻则失本,躁则失君。

(1)奈何:为什么。

(2)万乘之主:拥有万乘兵车国家的国君,指大诸侯国的君主。

(3)以:因为。

解说:

这一部分阐释君主妄动而做不到重、静所带来的危害。

上一部分说,得道者要做到稳重、沉静,不可追逐外物,"虽有荣观,燕处超然"。对君主而言,如果不能做到稳重、沉静,不看重自身,而是追逐外物,轻举妄动,就会失去掌控天下的根本之道。

第二十七章

善行无辙迹,善言无瑕谪(zhé),善数不用筹策,善闭无关楗(jiàn)而不可开,善结无绳约而不可解。

是以圣人常善救人,故无弃人;常善救物,故无弃物,是谓袭明。

故善人者,不善人之师;不善人者,善人之资。不贵其师,不爱其资,虽智大迷,是谓要妙。

译文:

善于行走的,不留下痕迹;善于言谈的,没有过失;善于计算的,不需要计算工具;善于关闭的,不用栓锁别人也打不开;善于捆绑的,没有绳索别人也不能解。

因此,得道者总是善于做到人尽其才,所以没有被遗弃的人;总是善于做到物尽其用,所以没有被废弃的物品。这是顺随自然之明。

因此,善人是不善之人的老师,不善之人为善人所用。不尊重老师,不珍惜所用，即使再聪明的人也是大糊涂蛋，这就叫微妙要道。

1.善行无辙迹⁽¹⁾，善言无瑕谪⁽²⁾；善数⁽³⁾不用筹策⁽⁴⁾；善闭⁽⁵⁾无关楗⁽⁶⁾而不可开，善结⁽⁷⁾无绳约⁽⁸⁾而不可解。是以圣人常善救人，故无弃人；常善救物，故无弃物，是谓袭⁽⁹⁾明⁽¹⁰⁾。

（1）辙迹：行走时留下的痕迹。"辙"，车过的痕迹。
（2）瑕谪：过失。"瑕"，瑕疵。"谪"，瑕疵，毛病。
（3）数：计算，计数。
（4）筹策：竹码子，古代用于计算的用具。
（5）闭：关门。
（6）关楗：门闩。横曰关，竖曰楗（范应元《老子道德经古本集注》）。
（7）结：约束，捆绑。
（8）绳约：绳索。"约"，绳子。
（9）袭：因袭，顺随。
（10）明：知晓常道，"知常曰明"（第十六章）。

解说：

这一部分阐述在日常生活中如何做到无为。

"善行无辙迹"。吴澄说，"行者必有辙迹在地……善行者以不行为行，故无辙迹"（吴澄《道德真经注》）。怎么做到"以不行为行"呢？王弼说，"顺自然而行，不造不始，故物得至而无辙迹也"（王弼《道德真经注》）。庄子在《人间世》中说，"绝迹易，无行地难"（不走路容易，走路而不踏地难），因为行走就会踏地，踏地就会有痕迹。对此，庄子的回答是："徇耳目内通而外于心知"（使耳目向内通达而排除智巧）。这就是说，无心顺物而行，而不是以追逐外物之心而行。这样，即使有痕迹，也不存痕迹之心。

如何理解"善言无瑕谪"呢？吴澄说，"言者必有瑕谪……善言者以不言为言，故无瑕谪"（吴澄《道德真经注》）。怎么做到"以不言为言"呢？王弼说，"顺物之性，不别不析，故无瑕谪可得其门也"（王弼《道德真经注》）。这就是说，顺事物本身而言，当言则言，不当言则不言，这样，即使有言也无过失。

如何理解"善数不用筹策"呢？吴澄说，"结系者必用筹策……善计者以不计为计，故无筹策"（吴澄《道德真经注》）。怎么做到"以不计为计"呢？王弼说，"因物之数不假形也"（王弼《道德真经注》）。这就是说，根据事物直接进行计算，计数而无计数之心，无需筹策这个中介。

如何理解"善闭无关楗而不可开"呢？吴澄说，"闭门者必用关楗……善闭者以不闭为闭，故无关楗而其关闭自不可开"（吴澄《道德真经注》）。怎么做到"不以不闭为闭"呢？王弼说，"因物自然，不设不施，故不用关楗绳约而不可开解也"（王弼《道德真经注》）。这就是说，关闭而无关闭之心，以顺物之性、不引起人注意的方式关闭，因而不必用栓锁，别人也打不开。

如何理解"善结无绳约而不可解"呢？吴澄说，"结系者必用绳约……善结者以不结为结，故无绳约而其结自不可解"（吴澄《道德真经注》）。怎么做到"以不结为结"呢？王弼说，"因物自然，不设不施，故不用关楗绳约而不可开解也"（王弼《道德真经注》）。这是说，捆绑而无捆绑之心，顺随事物、用不引起人注意的自然方式捆绑，即使不用绳索，别人也解不开。

这里，行、言、数、闭、结都是生活中的常见行为。得道者以无为之心顺随事物自身而为，因而行而无辙迹、言而无瑕谪、数而不用筹策、闭而无关楗而不可开、结而无绳约而不可解。这些都是无为的具体表现。

得道者以无为的原则对待人和物，就会因人而用、因物而用，不会将自我的好恶加之于人和物，因而不会有被抛弃的人和物。这是顺随常道而具有的大智慧。

2.故善人(1)者，不善人(2)之师；不善人者，善人之资(3)。不贵其师，不爱其资，虽智大迷，是谓要妙(4)。

（1）善人：上文的圣人，即得道的人，不是指通常所谓的善良之人。

（2）不善人：指没有得道的人。

（3）资：用也（河上公《道德真经注》）。

（4）要妙：微妙要道（河上公《道德真经注》）。

解说：

这一部分阐释得道者如何以无为的原则治理国家。

得道者以无为方式对待一切人，没有主观臆断，因人之用而用（"爱其资"）。因此，整个社会呈现出合道的淳朴状态。反之，如果"不贵其师，不爱其资"，以有为方式治国，国家就会处于混乱状态。所以说，以有为之心对待他人，即使再聪明的人也是大糊涂蛋（"虽智大迷"）。

第二十八章

知其雄，守其雌，为天下谿（xī）。为天下谿，常德不离，复归于婴儿。

知其白，守其黑，为天下式。为天下式，常德不忒（tè），复归于无极。

知其荣，守其辱，为天下谷，常德乃足，复归于朴。

朴散则为器，圣人用之则为官长，故大制不割。

译文：

知道雄强，却安于雌柔，就会成为天下所归的溪谷。成为天下所归附的溪谷，常德就不会离身，回复到婴儿状态。

知道明亮，却安于暗昧，就会成为天下的榜样。成为天下的榜样，常德就无差失，从而回复到无分别对立的状态。

知道荣耀，却安于耻辱，就会成为容纳天下的川谷，成为容纳天下的川谷，常德才充足，回复到质朴的状态。

依照未加工木材的特性制成器物，得道的君主运用这个原则设置百官。所以，最高明的制作不进行大的切割。

1. 知其雄[1]，守其雌[2]，为天下谿[3]。为天下谿，常德不离，复归于婴儿。知其白，守其黑，为天下式[4]。为天下式，常德不忒[5]，复归于无极[6]。知其荣，守其辱，为天下谷[7]，常德乃足，复归于朴[8]。

（1）雄：先之属也（王弼《道德真经注》）。

（2）雌：后之属也（王弼《道德真经注》）。

（3）谿：溪的异体字。有的版本为"豁"字。水注川曰谿（《尔雅·释水》）

（4）式：准则，榜样。

（5）忒，差也（王弼《道德真经注》），差错。

（6）无极：事物无对立分别的状态。

（7）谷：山谷。

（8）朴：未加工的木材，指雄雌不分、黑白不分、荣辱不分的无名状态。

解说：

这一部分提出得道者如何以无名之心对待有名之物的处世方式。

第二十一章说，道是"惟恍惟惚"、不可言说之物。但在日常生活中，又必须加以分别、言说。而分别、言说就会有种种分别。分别的结果就会产生雄与雌、白与黑、荣与辱等有名之名（参见第二章）。如果以有名之心对待名，就是有名；如果刻意不承认名，就是有我。

得道者以无名之心对待有名之名，因而对雄与雌、白与黑、荣与辱同等看待，不去追逐众人所喜欢的，而是"处众人之所恶"（第八章），"知其雄守其雌"，"知其白守其黑"，"知其荣守其辱"。所以，得道者如溪流、川谷般为众人所归，如婴儿般无欲、如未加工的木料般质朴。

易顺鼎、高亨等人认为，"守其黑，为天下式。为天下式，常德不忒，复归于无极。知其荣"这几句话是后人窜入的。主要根据有二。一、《庄子·天下篇》引《道德经》的这段话为"知其雄，守其雌，为天下谿。知其白，守其辱，为天下谷"。二、帛书甲中相应的文字为"知其白，守其辱，为天下浴（谷）"，没有"知其荣"句。除了这两个理由外，这段话的意思与其前后两段话不完全相同。前后两段话阐述的是得道者为天下所归，而这段话讲的是得道者成为天下人的榜样（"式"）。为天下所归是雌弱，成为天下人的榜样就不是雌弱，而是雄强了。

达到"知其雄守其雌"、"知其荣守其辱"，就做到了第十章所说的"爱国治民能无知乎"之"无知"。无知之知是指对事物的分别之知，即有名。庄子在《养生主》中说，"吾生也有涯，而知也无涯。以有涯随无涯，殆已；已而为知者，殆而已矣。为善无近名，为恶无近刑。"。这里的知就是分别善、恶之知。

2. 朴散则为器⁽¹⁾，圣人用之⁽²⁾，则为官长⁽³⁾，故大制⁽⁴⁾不割⁽⁵⁾。

（1）为器：（用朴）制造出日用器物。"为"，制作，制造。

（2）用之：用"朴散则为器"的原则。

（3）官长：百姓之长，即君主（卢育三《老子释义》）。

（4）大制：高明的制作。"制"，裁也（《说文解字》），指加工木材。

（5）不割：顺势制作，即适合制作什么就制作什么，而不以主观的标准进行大的切割。

解说：

这一部分根据上文的原则提出君主应以无名之心对待有名之物的方式治理国家。

未加工的木料是朴，隐喻无名之常道。制造器物时要将未加工的木材进行加工，制成日常所用的器物，这就类似于常道变成了非常道。加工木材有两种方式，一是不顾木材的特性，凭主观意志对木材进行加工。二是根据木材的特性，适合做什么器具就制成什么器具。高明的制作属于第二类，顺随木材的形态，不以主观的标准对木材做太多的加工。根据朴散为器的原则，得道的君主就会以无名之心对待有名之物、有名之名，因而能成为合道的百官之长。

君主需要设置百官以管理百姓，属于雄。这是无法避免的。但得道的君主像高明的制作者一样，不干预百官，不干预百姓，"以百姓心为心"（第四十九章），属于雌。以雌的手段实现雄的目标就是第十章"爱民治国能无知乎"的表现。

第二十九章

将欲取天下而为之，吾见其不得已。天下神器，不可为也。为者败之，执者失之。

故物或行或随，或歔（xū）或吹；或强或羸（léi），或挫或隳（huī）。

是以圣人去甚，去奢，去泰。

译文：

想以自己的主观意志治理天下，我看他达不到目的。天下是变化莫测之物，不可有为。有为就会失败，以自己的主观意志行事就会失去天下。

天下人有的喜欢领头，有的习惯随后；有的性子和缓，有的性子急躁；有的性格强悍，有的性格柔弱；有的自爱，有的自毁。

因此，得道者要去掉极端、奢侈、过度的东西。

1. 将欲取⁽¹⁾天下而为⁽²⁾之，吾见其不得已⁽³⁾。天下神器⁽⁴⁾，不可为也，为者败之，执⁽⁵⁾者失之。

（1）取：治也（河上公《道德真经注》，治理（天下）。

（2）为：凭主观意志妄为，即第二十八章"大制不割"之"割"。

（3）不得已：不可得（苏辙《道德真经注》）。"已"，通"矣"。

（4）神器：只能感觉到而不能意识到的变化莫测之物。"神"，无形无方也（王弼《道德真经注》）。

（5）执：把持，以自己的主观意志治理天下。

解说：

这一部分阐述得道者以"割"的作为方式治国所带来的后果。

天下万物自身是神妙的，无形无方，只能感觉到而不能意识到。因此，只有以第二十八章"大制不割"的方式才能治理好天下。否则，以有为的方式、把持的方式治理天下，就会导致失败。

2. 故⁽¹⁾物⁽²⁾或行或随，或歔⁽³⁾或吹⁽⁴⁾。或强或羸⁽⁵⁾，或挫⁽⁶⁾或隳⁽⁷⁾。是以圣人去甚⁽⁸⁾，去奢，去泰⁽⁹⁾。

（1）故：发语词，夫。"故"字作"夫"字用，古书中有这种用法，如《庄子·齐物论》中"故昔者尧问于舜"的"故"字就是发语词"夫"字的意思。

帛书《老子》甲乙本都没有该字。

（2）物：《道德经》中的物可以指物，也可以指人。这里指人更为合理。

（3）歔：温也（河上公《道德真经注》），缓歔而暖（卢育三《老子释义》），即性子缓。

（4）吹：寒也（河上公《道德真经注》），急吹而寒（卢育三《老子释义》），即性子急。

（5）羸：弱，柔弱。

（6）挫：《帛书》为"培"字，与"隳"相对，意为造就。

（7）隳：毁坏。

（8）甚：过分。

（9）泰：过度，过多。

解说：

这一部分阐述不能以"割"的方式治国的原因。

人的本性各异，有的喜欢领头，有的习惯随后；有的性子缓，有的性子急；有的强悍，有的柔弱；有的自爱，有的自毁。因此，君主不能以主观意志宰制天下，而要顺随百姓施政。这就要求君主去掉极端、奢侈、过度之心。

第三十章

以道佐人主者，不以兵强天下。其事好（hào）还。师之所处，荆棘生焉。大军之后，必有凶年。

善有果而已，不敢以取强。果而勿矜，果而勿伐，果而勿骄，果而不得已，果而勿强。

物壮则老，是谓不道，不道早已。

译文：

以道辅佐君主的，不以武力逞强于天下。以武力逞强容易招来武力报复。

军队所到的地方，荆棘丛生。大军交战之后，一定是灾年。

善于以道用兵的达到目的就行，不敢以兵逞强。达到目的却不自大，达到目的却不夸耀，达到目的却不骄傲，达到目的却是出于不得已，达到目的却不逞强。

事物过于强盛就会走向衰败，这叫不合道。不合道就会过早消亡。

1. 以道佐⁽¹⁾人主者，不以兵强天下。其事好还⁽²⁾。师⁽³⁾之所处，荆棘生焉。大军之后，必有凶年。

（1）佐：辅助。

（2）还：还报。

（3）师：军队。

解说：

这一部分提出得道者要谨慎用兵。

用兵是治国的一部分。得道者如果不以第二十八章"大制不割"的原则辅助君主掌控武力，就容易以武力逞强。以武力逞强，容易遭到武力报复：军队所到之处，荆棘丛生；大规模用兵之后，必是荒年。因此，得道者辅助君主时，不能靠用兵逞强于天下。王弼说，"以道佐人主，尚不可以兵强于天下，况人主躬于道者乎"（王弼《道德真经注》）。意为以道辅佐君主的，尚且不能以用兵逞强，何况得道的君主自己呢？

2. 善⁽¹⁾有果⁽²⁾而已，不敢以取强⁽³⁾。果而勿矜⁽⁴⁾，果而勿伐⁽⁵⁾，果而勿骄。果而不得已，果而勿强。

（1）善：指善于用兵。

（2）果：犹济也（王弼《道德真经注》），达到目的。

（3）强：逞强。

（4）矜：自高自大。

（5）伐：夸耀。

解说：

这一部分阐述用兵达到目的后应当采取的态度。

既然用兵有如此大的危害，那么得道者用兵达到目的就行，不要以武力逞强。胜利后，不要自吹自擂、自高自大、骄傲强悍，而应当以不得已、不逞强的心态对待战争的胜利。这才符合得道的君主"大制不割"（第二十八章）的治国原则。

3.物壮则老⁽¹⁾，是谓不道，不道早已⁽²⁾。

（1）物壮则老：草木壮极则枯落，人壮极则衰老也（河上公《道德真经注》）。

（2）已：尽，消亡。

解说：

这一部分运用生活中的事物类比阐述用兵逞强可能带来的危害。

在日常生活中，事物有生有灭，人有生有死。物过于强壮就预示着开始走向衰败，人到了壮年就开始衰老。以此类比，用兵者不可有逞强之心，穷兵黩武，否则就会走向灭亡。所以王弼说："飘风不终朝，骤雨不终日，故暴兴必不道早已也。"

第三十一章

夫佳兵者，不祥之器。物或恶之，故有道者不处。君子居则贵左，用兵则贵右。

兵者不详之器，非君子之器。不得已而用之，恬淡为上，胜而不美。而美之者，是乐杀人。夫乐杀人者，则不可得志于天下矣。

吉事尚左，凶事尚右。偏将军居左，上将军居右。言以丧礼处之。

杀人之众，以悲哀泣（5）之。战胜以丧礼处之。

译文：

兵革是不吉祥的东西，人们厌恶它，所以，有道的人不轻易使用。君子平时以左为贵，用兵时以右为贵。

兵革是不吉利的东西，不是君子所使用的东西。在不得已使用时，最好淡然处之。胜利了也不要洋洋自得，洋洋自得就是喜欢杀人。喜欢杀人的人，就不能在天下取得成功。

吉事以左边为上，凶事以右边为上。偏将军在左边，上将军在右边，这是说以丧礼的仪式对待用兵。

杀敌众多，带着哀痛之心对待，战胜之后要用丧礼的仪式来处置。

夫佳$^{(1)}$兵者，不祥之器，物$^{(2)}$或恶之，故有道者不处。君子居则贵左$^{(3)}$，用兵则贵右。兵者不祥之器，非君子之器，不得已而用之，恬淡为上。胜而不美，而美之者，是乐杀人。夫乐杀人者，则不可得志于天下矣。吉事尚左$^{(4)}$，凶事尚右。偏将军居左，上将军居右，言以丧礼处之。杀人之众$^{(5)}$，以悲哀泣$^{(6)}$之，战胜以丧礼处之。

（1）佳：帛书《老子》甲乙本无此字。

（2）物：人。

（3）贵左：以左为贵。

（4）尚左：以左为上，以左为贵。

（5）杀人之众：指杀众多的敌人，己方死人是被杀。

（6）泣：一说为哭泣。一说为"莅"字的误写（朱谦之《老子校释义》），"莅"是临的意思，帛书为"立"字。第二种解释更合情理。

解说：

本章的文字比较混乱，不过，还是可以看出是从用兵的角度阐述"大制不割"的"爱民治国"思想的。

战争会给百姓造成巨大的伤害。得道者"爱民治国"（第十章），因而以"大制不割"（第二十八章）的原则用兵。在用兵时，以丧礼的仪式对待。即使不得已用兵胜利了，也不会得意忘形。得胜后，即使是死去的敌手，也要以悲痛之心对待，以丧礼仪式安葬。

第三十二章

道常无名,朴虽小,天下莫能臣也。侯王若能守之,万物将自宾。天地相合以降甘露,民莫之令而自均。

始制有名,名亦既有,夫亦将知止。知止可以不殆。

譬道之在天下,犹川谷之于江海。

译文:

道总是无名的,未加工的木材即使很微细,天下也无人能使它臣服。侯王如果能遵守此理,万物将自动归从。天地交合,降下甘露,没有谁下命令,百姓就普遍得到滋润。

未加工的木材制成器物就有名称。已经有了名称,就要知道适度。知道适度,就可以避免危险。

打个比方,道在天下,就像江海相对于川谷。

1. 道常无名(1),朴(2)虽小,天下莫能臣也。侯王若能守之,万物将自宾(3)。天地相合,以降甘露(4),民莫之令(5)而自均(6)。

(1) 无名:即第一章"无名天地之始"之无名。
(2) 朴:未经加工的木材。
(3) 宾:臣服,服从。
(4) 甘露:甘美的雨水。
(5) 莫之令:即莫令之,不需要命令。
(6) 均:均匀,普遍。

解说:

这一部分论述无名的效用。

朴是未加工的木材。未加工的木材就没有分别,没有分别对待则无名(参见第二章)。因此,《道德经》用朴来类比道的无名性质。

所谓使朴臣服，就是对它进行加工。一旦对朴进行加工，朴就不再是朴，而是人工制造的器物了，所以说，没有人能使之臣服。侯王如果能以对待朴的无分别方式治理国家，万物自然归从。就连天地也会交合以降下甘露，没有谁下命令，百姓就普遍得到甘露的滋润。

对"道常无名朴虽小"这句话还有另外一种断句方式，即"道常无名朴，虽小"。这种断句方式也有其道理，第三十七章"吾将镇之以无名之朴"就是佐证。但不管哪种断句方式，含义是一样的。

2. 始制$^{(1)}$有名$^{(2)}$，名亦既$^{(3)}$有，夫亦将知止，知止所以不殆$^{(4)}$。

（1）制：制作，即第二十八章"大制不割"之"制"，指将朴制作成物。

（2）有名：即万物之名，参见第一章"有名万物之母"。

（3）既：已经。

（4）殆：危险。

解说：

这一部分阐述知止（无欲）才能无殆。

朴隐喻无名，一旦制成器物就有了器物之名，就像道产生物就会有名称一样。有了名称，就要"知止"，即以无欲之心对待有名之物，如同第三章所说的那样，"不贵难得之货"。反之，道产生万物后，如果我们对物加以执著，追逐外物，就会产生贪欲。有贪欲就会带来危险。

3. 譬$^{(1)}$道之在天下，犹$^{(2)}$川谷$^{(3)}$之于江海。

（1）譬：打比方。

（2）犹：像。

（3）川谷：河谷。"川"，河流。"谷"，两山之间的水道。

解说：

这一部分以江海类比论证得道者要"为雌"（无欲）。

道产生事物,万物又归于道,就像将江河归于大海。因此,得道者效法道,就要像江海那样处于川谷的下游("为雌")。

第三十三章

知人者智,自知者明。胜人者有力,自胜者强。知足者富。强行者有志。不失其所者久,死而不亡者寿。

译文:
了解别人的是智,了解自己的才是明。战胜别人的是力,战胜自己的才是强。知道满足的就富有,勉力而为的是有志。不失道的根基才能持久,身死而不朽的才是长寿。

1.知人者智,自知者明。胜人者有力,自胜者强。知足者富。强行者有志。

解说:
这一部分阐明得道者如何才能为雌。

怎样才能"为雌"?不是靠了解别人("知人")、战胜别人("胜人")、勉力而为("强行"),而是靠了解自己("自知")、战胜自己("自胜")、知道满足("知足")。认识别人、战胜别人、勉力而为是"为雄"、有欲的表现;认识自己、战胜自己、知道满足是"为雌"、无欲的表现。在认识自己、战胜自己、知道满足的基础上认识别人、战胜别人、努力不懈则是以无欲之心对待有欲之物、以"为雌"之心对待"为雄",是无欲-有欲之玄的表现。

2.不失其所[1]者久。死而不亡者寿[2]。
(1)不失其所:不追逐外物而失道之所。"所",这里指道之所。
(2)死而不亡者寿:意为守道则身虽死但道犹存,所以第五十一章说:"善建者不拔,善抱者不脱,子孙以祭祀不辍。"

解说：

这一部分阐明为雌的功用。

得道者心中不分雌、雄，处于众人所厌恶之地（第八章："处众人之所恶"），以"为雌"之心对待"为雄"，如同第三章的"不贵难得之货"一样。这样，才不会失道之所。不失道则能长久。

得道者不仅不能失道之所，还要将道用于治家、治国之中。所以第五十四章说，"修之于身，其德乃真；修之于家，其德乃余；修之于乡，其德乃长；修之于国，其德乃丰；修之于天下，其德乃普"。修之于国、修之于天下就能让"子孙以祭祀不辍"。因此，得道的君主虽然也有生有死，但其道还在，这才是真正的长寿。

第三十四章

大道氾（fàn）兮，其可左右。万物恃之而生而不辞，功成而不有。衣养万物而不为主。常无欲，可名于小；万物归焉而不为主，可名为大。以其终不自为大，故能成其大。

译文：

大道如水漫溢，无所不在。万物依赖它生长而不推辞，成就一切而不居功。养育万物却不自以为主宰。没有欲望，可以说是小；万物归附于它，却不自以为主宰，可以说是大。正因为它始终不自以为大，才成就它的大。

1. 大道氾[1]兮，其可左右[2]。万物恃[3]之而生而不辞[4]，功成而不名有。衣养[5]万物而不为主。

（1）氾：言道泛滥，无所不适（王弼《道德真经注》）。"氾"，通"泛"。

（2）左右：可左右上下周旋而用，则无所不至也（王弼《道德真经注》），可左可右、可上可下，无处不在。

（3）恃：依赖，依靠。

（4）辞：辞谢（河上公《道德真经注》），推辞。

（5）衣养：养育，与第五十一章的"养之覆之"含义相同。"衣"，初文见于商代甲骨文，其古字形像上衣，本义即上衣，古代下衣叫裳。后为衣服的总称。由衣的作用引申出覆盖、保护的意思。

解说：

这一部分描述道的"雌性"及其表现。

有物之处先有道，万物产生于道，所以说道如水漫溢，无所不在。万物依赖道生长，但道从不推辞，成就一切而不居功，养育万物却不自以为主宰。这是为雌、无欲的表现。

2. 常无欲，可名于小；万物归焉而不为主，可名为大。以其终不自为大，故能成其大。

解说：

这一部分阐述道因雌而雄。

道无所欲求，生长万物却不居功，好像很弱小（雌）。但正是因为其不为主宰，万物才归于它。从这个角度而言，它恰恰是大。因此，"为雌"才能"为雄"，"无欲"才能"为大"。

第三十五章

执大象，天下往。往而不害，安平太。

乐（yuè）与饵，过客止。道之出口，淡乎其无味，视之不足见，听之不足闻，用之不足既。

译文：

（治国）守大道，天下人就会前来归附。归附而不受到伤害，生活就会安宁、平和、舒泰。

音乐与美食，会使过往的客人停下。而道说出口，却淡得没有味道，看又看不见，听又听不到，用它却用不完。

1.执⁽¹⁾大象⁽²⁾，天下往。往而不害⁽³⁾，安平太⁽⁴⁾。

（1）执：守也（河上公《道德真经注》）。

（2）大象：指道，"大象无形。道隐无名，夫唯道善贷且成"（第四十一章）。

（3）往而不害：无形无识，不偏不彰，故万物得往而不害妨也（王弼《道德真经注》），顺随道则不会受到伤害。

（4）太：通"泰"，舒适。

解说：

这一部分描述道之用。

"大象"就是大道，"大象无形。道隐无名，夫唯道善贷且成"（第四十一章）。君主守大道，就不会任意干扰百姓，因而百姓自然前来归附。前来归附而不受到伤害，就会过上太平、舒适的生活。

2.乐⁽¹⁾与饵⁽²⁾，过客止。道之出口，淡乎其无味，视之不足⁽³⁾见，听之不足闻，用之不足既⁽⁴⁾。

（1）乐：音乐。

（2）饵：美食。

（3）足：得也（河上公《道德真经注》）。

（4）既：尽也（河上公《道德真经注》）。

解说：

这一部分以对比的方式阐释大道无用之大用。

音乐可听，美食可吃，能让过路的人停下来享受，但无法让天下前来归往，过上安宁、平和、舒泰的生活。

与音乐和美食相反，道无法让人意识到，"视之不见名曰夷，听之不闻名曰希，搏之不得名曰微"（第十四章说。参见第一章或第十四章的解说），"淡乎其无味，视之不足见"，但只要我们以无为之心与之打交道，道就会"用之不足既"，最终让百姓过上安宁的生活。

第三十六章

将欲歙（xī）之，必固张之；将欲弱之，必固强之；将欲废之，必固兴之；将欲夺之，必固与之，是谓微明。

柔弱胜刚强。鱼不可脱于渊，国之利器，不可以示人。

译文：

想要使之收敛，必先暂且使之张开；想要使之削弱，必先暂且使之强大；想要使之废弃，必先暂且使之兴旺；想要夺取，必先暂且给予。这叫微妙之明。

柔弱胜过刚强。鱼不能离开深渊，国家的利器不能向人展示。

1. 将欲歙（xī）⁽¹⁾之，必固⁽²⁾张之；将欲弱之，必固强之；将欲废之，必固兴之；将欲取之，必固与⁽³⁾之，是谓微明⁽⁴⁾。

（1）歙：收敛，与"张"相对。

（2）固：通"姑"，姑且，暂且。《韩非子·说林上》引《周书》为"将欲取之，必姑与之"。

（3）与：给予，与"取"相对。

（4）微明：其道微，其效明也（河上公《道德真经注》）。"微"，指道能被感觉到但没有被意识到的状态，"搏之不得名曰微"（第十四章）。

解说：

这一部分阐释如何以无为－作为之玄的方式对待敌人。

任何人在日常生活中都要面对有物之物。而有物之物都以对立的方式呈现，如有与无、前与后（参见第二章）。如果遵从这种对立就是有为，如果不遵从这种对立就是有我。有为、有我都不合道。得道者要以无为之心对待作为之事。

得道者在治理国家时，以无为的态度处世，以无言的方法施教，成就功业却不居其功（第二章"处无为之事行不言之教"、"功成而弗居"）。在面对敌人时，得道者则要以无为的方式加以打击。譬如削弱对方最好的方式不是直接打击它（有为），因为直接打击它反而可能会让对方警惕，并在打击中慢慢变得强大。打击敌人的最好方法是自己先示弱（无为），姑且让对方强大。但强弱相生（第二章），有强就会有弱。我方弱则敌方就可能因骄横而失去人心，或放松警惕给人以可乘之机。这时，自己就可以趁机有效地打击对方（作为）。这就是"将欲弱之，必固强之"的含义。"将欲歙之必固张之"、"将欲废之必固兴之"、"将欲夺之必固与之"的含义与之类似。其中，"将欲歙之必固张之"既可以看作是打击敌人的方式，也可以看作是一种日常现象，即我们想要让一物收缩，必先拉伸它。但考虑到后面的"将欲废之必固兴之"等都是对敌人而言的，所以本书采用第一种解释方式。

2. 柔弱胜刚强。鱼不可脱于渊，国之利器⁽¹⁾不可以示⁽²⁾人。

（1）利器：喻国之威武权势之属（薛蕙《老子集解》），用以争胜、争利的武力、威势等工具，可参见第五十七章"民多利器，国家滋昏"中利器的含义。

（2）示：展示，炫耀。

解说：

这一部分阐述如何将这种无为－作为的原则运用在与敌国的交往中。

既然打击敌人的最好方式不是逞强，而是示弱，那么在与敌国打交道时，就不能向敌手炫耀武力、威势，就像鱼不可脱离深渊一样（"鱼不可脱离深渊。国之利器不可以示人"），而应该示弱。示弱才可能战胜敌手（"柔弱胜刚强"）。

古人对"国之利器不可以示"中的利器一词有不同的解释。联系上下文看，明代薛蕙的解释较为合理。上文说，"将欲弱之，必固强之"，逞强只能使自身变弱。因此，即使自身有强大的武力、威势，也不能向对方展示、炫耀。这里的"利器"这个词，和第五十七章"民多利器国家滋昏"中的"利器"一样，都是贬义的，应解释为老子所反对的武力、威势。

第三十七章

道常无为而无不为。侯王若能守之，万物将自化。化而欲作，吾将镇之以无名之朴。无名之朴，夫亦将无欲。不欲以静，天下将自定。

译文：
道总无为但无事不是它所为。侯王如果能守道无为，万物就会自行生长。万物自行生长而有人想妄为时，就以无名之朴（道）使之不妄动。处于无名之朴的状态，就不会起贪欲。不起贪欲就能清静，天下就将自行安定。

1. 道常无为，而无不为。侯王若能守之，万物将自化[1]。
（1）自化：自我化育，自生自长。

解说：
这一部分阐释得道的侯王无为而为就能治理好国家。

道有作为而不妄为，能产生日常万物。因此，只要君王效法大道，不干预万物，万物就能自生自长，所以说，"道常无为而无不为"。

2. 化而欲作[1]，吾将镇[2]之以无名之朴[3]。无名之朴，夫将无欲。不欲以[4]静。天下将自定。
（1）欲作：作欲成也（王弼《道德真经注》），即有为。
（2）镇：安也（范应元《老子道德经古本集注》），使之不妄动。
（3）无名之朴：意为没有分别的无名状态，也就是道的状态。"朴"，没有加工的木材。

（4）以：犹而也（王引之《经传释词》）。

解说：

这一部分阐明侯王如何对待妄为者。

在合道的社会中，人人都淳朴无欲。在这种状态中，如果有人想妄为，得道者以无分别的无名之心对待他，淳朴的百姓也不理会他，使得想妄为者没有市场（第三章："常使民无知无欲，使夫智者不敢为也"）。因此，无分别的无名之心能使人不产生贪欲。没有贪欲，就能清静，天下也就安定了。

二、德篇各章解读

第三十八章

上德不德,是以有德;下德不失德,是以无德。

上德无为而无以为,下德为之而有以为。上仁为之而无以为,上义为之而有以为。上礼为之而莫之应,则攘(rǎng)臂而扔之。

故失道而后德,失德而后仁,失仁而后义,失义而后礼。

夫礼者,忠信之薄而乱之首。

前识者,道之华而愚之始。是以大丈夫处其厚,不居其薄;处其实,不居其华。故去彼取此。

译文:

上德不以德为德,所以是有德之人;下德以德为德,所以没有得道。

上德顺随自然无心而为,下德违逆自然有心而为,上仁以仁处世不图回报,上义以义处世趋利避害。上礼以礼处世,如果得不到回应,就会伸出胳臂强迫人遵守。

因此,丧失道就会出现下德,丧失下德就会出现仁,丧失仁就会出现义,丧失义就会出现礼。

礼,是忠信不足,是祸乱的开始。

因此,先入之见是道的虚饰,是愚蠢的开始。因此,大丈夫处身于厚,而不处身于薄;心存朴实,不趋虚华。所以要舍弃后者,选择前者。

1. 上德⁽¹⁾不德⁽²⁾,是以有德;下德⁽³⁾不失德⁽⁴⁾,是以无德。上德无为而无以为⁽⁵⁾;下德为之而有以为⁽⁶⁾。上仁⁽⁷⁾为之⁽⁸⁾而无以为⁽⁹⁾;上义⁽¹⁰⁾为之而有以为⁽¹¹⁾。上礼为之而莫之应⁽¹²⁾,则攘臂⁽¹³⁾而扔⁽¹⁴⁾之。

故失道而后德⁽¹⁵⁾,失德而后仁,失仁而后义,失义而后礼。夫礼者,忠信之薄⁽¹⁶⁾,而乱之首。

(1) 德:德者,得也(王弼《道德真经注》),通"得"(道)。

(2) 不德:得(道)而不以得为得。

(3) 下德:将道当作某种东西,因而没有得道。

(4) 不失德:执著于德,将德当作某种东西加以执著。

(5) 无以为:作为但没有作为之心,即无心而为。

(6) 有以为:作为且有作为之心。

(7) 上仁:以仁为上。

(8) 为之:为仁,行仁,以仁处世。

(9) 无以为:这里的无以为与"上德无为而无以为"中的无以为略有不同。"上德无为而无以为"中无以为的前提是"上德无为",这里的无以为前提是"上仁为之"。因此,前一个无以为的意思是(无目的)作为且没有作为之心(无功),后一个无以为的意思是对百姓有(有目的,即仁)作为(有功),只不过自身无所图。

(10) 义:如何有效地获得利益、避免灾害,"不曰求以得,有罪以免邪"(第六十二章)。

(11) 有以为:这里的"有以为"与"下德为之而有以为"中的"有以为"略有不同。"下德为之而有以为"中"有以为"的前提是"下德为之",这里的"有以为"前提是"上义为之"。前者只是执著于道,但没有将道当作追求利益的手段,后者则将道当作追逐利益的手段。

（12）莫之应：得不到回应。

（13）攘臂：伸出胳膊。"攘"，揎袂出臂曰攘（《广韵》）。

（14）扔：强牵引也（《广韵》），强迫遵从。

（15）德：此处的德不是指"上德"之德，而是指"下德"之德。

（16）薄：浇薄，与"厚"相对。

解说：

这部分阐述上德、下德、上仁、上义、上礼的特征以及它们之间的关系。

上德之人忘记自己有德，顺随外物，有作为但没有作为之心（"上德不德"、"上德无为而无以为"）。面对由上德之人组成的上德社会，得道的君主会以无我之心加以对待，进行无为而治。

下德之人将德当作某种东西有目的地加以追求（"下德不失德"，"下德为之而有以为"），因而道就变成了非常道（第一章："道，可道，非常道"）。所以说，"失道而后德"，由下德之人组成的下德社会是不合道的社会。

上仁之人以仁的方式处世，以仁为目标，但自己不图回报（"上仁为之而无以为"）。它与下德之人的区别在于，下德之人只是将道变成了"非常道"（第一章："道，可道，非常道"），而上仁之人不仅将道变成了"非常道"，而且对其中的事物产生了偏爱。因此，上仁之人既不合常道，也不合"非常道"，是失道、失德后的产物。所以说，"失德而后仁"。相对于下德社会，由上仁之人组成的上仁社会就等而下之了。

上义之人以义的方式处世，且趋利避害（"上义为之而有以为"）。与上仁之人相比，上义之人不仅对某些事物产生了偏爱（仁），而且加以追逐（第六十二章："不曰求以得，有罪以免邪"）。所以说，"失仁而后义"。相对于上仁社会，由上义之人组成的上义社会又等而下之。

与上义之人相比，上礼之人不仅趋利避害，而且连基本的忠、信都几乎丧失了（"失义而后礼"，"夫礼者，忠信之薄而乱之首"）。因此，与上义社会相比，由上礼之人组成的上礼社会就更加等而下之。在这种社会中，一旦人们不遵守礼的规范，君主就本能地想到暴力，采取强制措施使百姓守礼（"上礼为之而莫之应，则攘臂而扔之"）。

这里的上德、下德、上仁、上义、上礼既指人，也指由人组成的社会。

2. 前识⁽¹⁾者，道之华⁽²⁾，而愚之始。是以大丈夫⁽³⁾处其厚⁽⁴⁾，不居其薄；处其实，不居其华。故去彼取此。

（1）前识：前人而识（王弼《道德真经注》），即先入之见，成见。
（2）华：花，指华而不实的东西。
（3）大丈夫：指得道之人。
（4）处其厚：谓处身于敦朴（河上公《道德真经注》）。

解说：

这一部分阐述不合道的根源。

从上面分析可以看出，下德之人、上仁之人、上义之人、上礼之人之所以不合道，原因在于人们心中有某种主观目的或标准，这种主观目的或标准就是一种先入之见，即"前识"。

人们有了先入之见，就不会顺随事物，而是以有我之我为中心。下德、上仁、上义、上礼都是"前识"的表现形式。这些东西很好看，但实际上华而不实，是愚蠢的开始。

正因为下德、上仁、上义、上礼是"华"，是"薄"，上德是"实"，是"厚"，所以，得道的人不仅自身要处"厚"、"实"，不处"薄"、"华"，而且还要将"薄"、"华"的下德社会、上仁社会、上义社会、上礼社会都引导到"厚"、"实"的上德社会。

第三十九章

昔之得一者：天得一以清，地得一以宁，神得一以灵，谷得一以盈，万物得一以生，侯王得一以为天下贞。

其致之，天无以清将恐裂，地无以宁将恐发，神无以灵将恐歇，谷无以盈

将恐竭，万物无以生将恐灭，侯王无以为贞，将恐蹶（jué）。

故贵以贱为本，高以下为基。是以侯王自称孤、寡、不谷。此非以贱为本邪（yé）？非乎？

故致数舆无舆。是故不欲琭（lù）琭如玉，珞（luò）珞如石。

译文：

古来得一的：天得一则清明，地得一则安宁，神得一则灵妙，河谷得一则充盈，万物得一则生长，侯王得一则天下安定。

推而言之，天不能保持清明，恐怕要崩裂；地不能保持安宁，恐怕要塌陷；神不能保持灵妙，恐怕要消失；河谷不能保持充盈，恐怕要干涸；万物不能保持生长，恐怕要灭绝；侯王不能得一，恐怕要被颠覆。

因此，贵以贱为根本，高以下为基础。所以，侯王自称为"孤"、"寡"、"不谷"。这不是以贱为根本吗？难道不是吗？

所以，最高的赞誉是没有赞誉。因此，不要像玉一般华美，也不要像石块那样粗糙。

1. 昔之得一[1]者：天得一以[2]清，地得一以宁，神得一以灵，谷[3]得一以盈，万物得一以生，侯王得一以为天下贞[4]。

（1）得一：物、我混而不分的状态，即得道状态，与第十章"载营魄抱一能无离乎"之"抱一"和第二十二章"圣人抱一"之"抱一"含义相同。"一"，物我混一状态或物与物无分别（但我与无分别之物之间存在分别）的状态。

（2）以：而，与第三十七章"不欲以静"之"以"字含义相同。

（3）谷：河谷。

（4）贞：正也（范应元《老子道德经古本集注》），帛书甲、乙本均为"正"。"得一"则贞，"得一"则正。

解说：

这一部分列举"得一"的功用以类比论证侯王要"得一"。

第二十二章说过，按照庄子的理解，"一"既可以指无物之物，也可以指无封之物，即物与物无分别但我与无分别之物之间存在分别的状态。"得一"是指无我之我与无物之物混而为一的状态，或无我之我与无封之物混而为一的状态，即无物状态，因而"得一"就是得道。

天本清明（天无以清将恐裂），"得一"就没有与清明相对的不清明。地本安宁（地无以宁将恐发），"得一"就没有与安宁相对的不安宁。神本灵妙（神无以灵将恐歇），"得一"就没有与灵验相对的不灵妙。有水才为河谷（谷无以盈将恐竭），"得一"则河谷不会干涸。万物本来就充满生命力（万物无以生将恐灭），"得一"就不存在破坏万物生命力的因素。由上述例子可以类比得出这样的结论，万物"得一"才成其为物。因此，侯王"得一"（侯王无以正将恐蹶），以百姓为基础（四十九章："以百姓心为心"），才能成为合道的侯王，使国家长治久安。

2. 其致⁽¹⁾之，天无以清将恐裂，地无以宁将恐发⁽²⁾，神无以灵将恐歇⁽³⁾，谷无以盈将恐竭⁽⁴⁾，万物无以生将恐灭，侯王无以正将恐蹶⁽⁵⁾。

（1）致：犹推也，推而言之如下文也（高亨《老子正诂》）。

（2）发："发"为"废"字之省形（刘师培《老子斠补》）。

（3）歇：息。

（4）竭：枯竭。

（5）蹶：跌倒。

解说：

这一部分列举不"得一"的危害以论证侯王不可不"得一"。

如果不能"得一"，清明的上天就不清明，安宁的大地就不安宁，灵妙之神就不灵妙。不清明、不安宁、不灵妙是由与清明、安宁、灵妙不"一"的因素造成的。同样，有水才成其为河谷。河谷不能"得一"，就是存在与河谷不一的因素，因而会干涸；有生命力才使万物成为万物，不能"得一"，就是存在与生命力不一的因素，因而万物就会因不能生长而灭绝。由此可以得出这样的结论：侯王不能"得一"，做不到"以百姓心为心"（四十九章），就会与百姓产生对立，从而难免会被颠覆。

3. **故贵以贱为本，高以下为基。是以侯王自称孤、寡、不谷[1]。此非以贱为本邪？非乎？故致数舆[2]无舆。是故不欲琭琭[3]如玉，珞珞[4]如石。**

（1）不谷：春秋王者多自称为不谷（范应元《老子道德经古本集注》）。

（2）数舆：应为"至誉"，《庄子·至乐》篇为"至乐不乐，至誉无誉"。张松如认为"舆"作"誉"之借字（张松如《老子校读》）。

（3）琭琭：玉貌（杜光庭《道德真经广圣义》），华美的样子。

（4）珞珞：石恶貌（高亨《老子正诂》），丑陋的样子。

解说：

这一部分阐述君主如何才能"得一"。

正因为"得一"是上德的标志，所以得道的君主应以"得一"之心对待贵与贱、高与下，君主高贵却以低贱的"孤"、"寡"、"不谷"之名自称就是例证。因此，在日常生活中，得道者既不能显得像玉那样华美，也不要故意显得像石头那样丑陋，而是以无华丽之心、无丑陋之心对待华丽和丑陋，"不欲琭琭如玉，珞珞如石"。这样才能将"琭琭"与"珞珞"混而为一。

庄子在《庄子·至乐》篇中与"数舆无舆"对应的文字是"至誉无誉"，意为真正的荣誉是没有荣誉（既不追求荣誉，也不刻意回避荣誉）。

第四十章

反者道之动，弱者道之用。天下万物生于有，生于无。

译文：

道的运动以相反相成的方式展开，道的作用以柔弱的方式呈现。天下万物生于有、生于无。

1. 反⁽¹⁾者道之动；弱者道之用。

（1）反：相反，如有与无、高与下等。

解说：

这一部分提出道之动和道之用的性质。

从道自身而言，没有所谓的上与下、左与右之分（第一章："名，可名，非常名"），但道的运动却以上与下、左与右等相反相成的方式呈现，"反者道之动"。

对"反"的理解主要有两种观点。第一种观点认为，这里的"反"与第二十五章的"远曰反"的"反"字含义相同，即万物返回道这个本源。第二种观点认为，这里的"反"是相反形成的意思，如有前就有后、有长就有短（参见第二章）。

第二种观点更为合理，理由有三。一、从文章结构看，第三十九章阐述要"得一"，即对万物不作分别对待。本章阐述"道之动"，即产生相反相成的性质。第四十一章则阐述如何以"得一"之心对待相反相成者，"明道若昧,进道若退"（第四十章一）。这三章之间形成了严密的逻辑链条。二、第二十五章的"远曰反"之"反"通"返"字，意为万物返回道这个本源，但返回道的本源是"道之静"（第十六章："致虚极，守静笃，万物并作，吾以观复"），而不是"道之动"。因此，如果将本章的"反者道之动"改为"返者道之动"，就会产生一个问题：道就是本源，还往哪里返？三、正因为"道之动"会呈现相反相成的性质，所以我们才需要以"弱者道之用"之"弱"，即以"弱"之心对待"不弱"之"反者"，否则就会与以相反相成方式呈现的事物产生冲突。

有人认为，将"反者道之动"理解为相反相成之"反"的含义不合道，因为相反相成者不是道。这其实是误解。相反相成者不是常道（第一章："道，可道，非常道"），但如果以无名之心对待相反相成者，相反相成者就属于广义的道。事实上，能否以无名之心对待相反相成者是检验社会性修行成功与否的标准，参见道篇修道部分的解说。

2.万物生于有,有生于无[(1)]。

(1)有生于无:应为"生于无",郭店简本甲本中相应的文字为"生于无"。

解说:

这一部分阐述"道之动"的有、无表现形式。

如本书在第一章所说,"有生于无"这句话存在问题。首先,这句话与《道德经》中"有"与"无"的含义不符。《道德经》对"有"与"无"的确切表述在第十一章。"有"指实际存在着的东西,如墙的四壁。"无"则与"有"相反,指与"有"不可分割的相对部分,如四壁所围起来的空间,"凿户牖以为室,当其无,有室之用。故有之以为利,无之以为用"(第十一章)。因此,我们可以说"有、无相生"(第二章),而不能说"有生于无",除非加上"无生于有"。其次,"有无相生"、"有之以为利,无之以为用"中的"无"与"有"是并列关系。而如果本章的"有生于无"不加上"无生于有","无"与"有"就是生成与被生成的关系,不是并列关系。最后,郭店简本甲本中相应的文字为"万物生于有生于无",也就是说,万物既"生于有",又"生于无",即万物生于有、无,而不是"生于有、有生于无"。

有人可能会以王弼的"有生于无"加以反驳。但是,王弼所说的"有生于无"之"无"指无形、无名等,"凡有皆始于无,故'未形'、'无名'之时则为万物之始,及其'有形'、'有名'之时,则长之育之,亭之毒之,为其母也"(王弼《道德真经注》第一章注释)。我们将其与《道德经》加以对比可以看出,王弼的"无"与《道德经》中的"无"含义不同。王弼的"无"是《道德经》的无名之名,王弼的"有"则是《道德经》的有名之名。因此,虽然王弼对《道德经》的解读为后世所认可,但他对有与无的理解并不符合《道德经》的本义。将郭店简本甲本与王弼本《道德经》加以对照可以发现,王弼本多了一个"有"字。这不排除王弼本注释中的"有"字是误加的。

如果我们将"万物生于有、有生于无"变为郭店简本甲本中的"万物生于有、生于无",那么这句话不仅与《道德经》的整体思想相协调,而且与三十九章的"得一"、第四十一章的"明道若昧,进道若退"形成了严密的逻辑链条。本章的论述也可以内在一致:"反者道之动"意为"道之动"就会变成("动")"非常道"(第一章),"非常道"以高与低、前与后等"反者"的方式存在,"万物生于有、生于无"中的有、无只是其表现形式之一。可参见第二章。

第四十一章

上士闻道,勤而行之;中士闻道,若存若亡;下士闻道,大笑之。不笑不足以为道。

故建言有之:明道若昧,进道若退,夷道若颣(lèi)。上德若谷,大白若辱,广德若不足,建德若偷,质真若渝。

大方无隅,大器晚成,大音希声,大象无形。道隐无名。

夫唯道,善贷且成。

译文:

上士闻道,努力践行;中士闻道,将信将疑;下士闻道,大加嘲笑。不被嘲笑,道就不足以成为道。

因此,古书上说过:明于道的好像暗昧;进于道的好像在后退;平坦之道好像不平;上德之人,好似低下的深谷;真正纯白的,好像含垢;德行广大的,好像不足;健行于德,好像在偷懒;真正质朴的人,好像总在随物变化。

自然的方形好像没有棱角,随物之性制作的器物总是晚成,自然之声听不到,自然之形看不见,自然之道隐蔽无名。

只有道善于辅助万物且成就万物。

1. 上士⁽¹⁾闻道,勤而行之。中士闻道,若存若亡⁽²⁾。下士闻道,大笑之。不笑不足以为道。

(1)士:先秦原为最低级的贵族,后专指有知识、有技艺的人,这里指对道有领悟力的人。

(2)若存若亡:将信将疑,时修时弃。

解说：

这一部分描述不同的士人对待道的态度。

道是事物自身，没有前与后、左与右的分别（"反者道之动"），与常识相反。因此，上等禀赋的士人一听到道，就明白了道不过是事物自身，因而依道勤奋修行。中等禀赋的士人听了，不能完全领悟道，因而将信将疑，时修时弃。禀赋差的士人不明白道就是事物自身，只看到道与常识相反的性质，因而对道加以嘲笑。正因为被禀赋差的士人嘲笑，才突显道之为道。

2. 故建言$^{(1)}$有之：明道若昧$^{(2)}$，进道若退，夷$^{(3)}$道若纇$^{(4)}$。上德$^{(5)}$若谷$^{(6)}$，大白若辱$^{(7)}$，广德$^{(8)}$若不足，建德若偷$^{(9)}$，质真若渝$^{(10)}$。大$^{(11)}$方无隅$^{(12)}$，大器晚成$^{(13)}$，大音希声$^{(14)}$，大象$^{(15)}$无形$^{(16)}$。道隐无名$^{(17)}$。

（1）建言：立言也，言自古立言之士有此数语（林希逸《老子鬳斋口义》），自古立言之人有这样几句话。"建"，犹立也（王弼《道德真经注》）。

（2）昧：光而不耀（王弼《道德真经注》），有光亮但不耀眼。

（3）夷：平也（河上公《道德真经注》），平坦。

（4）纇：不平，与"夷"相反。

（5）上德：真正得道之人，"上德不德是以有德"（第三十八章）。

（6）谷：深谷（河上公《道德真经注》）。

（7）大白若辱：知其白，守其黑，大白然后乃得（王弼《道德真经注》），知道白的，守住黑的，才能真正知道什么是自然之白。"辱"，黑，与"白"相对，参见第二十八章"知其白，守其黑"的含义。

（8）广德：德行广大之人（河上公《道德真经注》）。

（9）偷：偷惰（苏辙《道德真经注》），偷懒。

（10）渝：变化。

（11）大：合乎自然而没有可与之比拟者，二十五章说，"有物混成，先天地生。寂兮寥兮，独立而不改，周行而不殆，可以为天地母。吾不知其名，字之曰道，强为之名曰大"。

（12）隅：棱角。

(13)大器晚成：顺随物之本性而制作的自然器物，难以急于求成。"大器"，顺随物之自然本性而制作的器物，参见第二十八章"大制不割"的含义。

(14)希声：感觉到而没有意识到、注意到的声音。"希"，"听之不见名曰希"（十四章）。

(15)大象：感觉到而没有意识到、注意到的形状，指道，第三十五章说："执大象，天下往；往而不害，安平太。乐与饵，过客止。道之出口，淡乎其无味，视之不足见，听之不足闻，用之不足既。"

(16)无形：感觉到而没有意识到、注意到的形状。

(17)无名：没有日常名称的无名之名。"名可名，非常名。无名天地之始"（第一章）。

解说：

这一部分阐释得道者面对第四十章的"道之动"如何"勤而行之"以做到第三十九章的"得一"。

道无名，因而本身没有明与暗、进与退等等分别对立。但在日常生活中，又存在这些分别对立。如果以分别的眼光对待这些分别，就是有名；如果刻意不遵从这些分别，就是有我。因此，"上士"以无分别的眼光看待日常的分别。

如何做到以无分别的眼光看待这些分别呢？承认事物的相对分别性，但以无我之心对待，就如同第三章所说的"不贵难得之货"一样，承认"难得之货"，但以"不贵"之心对待。因此，古人说，明道之人不以明为明（类似第三十八章的"上德不德"），即没有明与不明之分，因而看起来好像不明白道似的（"明道若昧"）；进于道的不以进为进，即没有进与不进之分，因而看起来好像在后退（"进道若退"）；（得道之人）面对平地，没有平与不平之心，顺其自然，好像面对不平之地（"夷道若纇"）。上德之人，不以德为德（第三十八章："上德不德"），没有德与不德之分，因而好像低下的深谷，微妙莫测。得道之人以黑白不分之心对待白（对待黑），"知其白，守其黑"（第二十八章），所以说"大白若辱"。德行广大之人没有足与不足之分，因而自足而不自以为足；健行于德的，心中没有健行与不健行之分，顺其自然而为，看起来不那么用功，好像在偷懒（"建德若偷"）；真正质朴的得道之人，不固执一端，顺物而为，因而看起来好像总在变化（"质真若渝"）。

从物的角度看，自然生成的方形棱角不会十分分明（大方无隅）。顺随物之自然本性制作的器物，无法像按照人们的主观意志制作的器物那样一蹴而就，因而晚成。自然的声音无人为因素。而没有得道的人听到的都是主观判断中的声音，所以听不到自然之声。自然的形状处于无物状态（第十四章："其上不皦，其下不昧。绳绳不可名，复归于无物。是谓无状之状，无物之象"）。而没有得道的人看到的都是日常有形之物，看不到物自身之形（参见第十四章"视之不见"、"听之不闻"的解说）。所以说，自然之道隐蔽无名，有名就不是道（参见第一章"名可名"的解说）。

从"明道若昧"到"质真若渝"阐述如何以广义的无我（包括无名、无欲、无为）对待日常之物（明、昧等），即如何做到广义的自我之玄。"大方无隅，大器晚成"显示的是无物视角下的有物之物，即物之玄。广义的自我之玄与物之玄的混而为一就是第一章所谓的"玄之又玄"。参见本章结构部分的详细论述。

3.夫唯道，善贷[1]且成[2]。

（1）贷：物赖以成而不能有，故谓之贷（司马光《道德真经论》），物赖以生成但无法占有，所以说"贷"。

（2）成：就也（河上公《道德真经注》）。

解说：
这一部分总结上士"勤而行之"的功用。

道不可见、不可闻、不可触，是无物之物，但它能生成万物、成就万物，所以说，"夫唯道，善贷且成"。

第四十二章

道生一，一生二，二生三，三生万物。万物负阴而抱阳，冲气以为和。

人之所恶，唯孤、寡、不谷，而王公以为称。故物或损之而益，或益之而损。人之所教，我亦教之。强梁者不得其死，吾将以为教父。

译文：

道产生阴、阳混一之物，阴、阳混一之物产生阴与阳，阴、阳与气则为三，三产生万物。万物都背负阴阳，以气合为一体。

人们所厌恶的是"孤"、"寡"、"不谷"，王公却用之来称呼自己。所以，人有时自我贬损，反而增益；有时增益，反而遭贬损。别人教导人的话，我也用来教导人：强悍的人不得好死。我要把这句话作为施教的根本。

1. 道生一⁽¹⁾，一生二⁽²⁾，二生三⁽³⁾，三生万物。万物负阴而抱阳，冲⁽⁴⁾气以为和⁽⁵⁾。

（1）一："冲气为和"（王夫之《老子衍》），即阴、阳、气不分的混一状态，也就是第十章"载营魄抱一，能无离"之"一"、第二十二章"圣人抱一为天下式"之"一"、第三十九章的"得一"之"一"。

（2）二：阴、阳分别对待则为二。王夫之认为，"既为和矣，遂以有阴阳。冲气与阴阳为二"（王夫之《老子衍》）。这是不对的。我们从第四十章"反者道之动"知道，"道之动"会产生对立的阴与阳。阴与阳对立则为二。只不过，物潜在地具有气。

（3）三：阴、阳、气。

（4）冲气：加上气。"冲"，加入。"气"，本义指云气，这里指一种潜在的物，气聚则成物。

（5）和：（气使）阴、阳和谐为一体。

解说：

这一部分阐述道生万物的过程。

道是物我不分、物物不分的状态。一旦我与混一之物产生分别对待，就产生了物物不分、物我分别的状态。此时的状态就是"一"，所以说，"道生一"。对物物不分的"一"加以分别对待，就产生出阴和阳。于是，阴为一方，阳为一方。一加一就是二，所以说，"一生二"。其中，阴与阳表现为长与短、前与后等形式。这些都是有名之名（参见第二章）。有了阴之名、阳之名，万物就在名中呈现，所以第一章说，"有名，万物之母"。但具体的物除了名之外，还需要构成物之气。有了气，才能真正具有现实的万物。于是，气为一方，阴为一方，阳为一方。三者合而为三。阴、阳、气就能产生天下万物，所以说，"二生三，三生万物。万物负阴而抱阳，冲气以为和"。

这种理解源于庄子。按照庄子的理解，"一"既可以指物我不分、物物不分的状态，也可以指物物不分、物我分别的状态。如果我与"一"之间没有分别对待，那么"一"就是物我不分、物物不分的状态，此时的"一"就是道。如果我与"一"之间存在分别对待，那么"一"就是指物物不分、物我分别的无封状态（封即界限的意思）。这种状态就是本章"道生一"之一。当我们对无封之物加以分别时，就产生了有封之物。有封之物在阴、阳（如长与短、前与后）中呈现。阴、阳就是本章"一生二"的二。阴、阳、气就是本章"二生三"的三。不过，本章的三与庄子的三含义不同。庄子认为，三是由二加一而成的，四是由三加一而成的，由此可以无限推论下去，"天地与我并生，而万物与我为一。既已为一矣，且得有言乎？既已谓之一矣，且得无言乎？一与言为二，二与一为三。自此以往，巧历不能得，而况其凡乎"（《庄子·齐物论》）。

对于老子的这一段话，王弼是这样阐释的，"万物万形，其归一也，何由致一，由于无也。由无乃一，一可谓无，已谓之一，岂得无言乎。有言有一，非二如何，有一有二，遂生乎三，从无之有，数尽乎斯"。很明显，王弼的这种解释也源于庄子（见上一段引用的庄子原文）。只是王弼将物与我为一的无物之物（道）换成了无。在第一章我们说过，王弼的"无"实际上是《道德经》中的道，与《道德经》中的"无"含义不同，与《庄子》中的"无"含义也不同。

抛开王弼与庄子采用的词义不同不论，王弼引用庄子的思想来解释这段话就存在两个问题。一、庄子是在解释数的产生，准确地说，是在解释正自然数的产生，"自此以往，巧历不能得，而况其凡乎"，而不是解释物的产生。庄子认为，解释物的产生问题太简单，不必多说了——我都从无物之物解释出"有"的产生了（有即一、二、三等自然数），从"有"（一、二、三等数字）到"有"（物）还需要多说吗？"故自无适有以至于三，而况自有适有乎。无适焉，因是已。"（《庄子·齐物论》）换句话说，庄子并没有直接阐明无物之物如何产生一般的有物之物。因此，直接用来解释物的产生就产生了问题。其次，如上文所说，庄子的三与本章的三含义不同。庄子的三是由一与二相加而成的，与事物的状态无直接关系。而《道德经》中的"三"不是由一加二计算而成的，而是指物的阴、阳、气三者而言的，"万物负阴而抱阳，冲气以为和"。

2.人之所恶，惟孤、寡、不谷[1]，而王公以为称。故物[2]或损之而益，或益之而损。

（1）不谷：春秋王者多自称为不谷（范应元《老子道德经古本集注》），参见第三十九章的注释。

（2）物：从上下文看，这里指人。

解说：

本部分举例说明万物由阴、阳构成的观点。

王公是高贵的（阳），却以"孤""寡""不谷"（阴）等带贬义色彩的词称呼自己。因此，人有时自我贬损，反而增益；有时增益，反而遭贬损——有阴就有阳，有阳就有阴。

3.人之所教，我亦教之。强梁[1]者不得其死，吾将以为教父。

（1）强梁：不信玄妙，背叛道德，不从经教，尚势任力也（河上公《道德真经注》），强悍。"梁"，焦氏竑曰："木绝水曰梁，负栋曰梁，皆取其力之强。"（魏源《老子本义》）。

解说：

这部分从上文的论述引出第四十章"弱者道之用"的结论。

既然阴、阳不可分，有强就有弱，有弱就有强，那么，一味强或一味弱都存在问题（无为不是一味弱，而是当为则为，不当为则不为）。一味逞强，人们就会以"将欲弱之必固强之"（三十六章）的手段对付，导致其走向死路。因此，得道者要懂得以弱的方式（不等于一味地弱）与事物打交道，才能得"道之用"。

第四十三章

天下之至柔，驰骋天下之至坚。无有入无间，吾是以知无为之有益。

不言之教，无为之益，天下希及之。

译文：

天下最柔弱之物，能驾驭天下最坚硬的东西。无形的力量能进入没有间隙的东西，我因此知道无为的益处。

无言的教化，无为的益处，天下人很少能做得到。

1. 天下之至柔，驰骋(1)天下之至坚。无有(2)入无间(3)，吾是以知无为之有益。

（1）驰骋：纵马疾驰，这里为胜过、驾驭的意思。

（2）无有：这里是无形的意思。

（3）间：间隙，空隙。

解说：

这一部分以日常实例类比阐明柔弱的益处。

第七十八章说，"天下莫柔弱于水，而攻坚强者莫之能胜"。这是"天下之至柔，驰骋天下之至坚"的另一种表达。无形的力量能进入没有间隙的东西，也是柔弱胜刚强的意思。从这两个例子可以看出，无为是有益的，反之，"强梁者"

则往往会"不得其死"（第四十二章）。

2.不言⁽¹⁾之教，无为⁽²⁾之益，天下希⁽³⁾及⁽⁴⁾之。

（1）不言：不妄言，当言则言，不当言则不言，与第二章"行不言之教"中不言的含义相同。

（2）无为：不妄为，当为则为，不当为则不为。

（3）希：通"稀"，很少。

（4）及：达到。

解说：

这一部分阐释如何做到柔弱。

第四十章说，"弱者道之用"。因此，我们只有不妄言、不妄为，顺随道之本性，才能得道之用，"不言之教，无为之益，天下希及之。"

第四十四章

名与身孰亲？身与货孰多？得与亡孰病？
是故，甚爱必大费；多藏必厚亡。
故知足不辱，知止不殆，可以长久。

译文：

名声与生命，哪个亲近？生命与钱财，哪个重要？得到名利与失去生命哪个更厉害？

因此，过分爱名就会造成过度的耗费，过多聚敛就会导致严重的损失。

所以，知道满足就不会受到侮辱，知道适可而止就不会遇到危险，这样才可以保持长久。

1.名⁽¹⁾与身孰⁽²⁾亲？身与货孰多⁽³⁾？得与亡⁽⁴⁾孰病⁽⁵⁾？

（1）名：名声，名誉，属于有名之名中的伦理价值之名。

（2）孰：谁，哪一个。

（3）多：重也《说文解字》。

（4）亡：丧身。

（5）病：厉害，这里指对人造成的冲击。

解说：

这部分阐述我们为什么不能追逐名声和外物。

名声和财物是身外之物，贪求名声、追逐外物可能危害生命。与这些相比，生命更为重要，因而我们不可不顾生命地去追逐外在的名声和财物。

2. 是故⁽¹⁾，甚爱⁽²⁾必大费⁽³⁾；多藏必厚亡⁽⁴⁾。

（1）是故：因此。

（2）甚爱：过分贪爱。"甚爱"与"多藏"分别指上文的"名"与"货"而言的。

（3）大费：付出大代价。

（4）厚亡：遭受大的损失。"亡"，丧失。

解说：

这一部分总结贪恋名声、外物所带来的危害。

人生在世，无法排斥名声，也不能缺少财物，但贪爱名声就会造成过度的耗费，过多储藏就会带来惨重的损失。因此，不可贪名，不可贪财。

3. 故知足不辱，知止不殆⁽¹⁾，可以长久。

（1）殆：危险。

解说：

这一部分阐释我们应该以什么样的态度对待名声和财物。

我们无法离开名声和财物，但追逐名声与财物会带来危害，甚至丧失生命。因此，得道者就以无名之心对待有名之名和有名之物。对待名声，如第二章所说的那样，"功成而弗居"。功成则有名声，但自己不居功。对待财物，如第三章的那样，"不贵难得之货"。"难得之货"是可欲之物，但自己不贵。这样，就做到了"知足"、"知止"。做到"知足"、"知止"，才能做到无言，才能长久处世。

第四十五章

大成若缺，其用不弊。大盈若冲，其用不穷。
大直若屈，大巧若拙，大辩若讷（nè）。
躁胜寒，静胜热，清静为天下正。

译文：

自然而成的东西好像有缺陷，但其作用没有欠缺；自然充盈的好像没倒满，但用起来不会出问题。

最直的人好像不正直，最灵巧的人好像很笨拙，最善于辩论的好像很不善于言辞。

运动可以战胜严寒，安静可以战胜炎热。清静才是天下的正道。

1. 大成(1)若缺，其用不弊(2)。大盈(3)若冲(4)，其用不穷。大直若屈(5)，大巧若拙，大辩若讷(6)。

（1）大成：随物而成，不为一象（王弼《道德真经注》），顺随外物而制作，心中事先没有固定的形象。"大"，无物可比，参见第二十五章"强为之名曰大"之"大"的含义。

（2）弊：坏（《战国策·秦策一》"黑貂之裘弊"。高诱注："弊"，坏也）。

（3）大盈：自然的充盈，不是刻意的充盈。"盈"，充盈。

（4）冲：虚，这里指没有倒满。

（5）屈：弯曲，与"直"相对。"大直若屈"可以指物，也可以指人。联系到下文的"大巧若拙，大辩若讷"，指人更合理。

（6）讷：口无辞（河上公《道德真经注》），与"辩"相对。

解说：

这一部分类比阐明得道者为什么要"知止"。

"大成"之物是指顺随材料自身的特性而制造的器物，不是凭主观意志来制造的器物，"随物而成，不为一象"（王弼《道德真经注》第四十五章）。因此，"大成"的自然之物与主观制作的东西相比，看起来好像有欠缺，但实际上不仅丝毫没有欠缺，而且用起来更称手。往杯子等器物中倒水，最合适的状态是恰到好处，而不是满溢。因此，第九章说，"持而盈之，不如其已"（拿得太满，不如适当减少）。

同样，最正直的人要顺随物之自然，不是一味地直。而物有直有曲，所以合道的"大直"之人好像不正直。大巧之人因物之用而用，不事先主观设定其用途，因而看起来好像很笨拙。大辩之人依物之自然而言，自己无所造作，因而看起来好像不善言辞。

2. 躁[1]胜寒，静[2]胜[3]热。清静[4]为天下正[5]。

（1）躁：动，与"静"相对。

（2）静：不是清净的意思，而是与躁相对的不动。

（3）胜：战胜。

（4）清静：不是不动，而是当动则动、当止步则止的意思，与第十六章"致虚极，守静笃"之静的含义相同。

（5）正：没有寒，也没有热。

解说：

这一部分从上一部分的类比中推论出清静才能"知止"的结论。

得道者不将自己的成见加诸外物，不预定某种目标（即第三十八章的"前识"），而是顺随外物，当行则行，当止则止。既不能一味地动（可以战胜寒冷），也不能一味地静（静可以战胜热），而是以不分寒与热、动与静的无为清静之心处世。这样自然就能知止了。

第四十六章

天下有道，却走马以粪。天下无道，戎马生于郊。

祸莫大于不知足，咎莫大于欲得。故知足之足，常足矣。

译文：

天下有道，牵回战马去种田。天下无道，战马就在战场上出生。

祸患没有大过不知足的，过错没有超过贪得无厌的。所以，懂得知足的满足，就是永远的满足。

1. 天下有道，却(1)走马(2)以粪(3)。天下无道，戎马(4)生于郊(5)。

（1）却：退也（《广雅·释言》），从战场上牵回来。

（2）走马：善跑的马，即快马，指驰骋疆场的战马（卢育三《老子释义》）。

（3）粪：兵中不用，却走马治粪田也（河上公《道德真经注》）。

（4）戎马：军马，战马。

（5）郊：郊者，二国相交之境（吴澄《道德真经注》），指战场（卢育三《老子释义》）。

解说：

这一部分对比君主以道治理天下和不以道治天下的不同结果。

如果君主以道治理天下，就不会任意发动战争，战马就会被用于耕田。如果君主不以道治天下，就会四处征战，战马就会在战场上出生。

2. 祸莫大于不知足；咎(1)莫大于欲得(2)。故知足之足，常足矣。

（1）咎：灾也（《说文解字》）。

（2）欲得：不当得而欲得，指贪求外物。

解说：

这一部分得出君主知足就能避免祸患、过错的结论。

为什么战马一直用于战争？为什么有战乱？因为君主不知足，贪得无厌，"祸莫大于不知足；咎莫大于欲得"。反之，只要君主知足，就不会有战乱，战马就会用于耕田，因而百姓就能安居乐业，生活富足。百姓安定了，生活富足了，国家也就富足了。国家富足了，君主当然就富足了。

第四十七章

不出户，知天下；不窥牖（yǒu），见天道。其出弥远，其知弥少。
是以圣人不行而知，不见而名，不为而成。

译文：

不出大门，就知道天下之道；不看窗外，就能发现天道。走得越远，对道的认识就越少。

因此，得道者不必刻意而行就能知大道，不必刻去看就能明天道，不必刻意作为就能成功。

1. 不出户，知天下；不窥牖(1)，见天道。其出弥(2)远，其知弥少。

（1）窥牖：从窗子向外看。"窥"，从小孔、缝隙或隐蔽处偷看。"牖"，窗户。

（2）弥：益也（范应元《老子道德经古本集注》），更加。

解说：

这一部分提出无为就能见天道的观点。

道是无物之物，只有处在"视之不见"、"听之不闻"、"搏之不得"的状态中才能通达道（参见第十四章）。刻意而为就与道无缘，且越作为，就离道越远。

2.是以⁽¹⁾圣人不行⁽²⁾而知，不见⁽³⁾而名⁽⁴⁾，不为⁽⁵⁾而成。

（1）是以：因此。

（2）不行：不刻意而行，即"不出户"。

（3）不见：不刻意去见，即"不窥牖"。

（4）名：通"明"，明白。从上下文看，"不行而知"即"不出户，知天下"，"不见而名"即"不窥牖，见天道"。"名"意为"见天道"。因此，"不见而名"的名作"明"讲更合适。

（5）不为：不刻意而为，河上公本为"无为"二字。

解说：

这一部分具体阐释如何见天道。

道是无物之物，不出大门、不看窗外就能领悟。相反，走得越远，对道的领悟就越少。因此，得道者不刻意而行就能知天道，不刻意去看就能明大道，不刻意而为就能成功。

第四十八章

为学日益，为道日损。损之又损，以至于无为。无为而无不为。
取天下常以无事，及其有事，不足以取天下。

译文：

求知要一天天增加，求道要将知一天天减少。减少再减少，以达到无为之境。无为才能无事不成。

治理天下常因清静无事，如果妄生事端，就无法治理好天下。

1. 为学$^{(1)}$日益,为道$^{(2)}$日损$^{(3)}$。损之又损,以至于无为$^{(4)}$。无为而无不为。

(1) 为学:学习日常之知,如前与后、前与后等分别之知(参见第二章)。

(2) 为道:修道。

(3) 损:减损。

(4) 无为:不妄为。

解说:

这一部分提出悟道要做到无为。

"为学"是"为"日常分别之学,如前与后、美与丑等等分别。在日常生活中,我们离不开分别之学。但是,分别之学是无限的,如果我们刻意追求日常之学,就会使我们卷入没有尽头的分别之中,弄得自己疲惫不堪。

得道者不刻意追求日常分别之知,也不回避日常的分别,而是以无分别之心对待日常分别之知。因此,首先要将分别之心不断减少,最终达到心无分别,这样才可能做到以无分别之心对待日常的分别之学。心无分别就不会妄为。不妄为,就能顺随事物的自然运行,做到无事不成。

2. 取$^{(1)}$天下常以无事,及$^{(2)}$其有事$^{(3)}$,不足以取天下。

(1) 取:治也(河上公《道德真经注》),治理。

(2) 及:若(卢育三《老子释义》),如果。

(3) 有事:妄生事端。

解说:

这一部分阐释无为才能治理好国家。

既然自身不妄为,顺随万物自身,就能无事不成,那么,君主在治理国家的时候,只有不妄生事端,百姓才能安居乐业,国家才能治理良好。反之,如果君主妄生事端,天下就纷扰不安。

第四十九章

圣人无常心，以百姓心为心。

善者，吾善之；不善者，吾亦善之；德善。信者，吾信之；不信者，吾亦信之；德信。

圣人在天下，歙（xī）歙焉为天下浑其心，百姓皆注其耳目，圣人皆孩之。

译文：

得道的君主没有主观成见，以百姓之心为心。

善人，我善待他；不善之人，我也善待他，就会让百姓向善。守信的人，我信任他；不守信的人，我也信任他，就会让百姓守信。

得道的君主收敛自己的成见，与百姓之心融为一体。老百姓专注于自己的耳目，得道的君主像小孩一样对待他们。

1. 圣人无常心[1]，以百姓心为心。善者，吾善之[2]；不善者，吾亦善之；德善[3]。信者，吾信之；不信者，吾亦信之；德信。

（1）常心：指成见，如主观的善、恶标准，即第三十八章的"前识"。

（2）善之：善待他。

（3）德善：得到（百姓向）善。"德"，通"得"。

解说：

这一部分阐述得道的君主如何对待百姓。

得道的君主无名，心中没有固有的善与不善之分、信与不信之分，而是"以百姓心为心"。因此，无论百姓善与不善，自己都以无分别心之心对待他，以无言的方法任其自化（第二章："行不言之教"），使百姓向善（"向善"之"善"不是善良之善，而是超越善与不善的"上善"。参见第八章"上善若水"）。同样，无论百姓是否守信，自己都以无分别心之心对待他们，以无言的方式任其自化，慢慢地就会使百姓变得守信。

2. 圣人在天下歙歙⁽¹⁾，为天下浑⁽²⁾其心，百姓皆注其耳目，圣人皆孩之⁽⁴⁾。

（1）歙歙：应为"歙歙焉"，王弼注文为"圣人之在天下，歙歙焉心无所立也"。可见王弼本原为"歙歙焉"，而不是"歙歙"。"歙"，缩鼻也（《说文解字》），引申为收敛，不追逐外物。

（2）浑：浑朴，无分别。

（3）百姓皆注其耳目：各用聪明（王弼《道德真经注》），指百姓用耳目分别事物。王弼本没有这一句，但王弼注文为"百姓皆注其耳目焉，吾皆孩之而已"。可见王弼本原有"百姓皆注其耳目"这句话。

（4）孩之：像对待小孩。"之"，语尾助词。

解说：

这一部分阐释君主"无常心"就能做到"不见而名"。

得道的君主收敛其心，不追逐外物，与百姓打成一片。于是，百姓用自己的眼睛所看到的万物，就像得道的君主自己看到一样。因此，君主只需以无物之心加以对待，就能明白天道，"不见而名"（第四十七章）。

第五十章

出生入死。

生之徒，十有三；死之徒，十有三；人之生，动之于死地，亦十有三。夫何故？以其生生之厚。

盖闻善摄生者，陆行不遇兕虎，入军不被甲兵，兕无所投其角，虎无所措其爪，兵无所容其刃。夫何故？以其无死地。

译文：

出世为生，离世为死。

生来就长寿的，占十分之三；生来就命短的，占十分之三；（生来本来可以长寿但）因过度养护生命，妄动而走向死地的，也占十分之三。是什么原因呢？

因为过度养护生命。

听说真正善于养护生命的，在陆地上行走不会遇到犀牛、老虎，在军中打仗不会被武器所伤；犀牛用不上它的角，老虎用不上它的爪，兵器用不上它的刃，什么原因呢？因为他不踏入死亡之地。

1. 出生入死[1]。生[2]之徒[3]，十有三[4]；死[5]之徒，十有三；人之生，动之于死地[6]，亦十有三。夫何故？以其生生之厚[7]。

（1）出生入死：出则生，入则死（吴澄《道德真经注》），出世为生，入地为死（陈鼓应《老子今注今译》）。

（2）生：长寿，天生寿命就长。

（3）徒：类（河上公《道德真经注》）。

（4）十有三：犹云十分有三分（王弼《道德真经注》），十分之三。"有"，又。

（5）死：天生寿命就短。

（6）人之生，动之于死地：人知求生，动作反之十三死地也（河上公《道德真经注》），过度养护生命反而陷入死地的（人）。"之"，往。

（7）生生之厚：过度养护生命。第一个生字是动词，奉养的意思，第二个生字是名词，生命的意思。"厚"，过度。

解说：

这一部分提出人世间生、死、寿、夭的大致情况。

人有生、死、寿、夭。从天生的角度看，大致有十分之三的人生来就潜在的长寿，十分之三的人生来就潜在的短寿。这是由自然决定的，我们对此无能为力。但是，能否将长寿变成现实，还取决于人自身。有十分之三的人生来原本潜在的长寿，却因为过度养护生命，减少了寿命。

这里的十分之三是个大致的说法，不必苛求数字。精确与否并不影响本书的结论。

2.盖⁽¹⁾闻善摄生⁽²⁾者,路行不遇兕⁽³⁾虎,入军不被⁽⁴⁾甲兵;兕无所投其角,虎无所措⁽⁵⁾其爪,兵无所容⁽⁶⁾其刃。夫何故?以其无死地。

（1）盖：发语词。

（2）摄生：养护生命。"摄",养也（河上公《道德真经注》）。

（3）兕：犀牛一类的猛兽。

（4）被：加（河上公《道德真经注》),施加。

（5）措：放置。

（6）容：容受、容纳（卢育三《老子释义》）。

解说：

这一部分提出"不为而成"能使长寿者不短寿的观点。

既然人的潜在寿命由自然决定,而能否做到长寿则取决于人自身是否妄为。妄为则会陷入死地,"人之生,动之于死地,亦十有三"。因此,只有我们自己不妄为,才不会"动之于死地",即不去犀牛、老虎出没之处求利,不到对方兵刃之下求胜。这样,犀牛就用不上它的角,老虎就用不上它的爪,兵器就用不上它的刃。于是,我们就能"不为"而享尽天年。

第五十一章

道生之,德畜之,物形之,势成之。

是以万物莫不尊道而贵德。

道之尊,德之贵,夫莫之命而常自然。

故道生之,德畜之,长之育之,亭之毒之,养之覆之,生而不有,为而不恃,长而不宰：是谓玄德。

译文：

道生成万物,德畜养万物,物在形中呈现,自然态势使万物成长。

因此,万物没有不尊道而贵德的。

道的尊崇，德的尊贵，在于其不加干涉而顺其自然。

所以，道生成万物，德畜养万物，生成万物、作育万物，调和万物、安定万物，养育万物、呵护万物。生养万物而不据为己有，作养万物而不恃己能，成长万物但不主宰，这就叫做合道之德。

1. 道生之⁽¹⁾，德畜之⁽²⁾，物形之⁽³⁾，势成之⁽⁴⁾。是以⁽⁵⁾万物莫不尊道而贵德。

（1）道生之：道是无物之物，生成万物。

（2）德畜之：与得道者无直接关系的无物之物是道，与得道者相关的无物之物是德（参见德篇前言）。德直接生成日常之物。张岱年说，"道"是万物由以生成的究竟所以，而"德"是一物由以生成的究竟所以（张岱年《中国哲学大纲》），可作为参考。

（3）物形之：物在形中呈现，"有名，万物之母"（第一章）。

（4）势成之：物则不能自成，远近相取，刚柔相交。积而为势，而后兴亡之乱之势变成矣（苏辙《道德真经注》），日常某物不能单靠自身，还离不开远近、刚柔之物形成的势。

（5）是以：因此。

解说：

这一部分提出万物尊道贵德的原因。

日常之物产生于无物之物。而最基本的无目的的无物之物是道，在道的基础上形成的、与得道者相关的无物之物是德，属于特殊的道，所以说，"道生之，德畜之"。

道产生万物是这样的过程：无物之物先产生分别对待之名（参见第二章），如前与后、上与下，万物则在名中呈现。如黑色的桌子，黑色和桌子都是名，桌子就在黑之名和桌子之名中呈现（第一章："有名，万物之母"）。形属于名之一，所以说，物在形中呈现——"物形之"。

日常之物处在万物形成的态势之中——"势成之"。

由此可见，形成日常之物的关键在于道与德，因而万物无不尊道贵德。

2.道之尊，德之贵，夫莫之命$^{(1)}$而常自然。故道生之，德畜之；长之育之；亭之毒之$^{(2)}$；养之覆$^{(3)}$之。生而不有$^{(4)}$，为而不恃$^{(5)}$，长而不宰$^{(6)}$。是谓玄$^{(7)}$德。

（1）莫之命：不发号施令。

（2）亭之毒之：安之定之（陈鼓应《老子今注今译》），河上公本为"成之熟之"。

（3）覆：阴庇曰覆（杜光庭《道德真经广圣义》），荫蔽，庇护。

（4）生而不有：生养万物而不据为己有。

（5）为而不恃：作养万物而不恃己能。

（6）长而不宰：成长万物但不主宰。"宰"，宰制，控制。

（7）玄：混而为一、不分明的样子。

解说：

这一部分阐述道、德的作用以及得道者如何处世。

道、德的尊贵在于其不加干涉而顺随自然，生成万物、作育万物，调和万物、安定万物，养育万物、呵护万物，但不居其功，不居其名。

生而不有——生养万物就会有日常之名，但得道者不居其名，而是以无名之心对待有名之名，这是无名-有名混一之玄的体现。参见第二章。

为而不恃——作育万物而不恃己能，即无欲地对待有欲之物，这就是无欲-有欲混一之玄的体现。参见第三章。

长而不宰——成长万物但不主宰万物，即以无为之心对待作为之物，这是无为-作为混一之玄的体现。参见第四章。

第五十二章

天下有始，以为天下母。既得其母，以知其子；既知其子，复守其母，没

身不殆。

塞其兑（duì），闭其门，终身不勤。开其兑，济其事，终身不救。

见小曰明，守柔曰强。用其光，复归其明，无遗身殃；是为袭常。

译文：

天地万物有本始，（本始）是天下万物的本原。明白了万物的本原，就能知道万物；知道了万物，又守住万物的本原，终身都不会有危险。

管住嘴巴不妄言，关闭欲望之门，终身都不会劳苦。放任嘴巴妄言，满足自身欲望，终身都不得消停。

能领悟无物之物的叫做明，能持守柔弱的叫做强。运用领悟到的道之光，恢复自身之明，不给自身留下祸患，这就叫做安于常道。

1. 天下有始(1)，以为(2)天下母(3)。既得其母，以知其子(4)；既知其子，复守其母，没身(5)不殆(6)。

（1）始：本始，指常道，"无名，天地之始"（第一章）。

（2）以为：作为。

（3）天下母：指道，第二十五章说，"周行而不殆，可以为天下母。吾不知其名，字之曰道"。

（4）子：万物，日常之物。

（5）没身：终身。

（6）殆：危险。

解说：

这一部分提出道与万物之间的关系。

道是无物之物，万物由其产生。所以说，道是万物之始，是万物之母，万物则是道之子。

无物之物变为日常之物的具体过程是这样的：无物之物产生前与后、左与右等等分别对待之名，万物则在有名之名中呈现（第一章："无名，天地之始；

有名,万物之母")。有名之名产生万物。但有名之名又产生于道,所以,归根到底,万物还是由道产生的。也可以说,道是天下万物之母,"天下有始,以为天下母"。

与这个过程相反,日常万物又不断地变为第十四章所提到的"视之不见"、"听之不闻"、"搏之不得"的无物之物,向常道回归(第二十五章说:"远曰返")。道与万物是相互转化的。

得道者以无物之心看待万物(参见第三章"不贵难得之货"的解说),就能领悟日常万物与无物之物的常道之间的相互转换关系("既得其母,以知其子;既知其子,复守其母")。知道了日常之物和无物之物的关系,就会知道万物都是相对的,因而不会贪求外物,而是以"知其雄守其雌"(第二十八章)的方式对待日常之物。不贪求外物,就能终身没有危险("没身不殆")。

2. 塞其兑⁽¹⁾,闭其门⁽²⁾,终身不勤⁽³⁾。开其兑,济⁽⁴⁾其事,终身不救。

(1)兑:《易·说卦》,"兑为口",引申为有孔窍者皆可云"兑"(奚侗《老子集解》),口(《说文解字》),《易经》中的兑字也可以作口或言说讲。

(2)门:欲望之门。

(3)勤:劳(杜光庭《道德真经广圣义》),辛劳。

(4)济:成(卢育三《老子释义》)。

解说:

这一部分阐述上德与下德的不同处世方式。

得道的上德之人口不妄言,以无名之心对待有名之名(参见第二章"行不言之教"的含义);关闭贪欲之门,以无欲之心对待可欲之物(参见第三章"不贵难得之货"的含义)。这样他们就能以无为之心对待作为之事,因而终身都不会劳苦。可参见第一章关于广义自我三个环节的解说。

与上德之人相反,自以为得道的下德之人(第三十八章:"下德不失德,是以无德")当言不言,不当言却妄言,以有名之心对待有名之名。大开贪欲之门,以有欲之心对待可欲之物,追逐外物满足自身贪欲,这样就会以有为之心对待作为之事。以有为之心对待作为之事,终身都不消停。

3.见小⁽¹⁾曰明,守柔曰强。用其光⁽²⁾,复归其明,无遗⁽³⁾身殃;是为习常⁽⁴⁾。

(1)小:指道。"大"指代道(第二十五章:"吾不知其名,字之曰道,强为之名曰大"),因而"小"也指代道,不是与大相对的小。

(2)光:道之光。

(3)遗:遗留。

(4)习常:习修常道(河上公《道德真经注》)。

解说:

这一部分指出如何才能从下德回归上德。

《道德经》中的小与大一样,都是指道(第二十五章:"吾不知其名,字之曰道,强为之名曰大")。"见小"即是见道,见道才能领悟物之本原,"用其光,复归其明"。但是,只有"守柔"才能得道之用(四十章:"弱者道之用"),恢复自身之明。恢复了自身之明,就能安于常道,不与物发生冲突,就能从"终身不救"的下德社会回归到"无遗身殃"的上德社会。

第五十三章

使我介然有知,行于大道,唯施是畏。

大道甚夷,而人好径。朝甚除,田甚芜,仓甚虚。服文彩,带利剑,厌饮食,财货有余,是谓盗夸。非道也哉!

译文:

假如我确实领悟了大道,依大道而行,就会唯恐胡作非为。

大道很平坦,但人们喜欢走邪道。宫室很干净,田地很荒芜,仓库很空虚。穿得很华丽,佩着锋利的宝剑,饱食美味佳肴,钱财花不完,这是大盗,不合大道!

1. 使⁽¹⁾我介然⁽²⁾有知，行于大道，唯施是畏⁽³⁾。

（1）使：假使。

（2）介然：确定的样子。"《荀子·修身篇》：'善在身，介然必以自好也。'杨注：'介然，坚固貌'。"（劳健《老子古本考》）

（3）唯施是畏：恐怕妄为。唯，独也。独畏有所施为，恐失道意（河上公《道德真经注》），唯恐有所妄为，从而失去道的真谛。

解说：

这一部分从无为 – 作为的角度阐述得道君主的治国方式。

如果真正领悟了大道，就会真正依道治理国家，不会胡作非为。这里的"介然有知"意为确实明白道的意思，而不像下一部分所描述的下德君主那样，对道的领悟似是而非。

2. 大道甚夷⁽¹⁾，而人好径⁽²⁾。朝⁽³⁾甚除⁽⁴⁾，田甚芜⁽⁵⁾，仓甚虚；服文采⁽⁶⁾，带利剑，厌⁽⁷⁾饮食，财货有馀；是为盗夸⁽⁸⁾。非道也哉！

（1）夷：平易也（河上公《道德真经注》），平坦。

（2）径：邪不正平也（河上公《道德真经注》），邪而不平。

（3）朝：宫室也（王弼《道德真经注》），宫殿。

（4）除：洁好也（王弼《道德真经注》），干净整洁。

（5）芜：荒芜。

（6）文采：华丽的服饰。青赤为文，色丝为采（焦竑《老子翼》）。

（7）厌：饱。

（8）夸：大也《广雅·释诂》。

解说：

这一部分描述在下德社会中貌似得道的君主所采取的治国方式。

大道是无物之物，但下德君主对道的领悟似是而非，将道当作某种东西加以获取（第三十八章："下德不失德"、"下德为之而有以为"）。于是，道就变成了日常之物这种"非常道"(第一章:"道,可道,非常道")。在这种君主的治理下,百姓的田地荒芜,仓库空虚,但朝廷非常整洁,君主财富有余,骄奢淫欲。因此,《道德经》认为这是大盗,不合大道。

第五十四章

善建者不拔,善抱者不脱,子孙以祭祀不辍(chuò)。

修之于身,其德乃真;修之于家,其德乃馀;修之于乡,其德乃长;修之于国,其德乃丰;修之于天下,其德乃普。

故以身观身,以家观家,以乡观乡,以国观国,以天下观天下。

吾何以知天下然哉?以此。

译文:

善于建立的不会拔除,善于抱持的不会脱落,子孙因此永远祭祀而不会断绝。

修道于身,其德就会真实;修道于家,其德就会有余;修道于乡,其德就会长久;修道于国,其德就会丰沛;修道于天下,其德就能普及。

所以,从我自身观察他人,从我的家观察别的家,从我的乡观察别的乡,从我的国观察别的国,从我的天下观察别的天下。

我怎么知道天下的状况呢?就是用这种方法。

1. 善建(1)者不拔,善抱者不脱,子孙以祭祀不辍(2)。

(1)建:立也(河上公《道德真经注》),建立。

(2)辍:停止。

解说:

这一部分以建立和抱持为例阐述无为及其效用。

在日常生活中,有建就有拔,有抱就有脱(参加第二章)。但如果我们心中没有建与拔、抱与脱的区分,顺随自然而建,顺随自然而抱,就无所谓拔,也无所谓脱。如果得道者将这种无分别的、顺随自然的处世方式传给子孙。子孙依此道而行，就会永远立于不败之地。得道者自己也会永远享受祭祀而不会断绝。

2.修之于身⁽¹⁾，其德乃⁽²⁾真；修之于家，其德乃馀⁽³⁾；修之于乡，其德乃长；修之于国，其德乃丰⁽⁴⁾；修之于天下，其德乃普⁽⁵⁾。

（1）修之于身：以这种无为的方法治身。"修"，治。"之"，指"善建者"、"善抱者"顺随自然的合道方式。

（2）乃：才。

（3）馀：通"余"。

（4）丰：丰厚，丰沛。

（5）普：普及，普遍。

解说：

这一部分阐述将上述无为的处世方式推及身、家、乡、国、天下所带来的效用。

如果得道者将"善建者"、"善抱者"这种顺随自然的行为方式去修身、治家、治乡、治国、治天下，那么德就会真实、有余、长久、丰沛、普遍。

3.故以身观⁽¹⁾身，以家观家，以乡观乡，以国观国，以天下观天下。吾何以知天下然哉？以此。

（1）观：观照，比较。

解说：

这一部分阐释如何辨别上德的行为。

从上一部分可以推知，君侯如果能以"善建者"、"善抱者"这种顺随自然的方式去修身、治家、治乡、治国、治天下，就是上德。因此，从我自身观察他人，从我的家观察别的家，从我的乡观察别的乡，从我的国观察别的国，从我的天下观察别的天下，就知道其他的个人、家庭、乡、国、天下是不是合道。这样就会避免将下德当成上德。

第五十五章

含德之厚，比于赤子。蜂虿（chài）虺（huī）蛇不螫（zhē），猛兽不据，攫（jué）鸟不搏。骨弱筋柔而握固。未知牝（pìn）牡之合而全作，精之至也。终日号而不嗄（shà），和之至也。知和曰常，知常曰明，益生曰祥，心使气曰强。物壮则老，谓之不道，不道早已。

译文：

含德深厚的人，好像初生的婴儿。毒虫、毒蛇不叮咬他，凶鸟不抓取他，猛兽不捕捉他。骨软筋柔但拳头握得牢固。不懂得两性交合但生殖器自行勃起，这是精气充沛到极点的缘故。整天号哭但喉咙不会嘶哑，这是心气平和到极点的缘故。

知道柔和的叫做常，知道常的叫做明。纵欲贪生的叫不祥，心支配气叫逞强。物过度强壮就要走向衰亡，这叫做不合道，不合道就会过早消亡。

1. 含德之厚，比于赤子。蜂虿[1]虺[2]蛇不螫[3]，猛兽不据[4]，攫鸟[5]不搏[6]。骨弱筋柔而握固。未知牝牡之合[7]而全作[8]，精之至也。终日号[9]而不嗄[10]，和之至也。

（1）虿：蝎属，长尾为虿，短尾为蝎。

（2）虺：毒蛇，土色而无文。

（3）螫：与"蜇"同义，叮刺。

（4）据：兽类用爪抓物。

（5）攫鸟：凶猛的鸟。"攫"，鸟类用爪取物。

（6）搏：捕捉。

（7）牝牡之合：男女性交。

（8）作：起，勃起。

（9）号：有声无泪地哭喊。

（10）嗄：嘶哑。

解说：

这一部分提出得道者要如婴儿一样无贪欲。

刚刚出生的婴儿没有贪欲，不涉危险境地，因而毒虫、毒蛇、凶鸟、猛兽就没有机会伤害他。拳头握得牢固但骨软筋柔，生殖器自行勃起但没有男女的欲望，整天号哭但喉咙不嘶哑。这些都是婴儿精气充足但心无贪欲的缘故。

这里对婴儿的描述未必合乎事实，但并不影响其结论。

2. 知和⁽¹⁾曰常⁽²⁾，知常曰明。益生⁽³⁾曰详⁽⁴⁾。心使气⁽⁵⁾曰强。物壮则老，谓之不道，不道早已⁽⁶⁾。

（1）和：柔和。

（2）常：即第一章"非常道"之"常"的含义。

（3）益生：过度养生。

（4）详：恶事，灾祸。

（5）心使气：欲望支配着气。与第十章"专气致柔"的含义相反。

（6）已：停止，指死亡。

解说：

这一部分对比无欲和贪欲所带来的不同结果。

如果像婴儿那样心无贪欲地保持心气柔和，自然就能明白常道。明白常道就能明白物之本性。明白物之本性就能真正养生。反之，不明白生命的本性，只知道纵欲享乐，就会伤害生命；不明白生命的本性，就会以贪欲支配气，就会处处逞强。物过度强壮就要走向衰亡，这叫做不合道，不合道就会过早死亡。

第五十六章

知者不言,言者不知。

塞其兑,闭其门,挫其锐,解其纷,和其光,同其尘,是谓玄同。故不可得而亲,不可得而疏;不可得而利,不可得而害;不可得而贵,不可得而贱。故为天下贵。

译文:

明道的不妄言,妄言的人不明道。

管住嘴巴不妄言,关闭欲望之门,消除自身的锐气,解除内心纷扰。合于世俗,同于尘世。这叫做同于道的境界。所以对得道者无法亲近,无法疏远;无法加之以利,无法施之以害;无法使之高贵,无法使之卑贱。因此,得道者为天下所看重。

1. 知者[1]不言[2],言者不知。

(1)知者:领悟道、明白道的人。

(2)不言:不妄言。

解说:

这一部分提出得道者不妄言。

日常之言无法言说道(第一章:"道,可道,非常道"),因而得道的人顺随事物自身,或不言说,或以无名之心言说,当说则说,不当说则不说。反之,未得道的人以有名之心言说,当说不说,不当说却乱说。

2. 塞其兑[1],闭其门[2],挫其锐[3],解其纷[4],和其光[5],同其尘[6],是谓玄同[7]。

(1)兑:《易·说卦》,"兑为口",引申为有孔窍者皆可云"兑"(奚侗《老子集解》),口(《说文解字》),意为说。参见第五十二章的注释。

（2）门：欲望之门。

（3）挫其锐：折其锋芒，保持柔和。

（4）解其纷：解除心中的纷扰。

（5）和其光：虽有独见之明，当和之使暗昧，不使擢乱（河上公《道德真经注》），即使自己有高见，也要表现得与他人一样。

（6）同其尘：不当自别殊也（河上公《道德真经注》），不使自己显得与众不同。"垢"，尘世，人世间。

（7）玄同：与物混而为一。

解说：

这一部分阐述得道者如何做到与尘世混而为一。

得道者如何做到与尘世混而为一？管住自己的嘴巴不妄言，去掉内心的欲望，去除锋芒，让心安静（"挫其锐，解其纷"）。使自我与物融为一体（"和其光，同其尘"），做到第一章所说的"玄之又玄"。

3.故不可得⁽¹⁾而亲，不可得而疏；不可得而利，不可得而害；不可得而贵，不可得而贱。故为天下贵。

（1）不可得：不可以，做不到。

解说：

这一部分阐释和光同尘的功用。

得道者做到了和光同尘，他人就无法亲近他、无法疏远他；无法加之以利，也无法施之以害；无法使之高贵，无法使之卑贱。达到这种"玄同"的境界，就是为天下所看重的上德之人。

第五十七章

以正治国，以奇用兵，以无事取天下。吾何以知其然哉？以此：

天下多忌讳，而民弥贫；民多利器，国家滋昏；人多伎巧，奇物滋起；法令滋彰，盗贼多有。

故圣人云：我无为而民自化，我好静而民自正，我无事而民自富，我无欲而民自朴。

译文：

以正道治国，以诡道用兵，以不生事端的方式治理天下。我怎么知道是这样的呢？根据这些事实。

天下的禁忌越多，百姓越贫穷；百姓的利器越多，国家越混乱；人们的机巧越多，邪恶的事情越层出不穷；法令越森严，盗贼越多。

所以得道的人说：我无为，百姓就自行归于道；我好静，百姓自己就走上正道；我不妄生事端，百姓就会自然富足；我没有贪欲，百姓就自然质朴。

1. 以正⁽¹⁾治国，以奇⁽²⁾用兵，以无事⁽³⁾取⁽⁴⁾天下。

（1）正：正大光明，与"奇"相对。

（2）奇：诈也（河上公《道德真经注》），阴谋诡计。

（3）无事：既不是正也不是奇，超越奇、正的无为方式。

（4）取：治。

解说：

这一部分提出不要"以正治国"而要以无事治国。

正与奇相对，有正就有奇，有奇就有正（参见第二章），有以正治国就会有以奇治国。所以王弼说："以正治国则奇正起也，以无事则能取天下也"（王弼《道德真经注》）。

所谓"以正治国"就是以法治国，"法令滋彰，盗贼多有"。但是，法只是形式，而不是内容。从第五十八章看，法的内容是善，其目的是为了追求百姓的幸福，"其政闷闷，其民淳淳；其政察察，其民缺缺。祸兮福之所倚，福兮祸之所伏。孰知其极？其无正？正复为奇，善复为妖"。

从"以正治国"的内容看，善与第三十八章"上仁为之而无以为"的仁一样，都是对某物的偏爱。从"以正治国"的形式看，法对人一视同仁，不求自己的回报，就是"上仁为之而无以为"中的"无以为"（王弼《道德真经注》："无以为者，无所偏为也"）。因此，"以正治国"的社会实际就是"上仁为之而无以为"的上仁社会。

所谓以奇治国就是以智巧治国（以奇治国的奇与以奇用兵的奇不完全一样。以奇治国针对的是百姓，以奇用兵针对的是敌人。所以，以奇治国的奇是智巧的意思，以奇用兵的奇是诡计的意思）。与以正治国一样，以奇治国想追求善，就会带来恶；想追求福，就会带来祸，"祸兮福之所倚，福兮祸之所伏"，"正复为奇，善复为妖"。因此，以奇治国也不会有好的结果，"天下多忌讳，而民弥贫；民多利器，国家滋昏；人多伎巧，奇物滋起"。

与"以正治国"相提并论的是"以奇用兵"，但本章和对"上仁"社会的阐述都没有涉及以奇用兵的问题。因此，"以奇用兵"并不是这一部分要阐述的内容，只是为了满足写作对仗的需要。

即使不考虑"以奇用兵"问题，从"以正治国，以奇用兵，以无事取天下"这句话中也看不出老子是在批判"以正治国"，主张"以无事取天下"。但在接下来的部分列举了以正治国、以奇治国的弊病，主张以无事治天下。因此，上下文的衔接存在问题。卢育三认为，"以正治国，以奇用兵"是引用当时的名言，不是老子的主张（卢育三《老子释义》），可以作为一说。

2.吾何以知其然哉？以此：天下多忌讳[1]，而民弥[2]贫；人多利器[3]，国家滋[4]昏[5]；人多伎[6]巧，奇物[7]滋起；法令滋彰[8]，盗贼多有。

（1）忌讳：禁忌。"忌"，禁。"讳"，避。

（2）弥：更加。

（3）利器：用以争胜、争利的工具。

（4）滋：更加。

（5）昏：混乱。

（6）伎巧：机巧。"伎"，通"技"。河上公本为"技"字。

（7）奇物：新奇之物，即老子眼中的邪物（卢育三《老子释义》）。

（8）彰：彰显，严明。

解说：

这一部分阐述以正治国和以奇治国所造成的问题。

天下多忌讳，而民弥贫；民多利器，国家滋昏；人多伎巧，奇物滋起——以奇的方式治国所带来的后果。

怪令滋彰，盗贼多有——以正的方式治国所带来的后果。

3.故圣人云：我无为而民自化(1)，我好静而民自正，我无事而民自富，我无欲而民自朴(2)。

（1）自化：人化无为，自归于理（杜光庭《道德真经广圣义》），人变得无为，自觉合于道。

（2）朴：质朴。

解说：

这一部分引用得道者的话阐述要以无事治国。

得道的人说，君主无为、好静、不妄生事端、无贪欲，百姓就会自己变化、自上轨道、自然富足、真正淳朴，国家自然走上正道。因此，以无为的方式而不是以正的方式治国才能治理好国家。

第五十八章

其政闷闷，其民淳淳；其政察察，其民缺缺。

祸兮福之所倚，福兮祸之所伏。孰知其极？其无正。正复为奇，善复为妖。人之迷，其日固久。

是以圣人方而不割，廉而不刿（guì），直而不肆，光而不耀。

译文：

为政宽厚，百姓就淳朴；为政苛察，百姓就狡狯。

祸啊，是福的依傍地；福啊，是祸的潜藏处。谁知道其中的究竟？没有所谓确定的正。正又可能转变为奇，善又可能转变为恶。人们的迷惑，已经很久了！

因此，得道者方正而不割人，锐利而不伤人，直率而不放肆，光亮而不刺眼。

1. 其政闷闷[1]，其民淳淳[2]；其政察察[3]，其民缺缺[4]。祸兮福之所倚[5]，福兮祸之所伏[6]。孰知其极[7]？其无正[8]。正复为奇，善复为妖[9]。

（1）闷闷：质朴淳厚的样子，暗昧的样子，与"察察"相对。

（2）淳淳：淳朴自然的样子。

（3）察察：苛察的样子，与"闷闷"相对。

（4）缺缺：狡狯的样子，与"淳淳"相对。

（5）倚：依也（《说文解字》），依傍。

（6）伏：藏匿，潜藏。

（7）极：究竟，极致。

（8）无正：没有所谓确定的正。

（9）妖：恶，与善相对。

解说：

这一部分阐释第五十七章的"我无为而民自化"。

以苛察的日常手段来达到"正"的目标，百姓就会变得狡狯，即得到奇的结果，"其政察察，其民缺缺"。求福却得祸，求善却得恶。日常事物总是以这种相反相成的方式呈现（参见第二章），其中的原因没有人能知道（知道了就不是道，而是有物之物了）。所以文中说，没有所谓确定的正（"其无正"）。只有以无正无奇的无为方式治理国家，才能逃脱相反相成出现的善恶，百姓才会变得淳朴（"其政闷闷，其民淳淳"），从而回归上德社会。

第五十七章在阐述"以正治国"时，没有阐述正的内容。本章"祸兮福之所倚，福兮祸之所伏……正复为奇，善复为妖"的善就是"以正治国"的内容。福则是"以正治国"的追求目标。

2.人之迷,其日固久。是以$^{(1)}$圣人方而不割$^{(2)}$,廉而不刿$^{(3)}$,直而不肆$^{(4)}$,光而不耀。

（1）是以：因此。

（2）方而不割：方正但不伤害别人。"割"，割截（河上公《道德真经注》）。"方"，由正也（杜光庭《道德真经广圣义》）。

（3）廉而不刿：锐利但不伤人。"廉"，棱也（《广雅·释言》），"刿"，伤也（王弼《道德真经注》）。

（4）直而不肆：正直而不攻讦他人。"肆"，伸也（《广雅·释诂》），冲撞。

解说：

这一部分阐释得道者"以无事取天下"的原因以及具体方式。

因为人们已经沉迷于外物很久了，所以，得道者既要使百姓从沉迷中醒悟，又要采取无为的手段（第三十八章："上仁为之而无以为"）。具体而言，得道者心中既要知道"方"、"廉"、"直"、"光"等手段，又要有"不割"、"不刿"、"不肆"、"不耀"的无为之心，如同第二十八章所说的"知其雄，守其雌……知其荣，守其辱"一样，才可能润物无声地引导百姓自然回归淳朴状态。

第五十九章

治人事天，莫若啬（sè）。

夫唯啬，是谓早服。早服谓之重积德，重积德则无不克，无不克则莫知其极，莫知其极，可以有国。有国之母，可以长久。是谓深根固柢（dǐ），长生久视之道。

译文：

治理国家，顺随天道，没有比爱惜精神更好的了。

爱惜精神，就会早顺道。早顺道就多积德；多积德，就没有什么不能克服；无事不能克服，就无法估计其力量；无法估计其力量，就可以担负保有国家的任务。掌握了保有国家之道，才可以长久维持。这就叫做根深柢固、长久生存的根本。

1. 治人[1]事天[2]，莫若啬[3]。

（1）治人：治理百姓。

（2）天：自然也（王弼《道德真经注》）。

（3）啬：爱惜精神。啬原本为珍惜、节省的意思，本章是阐发第五十七章"我好静而民自正"含义的，不追逐外物才能静，因而啬为爱惜精神的意思。

解说：

这一部分提出爱惜精神是治理国家、顺应自然的最好方法。

爱惜精神则不追逐外物。不追逐外物、爱惜精神才能顺随万物、"以百姓心为心"（第四十九章），使国家安宁（第三十九章："侯王得一以为天下正"）。所以说，爱惜精神是治理国家、顺应自然的最好方法。

2. 夫为啬，是谓早服[1]；早服谓之重[2]积德；重积德则无不克[3]；无不克则莫知其极[4]；莫知其极，可以有国[5]；有国之母[6]，可以长久；是谓深根固柢[7]，长生久视[8]之道。

（1）服：事也。谓去人欲，以事天道（范应元《老子道德经古本集注》），去人欲以顺随天道。

（2）重：厚也（《说文解字》），多。

（3）克：胜。

（4）极：极致。

（5）有国：保有国家。

（6）母：根本。

（7）柢：向下扎的根。

（8）视：活（卢育三《老子释义》）。

解说：

这一部分阐释为什么爱惜精神是治理国家、顺应自然的最好方法。

爱惜精神就能顺随外物、顺随天道，从而多多积德。顺道积德就能借助自然之力，做到"无为而无不为"（第四十八章）。"无为而无不为"就没有什么事情不能克服。无事不能克服，就无法估计其力量；无法估计其力量，所以能担负保有国家的重任。因此，爱惜精神的人才能使国家长治久安。

第六十章

治大国若烹小鲜。

以道莅（lì）天下，其鬼不神；非其鬼不神，其神不伤人；非其神不伤人，圣人亦不伤人。夫两不相伤，故德交归焉。

译文：

治理大国就像烹调小鱼。

以道治理天下的，鬼都不会作怪；不只鬼不作怪，神也不会侵害人；不只神不侵害人，得道者也不侵害人。鬼神和得道者都不会侵害人，所以好处都归百姓。

1. 治大国，若烹小鲜⁽¹⁾。

（1）烹小鲜：不去肠，不去鳞，不敢挠，恐其糜也（河上公《道德真经注》），烹调小鱼，不去肠，不去鳞，不敢乱动，恐怕把小鱼弄烂了。

解说：

这一部分以烹调小鱼类比论证治国不可妄生事端。

烹调小鱼不可随意妄动。随意妄动就会将鱼弄碎。治国也是这样，不可不作为，也不可随意妄为。随意妄为就会引起天下的骚动，"取天下常以无事，及其有事，不足以取天下"（四十八章）。

2.以道莅天下⁽¹⁾，其鬼不神⁽²⁾；非其鬼不神，其神不伤人⁽³⁾；非其神不伤人，圣人亦不伤人。夫两不相伤⁽⁴⁾，故德⁽⁵⁾交⁽⁶⁾归焉。

（1）莅天下：治天下。"莅"，临。

（2）不神：不作怪。

（3）其神不伤人：神不害自然也，物守自然则神无所加，神无所加则不知神之为神也（王弼《道德真经注》），神是物，物就会遵守自然之道，不随意侵害人。

（4）两不相伤：鬼神和圣人都不侵害人。一说人与鬼神互不伤害。

（5）德：这里指鬼神和圣人都不侵害人所带来的好处。

（6）交：俱（卢育三《老子释义》），都。

解说：

这一部分阐释治国不妄生事端会给百姓带来好处。

君主以道治天下，不仅自己不会妄动，鬼神、圣人也会遵从自然之道，不侵扰百姓，百姓因而获益。所以，第五十七章说，"我无事而民自富"。

第六十一章

大国者下流，天下之交，天下之牝。牝（pìn）常以静胜牡，以静为下。

故大国以下小国，则取小国；小国以下大国，则取大国。故或下以取，或下而取。

大国不过欲兼畜人，小国不过欲入事人。夫两者各得所欲，大者宜为下。

译文：

大国应当居于下游的位置，处在江河交汇之地，居于雌柔的角色。雌性常以静制服雄性，因为柔静居下位的缘故。

因此，大国对小国谦下，就能使小国归附；小国对大国谦下，就可以被大国接纳。所以，有的以谦下使人归附，有的以谦下见容于人。

大国不过想蓄养小国，小国不过想依附大国。要使大国和小国都满足愿望，大国尤其应当谦下。

1. 大国者下流⁽¹⁾，天下之交⁽²⁾，天下之牝⁽³⁾。牝常以⁽⁴⁾静胜牡，以静为下⁽⁵⁾。

（1）下流：江海居大而处下，则百川流之。大国居大而处下，则天下流之，故曰大国下流也（王弼《道德真经注》），水的下游。

（2）交：交会（河上公《道德真经注》），交汇之地。

（3）牝：鸟兽的雌性。

（4）以：因为。

（5）以静为下：应为"以其静为下"。王弼注为"以其静，故能为下也"。帛书《老子》甲乙本为"为其静也，故宜为下"。

解说：

这一部分指出君主在国与国交往中应当谦下。

大海处于下游，为江河所交汇；雌性静，常处于下位。处在江河下游的交汇之地，就能汇聚百川之水；处于下位，就能征服雄性。以此类推，在国与国的交往中，君主如果能效法大海和雌性，就能容纳百川，为天下所归附。

2. 故大国以下⁽¹⁾小国，则取⁽²⁾小国；小国以下大国，则取⁽³⁾大国。故或下以取，或下而取。

（1）下：谦下。

（2）取：小国附之（王弼《道德真经注》），小国归附。

（3）取：大国纳之（王弼《道德真经注》），为大国所接纳。

解说：

这一部分阐述谦下的功用。

谦下是国与国之间的交往之道。大国谦下，就能使小国归附；小国谦下，就能被大国接纳。

3. 大国不过欲兼畜⁽¹⁾人，小国不过欲入事⁽²⁾人。夫两者各得其所欲，大者宜为下。

（1）兼畜：兼并畜养（卢育三《老子释义》）。"畜"，牧畜（河上公《道德真经注》）

（2）事：进献奉（卢育三《老子释义》）。

解说：

这一部分阐释在国与国的交往中大国更应当谦下的原因。

大国的愿望是让小国归附它，受它保护；小国的愿望是依附大国，得到大国的保护。在这个关系中，大国是主动的一方，因而它更应该谦下，这样才能实现小国和大国各自的愿望。

第六十二章

道者万物之奥，善人之宝，不善人之所保。
美言可以市尊，尊行可以加人。人之不善，何弃之有？
故立天子，置三公，虽有拱璧以先驷（sì）马，不如坐进此道。
古之所以贵此道者何？不曰求以得，有罪以免邪（yé）？故为天下贵。

译文：

道是万物的庇护之所，是善人的法宝，不善人的保障。

动听的言词可以让人接受自己，尊贵的行为可以影响他人。不善的人，为何要舍弃呢？

因此，设立天子，设置三公，即使有拱璧在先、驷马在后的献礼，不如进献此道。

古人看重道的原因是什么呢？不就是说有求的可以得到，有罪的可以免除吗？所以被天下人所看重。

1. 道者，万物之奥⁽¹⁾。善人⁽²⁾之宝⁽³⁾，不善人之所保⁽⁴⁾。

（1）奥：奥，藏也。道为万物之藏，无所不容也（河上公《道德真经注》）。

（2）善人：这里指合道的人。

（3）宝：宝以为用也（王弼《道德真经注》），以道为用。

（4）保：保以全也（王弼《道德真经注》），靠道保护自己。

解说：

这一部分阐述道对得道者和未得道者的功用。

道是无物之物，能产生万物。当我们感觉到物而没有注意到物时，万物又会归于无物之物。所以说，道既是万物的归藏之所，又是万物的庇护之所。人属于特殊的物，因而任何人不可能离开道。只不过得道的人顺道而为，以道为用。不合道的人虽然不知顺道而为，但道不抛弃他，还是在护佑着他。

2. 美言可以市⁽¹⁾，尊行⁽²⁾可以加人⁽³⁾。人之不善，何弃之有？故立天子，置三公⁽⁴⁾，虽有拱璧以先驷马⁽⁵⁾，不如坐⁽⁶⁾进此道。

（1）市：交易，指让人接受自己，第六十六章说，"是以欲上民，必以言下之"，意为得道的君主要让百姓接受自己，必须在语言上谦下。

（2）尊行：尊贵之行（河上公《道德真经注》）。

（3）加人：对人施加影响。

（4）三公：三公官位历代有变化，周代指太师、太保、太傅，是大臣中最尊贵者。

（5）拱璧以先驷马："拱璧"在先，"驷马"在后，这是古时献奉的礼仪（陈鼓应《老子今注今译》）。"拱"，两手合围。"拱璧"，合拱之璧（杜光庭《道德真经广圣义》）。"驷马"，古代用四匹马驾一车或同驾一辆车的四匹马都称驷马。

（6）坐：古人席地而坐，类似今人的跪。

解说：

这一部分阐述道对得道者的功用。

道不抛弃任何人，得道者效法大道，用合道的方式管理不善者：用动听的言词使他们接受自己，用尊贵的行为影响他们，而不是用权力威逼。因此，要设天子、立三公以道救济百姓。得道者即使有拱璧在先、驷马在后的献礼，也不如向天子、三公进献此道。

3. 古之所以贵此道者何？不⁽¹⁾曰求以得⁽²⁾，有罪以免⁽³⁾邪？故为天下贵。

（1）不：岂不（卢育三《老子释义》）。

（2）求以得：以求则得求（王弼《道德真经注》），求则能得到。

（3）有罪以免：以免则得免（王弼《道德真经注》），有罪就可能免除。

解说：

这一部分阐述道对未得道者的功用。

古人之所以重视道的另一个原因是，遵道而行对未得道者一样有用，有求的可以满足，有罪的就可能免除。当然，得道者修道不是为了这些好处，但他们也不刻意排除这些好处。

第六十三章

为无为，事无事，味无味。

大小多少，报怨以德。图难于其易，为大于其细。天下难事必作于易，天

下大事必作于细。

是以圣人终不为大，故能成其大。

夫轻诺必寡信，多易必多难。是以圣人犹难之，故终无难矣。

译文：

以不妄为的态度去作为，以不生事的方式去做事，以不求美味的方式去品味。

大与小、多与少，都用合乎德的方式来回应其怨恨。解决难事要从容易的地方开始，完成大事要从细微的地方着手。天下的难事必定要从容易的地方开始处理，天下的大事必定要从细微的地方开始做起。

因此，得道者始终不从大的地方着手，所以才能完成大事。

轻易承诺就一定会失信，把事情看得太容易就会遇到很多困难。因此，得道者总把事情看得很难，所以最终才没有困难。

1. 为无为⁽¹⁾，事无事⁽²⁾，味无味⁽³⁾。大小多少⁽⁴⁾，报怨以德⁽⁵⁾。

（1）无为：以无为的方式和态度去做事，即不妄为。

（2）无事：以不生事的方式处理事情，即不妄生事端。

（3）无味：以不追求美味的方式品味，即不求美味。

（4）大小多少：大与小、多与少（都不加分别）。

（5）报怨以德：即以德报怨，以不分别对待的方式对待抱怨，与儒家的以德报怨不同。儒家以德报怨的意思是用恩德回报别人的怨恨，德是恩德的意思。道家以德报怨的意思是以无分别对待的方式对待抱怨。"德"，通"得"（道），心中无是无非、无恩无仇。

解说：

这一部分提出得道者在上义社会的处世原则。

得道者无欲，顺随事物自身行动，不妄为、不生事端、不追求美味。因此，对日常中的大与小、多与少、大与细、难与易都不加分别对待，对怨恨当然也不计较。

这里的"报怨以德"不是日常中所说的用恩德来回报怨恨，而是用不计较恩仇的方式对待怨恨。即使有日常的恩德行为，也只是顺应日常习俗而为，并不是心中有刻意施恩德的想法。所以，庄子在《养生主》中说，做世人所谓的善事却不贪图名声，做世人所谓的恶事但不触犯刑律（《庄子·养生主》："为善无近名，无恶无近刑"）。

2. 图$^{(1)}$难于其易，为大于其细；天下难事，必作于易，天下大事，必作$^{(2)}$于细。

（1）图：谋划，处置。

（2）作：开始（卢育三《老子释义》）。

解说：

这一部分阐明得道者在上义社会中的行事方式。

在上义社会中，人们总以作为的方式去追逐利益，这种状况就如同第五十八章所描述的"上仁"社会那样积重难返（第五十八章："人之迷，其日固久"）。因此，面对上义社会，得道者在短期内难以使用无为而治的方式进行治理，只能参照无为而治的原则来处理。在面对事情的时候，要从细微的地方开始，从容易处理的时候着手，而不能等到大的时候、难的时候才着手解决。

3. 是以$^{(1)}$圣人终不为大，故能成其大。夫轻诺必寡信，多易必多难。是以圣人犹$^{(2)}$难之$^{(3)}$，故终无难矣。

（1）是以：因此。

（2）犹：仍然，还是（卢育三《老子释义》）。

（3）难之：以之为难。

解说：

这一部分阐释得道者成功的原因。

上一部分说过，得道者处理事情，不是等到大的时候、难的时候才着手解决，而是从细微的地方开始,从容易处理的时候着手,看重困难,所以始终没有困难,从而成就大事。未得道者则不然,忽视细微的地方,因而轻易承诺,以致最终无法履行;轻视容易的问题,因而掉以轻心,最终造成困难。

第六十四章

其安易持,其未兆易谋。其脆易泮(pàn),其微易散。为之于未有,治之于未乱。

合抱之木,生于毫末;九层之台,起于累土;千里之行,始于足下。

为者败之,执者失之。是以圣人无为故无败,无执故无失。

民之从事,常于几成而败之。慎终如始,则无败事。

是以圣人欲不欲,不贵难得之货;学不学,复众人之所过,以辅万物之自然而不敢为。

译文:

局面安定时就容易把控,事情没有露苗头时就容易谋划,事物脆弱时容易击破,事物刚萌芽时容易解决。在事情没发生前着手,在事情出现问题前处置。

合抱的大树是从微小的枝芽开始成长的,九层的高台是从第一筐土开始构筑的,千里的路程是从脚下第一步迈出的。

妄为的人会失败,抓住的会失去。因此,得道的人不妄为就没有失败,不抓住就没有失去。

人们做事往往在快要成功时失败,如果对待事情始终谨慎如一,就不会有失败。

因此,得道者以不欲为欲,不看重难得的货物;以不学为学,补救众人所犯的过错,以辅助万物的自然运行而不敢妄为。

1. 其安[1]易持[2],其未兆[3]易谋。其脆[4]易泮[5],其微易散。为之于未有,治之于未乱。

（1）安：静也（杜光庭《道德真经广圣义》）。
（2）持：守持（河上公《道德真经注》）。
（3）兆：征兆，指事情出现的苗头。
（4）脆：脆弱。
（5）泮：通"判"。判，分也（《说文解字》），破碎。河上公本为"破"字。

解说：

这一部分类比提出我们处理事情时要遵守"为之于未有治之于未乱"的原则。

从日常生活常识中我们知道，在局面稳定时容易把握，事情在没有征兆时容易谋划，东西柔脆时容易击碎，事物细小时容易处理。由此可以得出这样的结论，面对任何事情，都要在问题刚出现时就解决，在祸乱发生前就开始防范。

2.合抱⁽¹⁾之木，生于毫末⁽²⁾；九层之台，起于累土⁽³⁾；千里之行，始于足下。

（1）合抱：双臂合抱，形容树木之大。
（2）毫末：毫毛的末端，形容细小。
（3）累土：一筐土（卢育三《老子释义》）。

解说：

这一部分类比论证处理事情时要做到"为之于未有"。

以树木为例，再大的树木也是从枝丫开始生长的；以建楼为例，再高的楼台也是从第一筐土开始构筑的；以走路为例，千里的路程也是从第一步开始的。从枝丫、第一筐土、第一步开始，就是"为之于未有"。

3.为⁽¹⁾者败之，执⁽²⁾者失之。是以⁽³⁾圣人无为，故无败；无执，故无失。民之从事⁽⁴⁾，常于几成而败之。慎终如始，则无败事。

（1）为：妄为。
（2）执：抓住，抓取。

（3）是以：因此。

（4）从事：做事情。"从"，为也（王弼《道德真经注》）。

解说：

这一部分阐释做不到"治之于未乱"的危害。

事情为什么会失败呢？因为妄为、控制。妄为、控制就不顾实际情况，会造成失控的局面。得道者不以妄为、把控之心处理事情，而是顺随事物自身而为，与事物混而为一。因此，事物有任何异常，得道者都能感知到，并及时进行处理，从而避免失败。未得道者则不然，与事物相对待，不能与事物混而为一。因此，在与事物打交道时，不是靠建立在感觉之上的感知，而是靠自身的注意力来发现问题。这就很难做到慎终如始，从而造成失败。

4. 是以[1]圣人欲不欲[2]，不贵难得之货；学不学[3]，复[4]众人之所过；以辅[5]万物之自然，而不敢为。

（1）是以：因此。

（2）欲不欲：以不欲为欲，即第三章的"不贵难得之货"。

（3）学不学：以不学为学，即不以分别之学为学。参见第四十八章"为学日益，为道日损"的解说。

（4）复：补救。

（5）辅：辅助。

解说：

这一部分阐释得道者如何做到"为之于未有治之于未乱"。

要做到顺随事物自身，就要做到"欲不欲，不贵难得之货；学不学，复众人之所过"。所谓"欲不欲，不贵难得之货"就是要做到以无欲之心对待日常生活中的有欲之物。"难得之货"是有欲之物，但得道者以无欲之心来对待（"不贵"）。所谓"学不学，复众人之所过"就是以无名之心对待日常的有名之名（如第二章的"功成而弗居"。"功成"则有名，但自己"弗居"）。有名之学产生于分别对待。得道者以不学为学,以无名之心对待有名之名,因而能够补救上义社会众人所犯的过失,以辅助自然的运行——有作为但不妄为。

第六十五章

古之善为道者,非以明民,将以愚之。

民之难治,以其多智。以智治国,国之贼;不以智治国,国之福。

知此两者,亦稽式。常知稽式,是谓玄德。玄德深矣远矣,与物反矣,然后乃至大顺。

译文:

古来善于依道治国的人,不是教百姓智巧,而是使他们淳朴。

百姓难以治理,是因为智巧太多。因此,以智巧治理国家,是国家的灾祸;不以智巧治理国家,就是国家的福祉。

明白这两者,就知道治国的法则。心中有这个法则,就叫做合道之德。合道之德幽深、遥远,与日常之物相反,(明白这些)然后才能达到真正的和顺。

1.古之善为道[1]者,非以明民[2],将以愚[3]之。民之难治,以其智[4]多。故以智治国,国之贼[5];不以智治国,国之福。

(1)为道:依道行事,这里指依道治国。

(2)明民:让百姓有智巧。

(3)愚:使百姓淳朴。

(4)智:智巧。

(5)贼:祸患,与"福"相对。

解说:

这一部分阐释得道君主的治国原则。

百姓有智巧,就会分别好坏,追名逐利,国家就难以治理。因此,自古以来得道的君主不教百姓智巧，而是使他们变得淳朴。以智巧治国带来的结果将是灾祸，以淳朴治国带来的结果则是福祉。

2. 知此两者亦稽式[1]。常知稽式，是谓玄德。玄德深矣，远矣，与物反矣[2]，然后至于大顺。

（1）稽式：法则。"稽"，模也（杜光庭《道德真经广圣义》），模式。"式"，法也（杜光庭《道德真经广圣义》）。

（2）与物反矣：（道）与日常事物相反。道是混一之物，日常事物以相反相成的方式呈现，所以说，道与相反。

解说：

这一部分阐述如何回归上德社会。

君主知道以智巧治国的危害，知道不以智巧治国的好处，就说明他领悟了万物混一之道。万物混一之道幽深、遥远，不可感知（可以感知就有我、有物，就不合道），与日常事物相反。明白道与日常事物的区别，得道者就能带领百姓回归和顺的上德社会。

王弼将"与物反矣"的反字作"返"字解释（（王弼《道德真经注》第六十五章："反其真也"）。从含义上看，这种解释没有问题，第二十五章的"逝曰远，远曰反"的反字就是返的意思。但是，从上下文看，"与物反矣"与"深矣、远矣"的联系更为紧密，都是阐述玄德的性质。因此，将这里的"反"字解释为"返"不合适，应解释为相反。河上公也将"反"字理解为相反的意思（河上公《道德真经注》："玄德与万物反异，故能至大顺。顺天理也"）。

第六十六章

江海所以能为百谷王者，以其善下之，故能为百谷王。

是以圣人欲上民，必以言下之；欲先民，必以身后之。

是以圣人处上而民不重，处前而民不害，是以天下乐推而不厌。以其不争，

故天下莫能与之争。

译文：
江海之所以能成为江河汇聚的地方，是因为它善于处于低下的位置，所以能成为江河汇聚之所。

因此，得道的君主要成为百姓的领导，必须在言语上谦下；想置身于百姓前面，必须把自身放在百姓之后。

因此，得道的君主居百姓之上而百姓感觉不到负担，居百姓之先而百姓感觉不到危害，所以天下人乐于拥戴而不厌弃。因为他与人无争，所以天下没有人能与之相争。

1. 江海所以能为百谷(1)王者，以其善下之，故能为百谷王。是以圣人欲上民(2)，必以言下之；欲先民(3)，必以身后之。

（1）谷：两山之间的水道或狭长地带。
（2）上民：居于百姓之上，管理百姓。
（3）欲先民：置身于百姓之先，领导百姓。

解说：
这一部分以江海与百川的关系类比阐发第六十二章得道者"美言可以市"的含义。

江海在江河的下游，所以成为江河的汇聚地。以此类比，得道者要成为百姓的领导，置身于百姓之先，就要在语言上谦下，将自身放在百姓之后。

2. 是以(1)圣人处上而民不重，处前而民不害，是以天下乐推(2)而不厌。以(3)其不争，故天下莫能与之争。

（1）是以：因此。
（2）推：拥戴。
（3）以：因为。

解说：

这一部分阐述"美言"的功用。

君主在言语上对百姓谦下，将自己放在百姓之后，百姓就不会感到压迫，也不会觉得有危害。这样他们才会拥戴君主。这种不争而处于他人之先的方式就叫不争之争。

第六十七章

天下皆谓我道大，似不肖。夫唯大，故似不肖。若肖，久矣其细也夫。
我有三宝，持而保之。一曰慈，二曰俭，三曰不敢为天下先。
慈故能勇，俭故能广；不敢为天下先，故能成器长。
今舍慈且勇，舍俭且广，舍后且先，死矣！
夫慈，以战则胜，以守则固。天将救之，以慈卫之。

译文：

天下人都说我所说的道大，似乎无物可比。正因为它大，所以无物可比。如果有物可比，那早就是小了！

我有三件法宝，持守并珍藏着。一是慈爱，二是节俭，三是不敢居天下人之先。

因为慈爱，所以能勇敢；因为节俭，所以能普遍；不敢居天下人之先，所以能成为众人的领袖。

现在如果舍弃慈爱而求取勇敢，舍弃节俭而求取推广，舍弃退让而处处争先，那是死路！

慈爱，用来征战就能获胜，用以守卫就能牢固。上天要救助谁，就以慈爱去保卫谁。

1.天下皆谓我道大⁽¹⁾，似不肖⁽²⁾。夫唯大，故似不肖。若肖，久矣其细也夫⁽³⁾！

（1）大：指无可比拟之大，不是大小的大，见二十五章："吾不知其名，字之曰道，强为之名曰大。"

（2）肖：似也，象也（《广雅·释诂》），像某物。

（3）久矣其细也夫：犹曰其细久矣。肖则失其所以为大矣，故曰，若肖，久矣其细也夫（王弼《道德真经注》），如果可以比拟，就失去其所以为大了，所以说，如果可以比拟，早就是细了。

解说：

这一部分阐述道无可比拟的性质。

道不可感知（第十四章："视之不见名曰夷，听之不闻名曰希，搏之不得名曰微"），不可言说、不可命名（第一章："道，可道，非常道；名，可名，非常名"）。因此，第二十五章说，"吾不知其名，字之曰道，强为之名曰大"。这里的"大"不是大小之大，而是无可比拟、无分别对待之大。正因为道无物可比，所以与日常事物不相像。如果与日常之物相像，就不是道，也不是大，而是具体物了。具体物相对于道就是小了。

2. 我有三宝，持而保之。一曰慈⁽¹⁾，二曰俭⁽²⁾，三曰不敢为天下先。慈故能勇，俭故能广；不敢为天下先，故能成器长。今舍慈且⁽³⁾勇；舍俭且广；舍后且先；死矣！

（1）慈：出于自然的、不计较利害的慈爱（第十九章："绝仁弃义，民复孝慈"）。

（2）俭：节俭，节约。

（3）且：连词"而"也（卢育三《老子释义》），却。

解说：

这一部分从无欲 – 有欲之玄的视角阐释如何才能顺随不可比拟的大道。

道无可比拟，无法像日常物那样保有。我们只有以柔弱的方式才能得到道之用。所以，第四十章说，"弱者，道之用"。持守并珍藏三宝就是顺随道的柔弱方式。这三宝就是慈、俭、不敢为天下先。以战争为例，对待自己的部下慈爱，部下就会勇敢对敌，所以说，"慈故能勇"。对待敌人，不能以冒进的方式主动出击，以免被敌人发现问题，弄得"进寸而退尺"（六十九章）；而要以谨慎的方式伺机而动，有效地打击敌人（参见第三十六章"将欲歙之，必固张之；将欲弱之，必固强之；将欲废之，必固兴之；将欲夺之，必固与之"、六十九章"将欲歙之，必固张之；将欲弱之，必固强之；将欲废之，必固兴之；将欲夺之，必固与之"），所以说，不敢居天下人之先，才能成为众人的领袖（"不敢为天下先，故能成器长"）。从传道的角度看，得道者只有以朴素的方式与未得道者打成一片，才能让他人接受自己，进而接受自己的思想，所以庄子说，得道者处世要做到"有人之形，无人之情"。"有人之形"即与常人的表现一样，这样才能与他人打成一片，让他人接受自己的思想（参见第七十章）。"无人之情"即没有常人的是非好恶情感，没有是非才能顺随道，所以说，"俭故能广"。以慈、俭、不为天下先之心处世是无欲－有欲之玄的具体表现。反之，做不到慈、俭、不为天下先，就会与道相违背，处处自设障碍，自寻死路。

3. 夫慈，以战则胜，以守则固。天将救之，以慈卫[1]之。

（1）卫：保卫。

解说：

这一部分和下一章以战争为例阐发慈的功用。

在战争中，对自己的部下慈爱，部下就能为自己竭尽全力。进攻时，更容易取胜，防守时更加牢固，所以说，"天将救之，以慈卫之"。

第六十八章

善为士者不武，善战者不怒，善胜敌者不与，善用人者为之下。
是谓不争之德，是谓用人之力，是谓配天，古之极。

译文：

善做将帅的不逞勇，善于作战的不发怒，善于战胜敌人的不硬拼，善于用人的对人谦下。

这叫做不争的品德，叫做善于用别人之力，这叫合乎天道，这是自古以来的最高准则。

1. 善为士[1]者不武，善战者不怒，善胜敌者不与[2]，善用人者为之下。

（1）士：卒之帅也（王弼《道德真经注》），带领士兵的将帅。

（2）不与：不与敌争而敌自服也（王弼《道德真经注》），不与敌人拼杀，敌人就自动屈服。

解说：

这一部分阐释如何做到第六十七章的"慈且勇"。

从常识看，将帅好像靠勇气和刚猛，其实不然。统帅士兵一样要合道，在顺敌之自然、顺己之自然（慈）的基础上逞勇。所谓顺敌之自然，就是顺随敌人的行动以抓住其弱点加以打击，而不是头脑发热，逞匹夫之勇，与敌硬拼；所谓顺己之自然，就是对自己的部下谦下、慈爱，让他们心甘情愿地尽自己最大的力量。

2. 是谓不争之德，是谓用人之力，是谓配天[1]，古之极[2]。

（1）天：天道。

（2）古之极：帛书《老子》甲乙本为"古之极也"。"极"，极致。

解说：

这一部分阐述"慈且勇"的功用。

顺敌之自然则无需靠拼武力的方法战胜敌人，顺己之自然则能让士兵自愿效力。因此，这叫做不争的品德，是合乎自然的方式，是自古以来的最高法则。

第六十九章

用兵有言,吾不敢为主而为客,不敢进寸而退尺。是谓行无行,攘无臂,扔无敌,执无兵。

祸莫大于轻敌,轻敌几丧吾宝。

故抗兵相若,哀者胜矣。

译文:

用兵的人说过,我不敢冒进为主,而采取守势为客,不敢冒进前进一寸,宁可谨慎后退一尺。这就是说,我有阵列似无阵列,挥胳臂似无胳臂,面对敌人如入无人之境,持有兵器似无兵器。

祸患没有比轻敌更大的了。轻敌几乎丧失了我的法宝。

因此,交战两方力量相当时,慈悲的一方获胜。

1. 用兵有言[1],吾不敢为主而为客[2],不敢进寸而迟尺。是谓行无行[3],攘无臂[4],扔无敌[5],执无兵[6]。

(1)用兵有言:用兵者说过这些话。

(2)不敢为主而为客:不敢冒进而为主,而应顺敌为客。"主",用兵冒进的一方。"客",顺敌而动的一方。

(3)行无行:行军布阵好似无阵势。"行",行列,行陈。

(4)攘无臂:奋臂却如无臂。"攘",伸展。

(5)扔无敌:言无有与之抗也(王弼《道德真经注》),没有敌人与之对抗。"扔",面对(敌人)。"行无行,攘无臂,扔无敌,执无兵"帛书为"行无行,攘无臂,执无兵,乃无敌矣",意为有阵列似无阵列,挥胳臂似无胳臂,持有兵器似无兵器。这就无敌了。

(6)执无兵:持有兵器就如无兵器。

解说：

这一部分引用兵家之言论证用兵要做到"不敢为天下先"。

用兵不可轻举妄动（"为主"），而应顺敌而动（"为客"）。轻举妄动则有形，有形就会为敌手所攻击，弄得"进寸而迟尺"。顺敌而动则敌不知我，己方有阵列似无阵列，挥胳臂似无胳臂，面对敌人就如入无人之境，持有兵器似无兵器（"行无行，攘无臂，扔无敌，执无兵"）。这样，敌方无从知晓我方的态势，我方就可以避实击虚，打败敌方。

2. 祸莫大于轻敌，轻敌几⁽¹⁾丧吾宝⁽²⁾，故抗⁽³⁾兵相加⁽⁴⁾，哀⁽⁵⁾者胜矣。

（1）几：近。

（2）宝：六十七章的三宝（"慈"、"俭"、"不敢为天下先"）之"不敢为天下先"。

（3）抗：举也（王弼《道德真经注》），举兵。

（4）加：当也（王弼《道德真经注》），相当。

（5）哀：闵也（《说文》），哀闵，慈悲。

解说：

这一部分阐述轻敌冒进的后果。

如何做到不冒进？谨慎，不轻敌，也就是六十七章的"不敢为天下先"。反之，如果不谨慎就会轻敌，轻敌就会冒进，就是"敢为天下先"。"敢为天下先"就会为敌方所乘，给自己带来灾祸。当然，决定胜负的因素不只是谨慎这一个因素，还与兵力等因素有关。因此，当双方兵力相当时，有慈悲之心的一方会取胜。因为将帅有慈悲之心，士兵就会竭尽全力（六十七章："夫慈，以战则胜，以守则固"），所以说，"抗兵相若，哀者胜矣"。

第七十章

吾言甚易知，甚易行，天下莫能知，莫能行。

言有宗，事有君。夫唯无知，是以不我知。

知我者希，则我者贵。是以圣人被褐（hè）怀玉。

译文：

我的话很容易理解，很容易施行，但天下没有人能理解我的话，没有人能施行。

我的言论有宗旨，行事有依据。正是由于人们不理解道，所以没人了解我。

理解我的人少，按照我所去做的人就更少。因此，得道者外穿粗衣而内怀美玉。

1.吾言甚易知，甚易行。天下莫能知，莫能行。言有宗⁽¹⁾，事有君⁽²⁾。夫唯无知，是以⁽³⁾不我知。

（1）宗：宗旨。

（2）君：主宰。

（3）是以：因此。

解说：

这一部分阐述为什么大道的思想难以被人接受。

大道是无物之物，是物的本来样子。只要做到无我而顺物，道就非常容易理解，也非常容易实施。但是，大道"视之不见"、"听之不闻"、"搏之不得"（第十四章），与日常事物相反，因而做不到无我而顺物的普通人理解不了我的话，也难以按照我的话实施。正因为普通人不理解道，所以得道者也不被普通人所理解。

2.知我者希⁽¹⁾，则⁽²⁾我者贵。是以圣人被⁽³⁾褐⁽⁴⁾。怀玉

（1）希：少也（河上公《道德真经注》）。

（2）则：法也（杜光庭《道德真经广圣义》），效法。

（3）被：通"披"，穿着。

（4）褐：用麻或毛做的短衣。

解说：

这一部分解释俭才能使大道的思想流传。

因为得道者的思想难以被人理解，所以按照道的思想行事的人就非常少。人们对得道者敬而远之。因此，得道者只有在外表上与未得道的人打成一片——"被褐怀玉"，才能让他们接受自己，进而接受自己的思想，使道的思想广为流传。所以，第六十七章说，"俭故能广"。

第七十一章

知不知，上；不知知，病。圣人不病，以其病病。夫唯病病，是以不病。

译文：

知而不自以为知，最好；不知而自以为知，就是病态。得道者不存在这种病态，是因为他把这种病态当作病态。正因为将病态当病态，所以才没有病态。

1. 知不知(1)，上；不知知(2)，病。

（1）不知知：知道而不自以为知，类似第三十八章的"上德不德"。

（2）不知知：不知而自以为知。

解说：

这一部分提出上礼社会存在问题的根源。

道不可言，可以感觉到而无法意识到或注意到。意识到或注意到的就是"非常道"（第一章："道可道，非常道；名可名，非常名"，第十四章："视之不见"、"听之不闻"、"搏之不得"）。因此，知而不自以为知才可能悟道、得道（参见第三十八章的"上德不德"）。知而自以为知则类似于第三十八章的下德（第三十八章："下德不失德，是以无德"）。但上礼之人比下德之人还要等而下之，他不知而自以为知。所以，老子说这是一种病态。有这种"不知知"的病态思想存在，就会造成"忠信之薄，而乱之首"的状态。

2. 圣人不病，以其病病⁽¹⁾。夫唯病病，是以⁽²⁾不病。

（1）病病：以病为病。第一个病字为动词，意为以……为病。

（2）是以：因此。

解说：

这一部分提出得道者怎么对待上礼社会的病态。

正因为道不可言、不可知，所以得道者不会以不知为知，而是以合道的态度对待可能存在的病态。这样就不会出现这种病态。以这种对待病态思想的方式治理上礼社会，才能将上礼社会带入上德社会。

第七十二章

民不畏威，则大威至。

无狎（xiá）其所居，无厌其所生。夫唯不厌，是以不厌。

是以圣人自知不自见，自爱不自贵。故去彼取此。

译文：

百姓不畏惧威权，大的祸乱就会到来。

不要使百姓无法安居，不要使百姓无法维持生计。只有君主不逼迫百姓，百姓才不会厌弃（君主）。

因此，得道者自知而不自以为是，自爱却不自显高贵。所以舍弃后者而选择前者。

1. 民不畏威⁽¹⁾，则大威⁽²⁾至。无狎⁽³⁾其所居，无厌其所生。夫唯不厌⁽⁴⁾，

是以不厌(5)。

（1）威：以暴力为基础的威逼、威压。

（2）威：可畏之事（卢育三《老子释义》）。

（3）狎：狭迫（卢育三《老子释义》），通"狭"。

（4）厌：笮也（《说文解字》）。段玉裁注：笮，迫也。

（5）厌：厌弃（卢育三《老子释义》）。

解说：

这一部分警告第七十一章的"不知知"者。

上礼社会是"忠信之薄而乱之首"的社会（第三十八章）。官民矛盾尖锐对立，"民不畏威，则大威至"（第七十二章）。面对这种状态，君主会本能地使用威权。使用威权的效果可能立竿见影，于是，掌权者容易迷信威权。但是，威权也有缺陷。一旦老百姓被逼得无法生存、不再畏惧威权，大的动乱就要来临了。因此，本章开头就告诫君主：不要逼得百姓无法安居，不要使百姓无法维持生计，"无狎其所居，无厌其所生"。只有不威逼百姓，让百姓安居乐业，才有避免大动乱的可能。

2. 是以(1)圣人自知不自见(2)；自爱不自贵(3)。故去彼取此。

（1）是以：因此。

（2）自见：自以为是。

（3）自贵：自以为贵。

解说：

这一部分阐释"知不知"的得道者治理上礼社会的原则。

君主得道了，就不会自以为是，不自显高贵（"自知不自见，自爱不自贵"），即知而不自以为知（七十一章："知不知"）。只有做到知而不自以为知，才能做到"无狎其所居，无厌其所生"，逐渐将上礼社会带回上德社会。

第七十三章

勇于敢则杀,勇于不敢则活。此两者,或利或害。天之所恶,孰知其故?是以圣人犹难之。

天之道,不争而善胜,不言而善应,不召而自来,繟(chǎn)然而善谋。天网恢恢,疏而不漏。

译文:

勇于敢为是死路,勇于不敢才有活路。这两者,或者有利,或者有害。天所厌恶的,谁知道其中的缘故?因此,得道者难以弄清楚其原因。

自然之道,不争夺而善于获胜,不说话而善于回应,不召唤而万物归附,不急迫而善于谋划。自然之网宽大无边,稀疏但无漏失。

1. 勇于敢⁽¹⁾则杀,勇于不敢则活,此两者或利或害。天之所恶⁽²⁾,孰⁽³⁾知其故⁽⁴⁾?是以圣人犹难之⁽⁵⁾。

(1)敢:指敢于"狎其所居"、"厌其所生"(第七十二章)。(2)恶:厌恶。

(3)孰:谁。

(4)故:原因。

(5)是以圣人犹难之:奚侗、高亨等人认为这句是六十三章的文字,重出于此。严遵本、帛书都没有这句话。但是,这些理由不充分,《道德经》中有重复某句话的情况,如"生而不有,为而不恃"这句话就在第二章、第十章、第五十一章都出现过,而且这句话放在这个地方与前后文也不矛盾。"是以",因此。

解说:

这一部分阐发第七十二章的"无狎其所居"。

第七十二章说过,一旦百姓不害怕威权了,大的祸患就要来临。因此,勇于使用威权的君主就会有危险，勇于不使用威权的君主才有活路。这是由道的特性决定的。道是无物之物，会产生相反相成的日常之物，其结果或有利或有害。但至于其结果到底是好是坏，没有人确切地知道，得道的人也不例外。因为弄明白要靠感知，但一旦对其进行感知，无物之物就变成有物之物，道就不存在了，所以说，"圣人犹难之"。

2. 天之道，不争而善胜，不言而善应⁽¹⁾，不召而自来，繟⁽²⁾然而善谋。天网恢恢⁽³⁾，疏⁽⁴⁾而不漏。

（1）应：回应。
（2）繟：缓也（《广雅·释训》），缓慢。
（3）恢恢：宽大也（杜光庭《道德真经广圣义》）。
（4）疏：稀疏。

解说：

这一部分解释"勇于敢则杀，勇于不敢则活"的原因。

自然之道"不争而善胜，不言而善应，不召而自来，繟然而善谋"，因此，我们只要以无分别之心对待事物就能完全顺随道，顺物而为。顺物而为就能依靠自然的力量，因而无物能与之争（第六十六章："以其不争，故天下莫能与之争"），"不争而善胜"。顺事情本身而言就是最好的回应，无需经过人为的思考，"不言而善应"。万物由道产生，又归于道。得道者顺道而为，他人就"不召而自来"。得道之人不人为谋划，因为顺物而为就是最好的谋划，"繟然而善谋"。所以说，自然之网宽大无边，虽然稀疏，但只要顺物而行，就不会有漏失。

第七十四章

民不畏死，奈何以死惧之？若使民常畏死，而为奇者，吾执得而杀之，孰敢？

常有司杀者杀。夫代司杀者，是谓代大匠斲（zhuó）。夫代大匠斲，希有不伤其手。

译文：

百姓不害怕死亡，为什么用死亡来威胁他们？如果使百姓总是害怕死亡，对于那些为非作歹的人，君主就可以抓起来杀掉，谁还敢为非作歹？

上天掌管着杀人的权力。自己代替上天去杀人，这就如同代替高明的木匠去砍木头一样。代替高明的木匠砍木头，很少有不砍伤手的。

1. 民不畏死，奈何⁽¹⁾以死惧之？若使⁽²⁾民常畏死，而为奇⁽³⁾者，吾执得而杀之，孰敢？

（1）奈何：为什么。

（2）若使：如果，假使。

（3）奇：诡异乱群，谓之奇也（王弼《道德真经注》），以诡异手段妄生事端。

解说：

这一部分阐释在什么境况下可以行使威权。

如果统治者威逼过甚，以致老百姓不怕死，那么威权就会失效。这时杀人就起不到任何效果。只有在老百姓怕死的前提下，杀掉那些为非作歹的人，才会有效果。

2. 常有司杀者⁽¹⁾杀。夫代司杀者，是谓代大匠⁽²⁾斲⁽³⁾。夫代大匠斲，希有不伤其手。

（1）司杀者：专管杀人的，指天道。

（2）大匠：高明的木匠。"匠"：匠人，这里指木匠。

（3）斲：砍。

解说：

这一部分阐释谨慎使用威权的原因。

道产生万物、控制万物，产生人、控制人，因而人的生死由天道掌控，君主只是顺随天道而为。如果君主违反自然之道，凭自己的主观意志以杀治国，就会形成"民不畏死"的局面。所以说，天道就如同高明的木匠，君主滥用权力，就像不懂木工活的人代替木匠砍木头一样，很容易弄伤自己的手。

第七十五章

民之饥，以其上食税之多，是以饥。
民之难治，以其上之有为，是以难治。
民之轻死，以其上求生之厚，是以轻死。
夫唯无以生为者，是贤于贵生。

译文：
百姓之所以饥饿，是因为统治者花掉太多的税赋，因而陷于饥饿。
百姓之所以难于治理，是因为统治者任意妄为，因而难以治理。
百姓之所以轻视死亡，是因为统治者过度奉养自己，因而百姓才轻易赴死。
那些不追求奢靡生活的胜过那些过度奉养的。

1. 民之饥，以其上食税⁽¹⁾之多，是以⁽²⁾饥。民之难治，以其上之有为⁽³⁾，是以难治。民之轻死，以其上求生之厚⁽⁴⁾，是以轻死。

（1）食税：帛书《老子》甲乙本为"取食税"，即花掉税赋。
（2）是以：因此。
（3）有为：妄为。
（4）求生之厚：过度养护生命，追求奢侈的生活。

解说：
这部分阐述百姓饥饿、难治、轻易赴死的原因。
统治者花掉太多的税赋，百姓的负担就会加重，因而挨饿；统治者胡作非为，百姓就生狡狯之心（第五十八章："其政察察，其民缺缺"），因而难以管理；统治者的生活过于奢侈，百姓就难以生存，因而轻易赴死。

2. 夫唯无以生为⁽¹⁾者，是贤⁽²⁾于贵生⁽³⁾。

（1）无以生为：无以生为务（河上公《道德真经注》），不把生活当作自己追求的目的。

（2）贤：犹胜也（林希逸《老子鬳斋口义》），胜过。

（3）贵生：过分看重生，即"求生之厚"。

解说：

这一部分提出解决百姓陷入饥饿、难以治理、轻易赴死等等问题的方案。

统治者过度享受、妄生事端，就会弄得百姓陷入饥饿、难以治理、轻易赴死，最终统治者自己也会遭殃。君主只要不奢侈、不妄为，百姓才会有生路。百姓有生路，国家就会走向安宁，君主就能避免危局。

第七十六章

人之生也柔弱，其死也坚强。万物草木之生也柔脆，其死也枯槁（gǎo）。

故坚强者死之徒，柔弱者生之徒。

是以兵强则不胜，木强则兵。

强大处下，柔弱处上。

译文：

人活着的时候身体是柔软的，死的时候就变得僵硬了；万物、草木生长的时候是柔脆的，死的时候就变得干枯了。

所以，强硬的东西属于死亡之类，柔弱的东西属于存活之类。

因此，用兵逞强就会灭亡，树木强壮就会被砍伐。

强大的最终处于下位，柔弱的最终处在上位。

1. 人之生也柔弱⁽¹⁾，其死也坚强⁽²⁾。草木之生也柔脆，其死也枯槁⁽³⁾。故坚强者死之徒⁽⁴⁾，柔弱者生之徒。

（1）柔弱：柔软。

（2）坚强：指身体僵硬。

（3）枯槁：枯萎干硬。

（4）徒：类也（林希逸《老子鬳斋口义》），类型。

解说：

这一部分类比论证人生在世不可逞强。

人活着的时候身体是柔软的，死后身体就会变僵硬；万物，如草木活的时候是柔脆的，死后就会变干枯（这里的万物指草木之类的有生命之物）。从这两个例子可以看出，强硬与死亡相关联，柔弱与存活相关联。因此，处世、治国应采取柔弱的方式，不可逞强（坚硬）。

2. 是以⁽¹⁾兵强则不胜，木强则兵⁽²⁾。强大处下，柔弱处上。

（1）是以：因此。

（2）木强则兵：这句话有不同的版本。河上公版本为"木强则共"。河上公注释说，"本强大则枝叶共生其上"（河上公《道德真经注》）。王弼版本为"木强则兵"。王弼注释说"物所加也"（王弼《道德真经注》）。帛书为"木强则恒"。本书按照王弼本"木强则兵"，将其解释为树木强壮就会被砍伐。

解说：

这一部分根据上一部分的论述提出君主要以柔弱的方式治国的结论。

强不可恃。用兵逞强就会为敌所乘，从而导致失败（参见第六十三九"吾不敢为主而为客"）。树木过于强壮就会因为有用而被砍伐。

用兵是治国的一个方面。推而广之，君主采用强硬的方式治国同样会在竞争中落败，"强大处下，柔弱处上"。只有采取柔弱的方式，"以百姓心为心"（第四十九章），才能治理好上礼社会。

第七十七章

天之道,其犹张弓与?高者抑之,下者举之;有馀者损之,不足者补之。
天之道,损有馀而补不足。人之道则不然,损不足以奉有馀。
孰能有馀以奉天下,唯有道者。
是以圣人为而不恃,功成而不处,其不欲见贤。

译文:

自然之道不就像拉开的弓一样吗?(射箭时)高了就要压低些,低了就要拉高些;拉得过满就要减少力度,没拉满力度就要加大。

自然之道是减少有余的以补充不足的。人世间行事却不是这样,剥夺不足的以供奉有余的。

谁能够把有余的拿来供养天下不足的?只有得道的人。

因此,得道的人作养万物而不自恃己能,功成而不居其功,他不愿意显摆自己的才能。

1.天之道,其犹(1)张弓(2)与?高者抑之(3),下者举之(4);有馀者损之(5),不足者补之(6)。天之道,损(7)有馀而补不足;人之道则不然,损不足以奉(8)有余。

(1)犹:像。

(2)张弓:拉满的弓。

(3)高者抑之:(射箭瞄准时)高了就把它压低一些(任继愈《老子新译》)。"抑",压低。

(4)下者举之:低了就把它升高一些(任继愈《老子新译》)"举",抬高,与"抑"相对。

(5)有馀者损之:过满了就减少一些(任继愈《老子新译》)。"馀",通"余"。

(6)不足者补之:不够满就补足一些(任继愈《老子新译》)。"不足",

拉得不够满。

（7）损：减少。

解说：

这一部分以拉开的弓的性质类比论证君主不应损不足者以奉有余者。

天道就像拉开的弓，高了就要压低一些，低了就要抬高一些；拉得过满了就放松一些，不够满就要用力拉满一些。

从射箭瞄准的自然现象中可以推论：社会资源的配置，有余的就应减少，不足的就应补充。但在上礼社会中，君主只知道对百姓横征暴敛，剥夺不足的以供养有余的。

2. 孰⁽¹⁾能有余以奉天下，唯有道者。是以圣人为而不恃，功成而不处，其不欲见⁽²⁾贤。

（1）孰：谁。

（2）见：通"现"，表现，显摆。

解说：

这一部分阐述得道的君主应损有余者以给与不足者。

"天之道损不足以奉有余"，得道的君主顺随天道，就会剥夺有余的以补不足的，而不会损不足者而奉有余者。

怎样才能做到剥夺有余的以补不足的呢？控制好自己的有欲之心：作养万物而不自恃己能，功成而不居其功，不显摆自己的才能。

第七十八章

天下莫柔弱于水，而攻坚强者莫之能胜，以其无以易之。

弱之胜强，柔之胜刚，天下莫不知，莫能行。

是以圣人云，受国之诟，是谓社稷主；受国不祥，是为天下王。正言若反。

译文：

天下没有比水更柔弱的，但是战胜坚固的东西没有能胜过水的，因为没有东西可替代它。

弱的胜强的，柔的胜刚的，天下没有不知道的，但没有人能施行。

因此，有道的人说，承受一国屈辱的，才可称国家的君主；承担一国灾祸的，才配称天下的君王。合乎道的话好像与常识相反。

1. 天下莫柔弱于水，而攻坚强者莫之能胜⁽¹⁾，以⁽²⁾其⁽³⁾无以易⁽⁴⁾之。弱之胜强，柔之胜刚，天下莫不知，莫能行。

（1）莫之能胜：即莫能胜之，没有能超过水的。

（2）以：因为。

（3）其：指水。

（4）易：替代。

解说：

这一部分以水的性质类比阐述柔弱胜刚强的现象。

水是柔弱的，但是攻击坚固之物时无可替代。可见，柔弱能胜刚强。只不过一般人做不到无欲，因而不明其理。还有的人即使知道也不能施行。

2. 是以⁽¹⁾圣人云，受国之诟⁽²⁾，是谓社稷主；受国不祥⁽³⁾，是为天下王。正言若反⁽⁴⁾。

（1）是以：因此。

（2）诟：通"垢"，污垢，耻辱。

（3）不祥：不吉祥，灾祸。

（4）正言若反：合正道的话好像与常识相反。

解说：

这一部分阐述君主应该用柔弱的方式治国。

未得道的君主只知道以强胜强，不明白以弱胜强的道理；喜欢让百姓"亲而誉之"（第十七章），却不知道有亲就有疏，有誉就有毁。得道的君主效法水，直面上礼社会的屈辱和不祥，将亲疏、毁誉混而为一，以便让道发挥其威力，做到"无为而无不为"。

屈辱和不祥是一般的君主难以接受的。但从道的角度看，这正是君主得道的表现，所以说，"正言若反"。

第七十九章

和大怨，必有馀怨，安可以为善？
是以圣人执左契，而不责于人。有德司契，无德司彻。
天道无亲，常与善人。

译文：
调解了大的仇怨，必然留下余怨，怎么能算妥善的处理方法呢？

因此，得道者拿着合同的存根，而不强行向人索还。有德的人像掌握合同的存根那样从容，无德的人就像催税者那样急迫。

自然之道没有偏爱，经常帮助合道之人。

1. 和大怨，必有馀怨，安⁽¹⁾可以为善？是以圣人执左契⁽²⁾，而不责⁽³⁾于人。

（1）安：怎么。

（2）左契：契约，合同。古代借贷时在木板或竹片上刻上债权人和债务人的姓氏，借贷数目，还款日期，从中间剖为左、右两半。债权人执左边的一半为左契，债务人执右边的一半为右契。债约期满，左契、右契相合为凭。"契"，刻也（《说文解字》），契约，合同。

（3）责：求也（《说文解字》），急迫索还。

解说：

这一部分提出在上礼社会中应该以契约的方式解决社会问题。

礼的社会是"忠信之薄而乱之首"的社会，人们之间已经失去了基本的信任。因此，难以用调解的方式去解决大的纠纷，而应该采用契约的方式。

2. 有德司⁽¹⁾契，无德司彻⁽²⁾。天道无亲⁽³⁾，常与⁽⁴⁾善人⁽⁵⁾。

（1）司：主也（《广雅·训诂》），掌管。

（2）彻：税收方式。《论语·颜渊》记载，哀公问于有若曰："年饥，用不足，如之何？"有若对曰："盍彻乎？"曰："二，吾犹不足，如之何其彻也？"对曰："百姓足，君孰与不足？百姓不足，君孰与足？"郑玄注：周法什一而税谓之彻。《孟子·公孙丑上》："彻彼桑土"。赵歧注："彻，取也。"

（3）亲：偏爱。

（4）与：助，帮助。

（5）善人：合道、合德的人。

解说：

这一部分引申出得道者应采取契约方式处理事务的结论。

在礼的社会中，人与人之间产生了信任危机，得道者应顺随时世，采取契约的方式处理大的纠纷，从容地处理事情。反之，没有得道的人不知道采取契约的方式，最终弄得只能以"攘臂而扔之"的方式去解决纠纷，就像收税官员收税一样急迫。

正因为契约的方式是上礼社会的自然解决之道，所以采用契约方式的人就是善人、合道者。

第八十章

小国寡民，使有什伯之器而不用，使民重死而不远徙。虽有舟舆，无所乘之；虽有甲兵，无所陈之；使民复结绳而用之。

甘其食，美其服，安其居，乐其俗。邻国相望，鸡犬之声相闻，民至老死不相往来。

译文：

国土小、人口少，即使有贵重的交通工具也不使用，百姓重视生命而不向远方迁移。即使有船只车辆，也没有必要乘坐；即使有铠甲兵器，也没有机会使用。使百姓回到结绳记事的淳朴时代。

（百姓）吃啥都香，穿啥都美，住哪都安，自乐其俗。邻国之间相互看得见，鸡鸣狗叫声相互听得见，但百姓从生到死，相互不往来。

1. 小国寡民，使有什伯之器[1]而不用，使民重[2]死而不远徙[3]。虽有舟舆[4]，无所乘之；虽有甲兵[5]，无所陈之。

（1）什伯之器：指比较贵重、高效的器物。胡适认为，"什"是十倍，"伯"是百倍，"什伯之器"指高效的器械。

（2）重：看重。

（3）徙：迁移。

（4）舆：车。

（5）甲兵：指武器。"甲"，盔甲。"兵"，武器。

解说：

这一部分从无为-有为环节描述上礼社会回归上德社会后的状态。

上一章说过，在上礼社会中，不能靠道、德、仁、义治国，只能以契约的方式处理世事。但契约方式只是治标的方法。从长远看，只有让上礼社会回复到上德社会才能从根本上解决问题。

在上德社会中，老百姓重视生死，不会为追逐外物而向远方迁移，因而那些贵重的工具都用不上；社会安定，国家之间和平相处，因而那些战争武器也只是具备而不用。

这里的小国寡民是老子以小国寡民为例，并不是老子认为自己的思想只适合于小国，不适合大国。第六十一章就说，"故大国以下小国，则取小国；小国以下大国，则取大国。故或下以取，或下而取。大国不过欲兼畜人，小国不过欲入事人。夫两者各得其所欲，大者宜为下。"可见，大国与小国都有其存在的方式，大国甚至是小国的依靠。因此，如果连小国都能回归上德社会，比小国更有主动权的大国就更容易回到上德社会了。

2. 使民复结绳⁽¹⁾而用之。

（1）结绳：在没有产生文字的远古时代，人们用绳子打结来记事。

解说：

这一部分从无名 – 有名的环节描述从上礼社会回归上德社会后的状态。

上礼社会回复到上德社会后，文字也如同上礼社会贵重的交通工具和战争武器一样，只是具备而不用。慢慢地，人们就好像回到了结绳记事的淳朴时代。

3. 甘⁽¹⁾其食，美其服，安其居，乐其俗。邻国相望，鸡犬之声相闻，民至老死，不相往来。

（1）甘：甜。

解说：

这一部分从无欲 – 有欲的环节描述从上礼社会回归上德社会后的状态。

百姓走出了上礼社会回到上德社会之后，生活就回归自然了，不再处处存在分别之心。因此，吃啥都香，穿啥都美，住哪都安，自乐其俗，天然自足，与邻国百姓和平相处，老死不相往来。

第八十一章

信言不美，美言不信；善者不辩，辩者不善；知者不博，博者不知。

圣人不积，既以为人，己愈有；既以与人，己愈多。

天之道，利而不害；圣人之道，为而不争。

译文：
真实的话不动听，动听的话不真实。德善之人不巧辩，巧辩之人德不善。真明道的人不广博，广博的人不明道。

得道的君主不私自积存，尽全力帮助别人，自己反而更充足；尽可能多地给予别人，自己反而更丰富。

自然之道有利于物而不损害物，得道者作为而不争夺。

1. 信言⁽¹⁾不美，美言不信。善⁽²⁾者不辩⁽³⁾，辩者不善。知者⁽⁴⁾不博⁽⁵⁾，博者不知。

（1）信言：如其实（河上公《道德真经注》），真实的话。
（2）善：德善。
（3）辩：巧辩。
（4）知者：明道的人。
（5）博：见闻广博。

解说：
这一部分从无名－有名环节阐述得道者怎样才能使贪名的上礼社会回归无名之玄状态。

道是不可感知、不可言说的，与常识相反（第七十八章："正言若反"），因而真实的话不加修饰、不动听，动听的话不真实；德善的人当言则言，不当言则不言，也不巧辩，巧辩的人德不善。明道的人不追逐外物，因而不广博；广博的人追逐外物，因而不明道。这里的巧言、巧辩、广博都属于广义的有名（广义的伦理价值之名包含利），因而与道无缘。

在"忠信之薄而乱之首"的上礼社会，人们不怎么讲信用。因此，君主应懂得如何辨别说真话者、德善者、明道者，做一个合道的君主，引导人们慢慢回归淳朴的上德社会。

2. 圣人不积⁽¹⁾，既以为人⁽²⁾己愈有，既⁽³⁾以与⁽⁴⁾人己愈多。

（1）不积：道散于天下，天下广矣，故不积（王夫之《老子衍》），道在天下，天下广大无边，所以不必私藏。"积"，私藏。

（2）为人：帮助他人。

（3）既：尽也（《广雅·训诂》）。

（4）与：给与。

解说：

这一部分从无欲－有欲环节阐述得道者怎样才能使贪欲的上礼社会回归无欲状态。

得道的君主效法自然，以无欲之心对待可欲之物，不私藏货物，尽可能多地给予百姓。百姓安居乐业了，君主自然就富有。

3. 天之道，利而不害；圣人之道，为而不争。

解说：

这一部分从无为－作为环节阐述得道者如何使有为的上礼社会回归无为的上德社会。

面对上礼社会，君主虽然有所作为，但无作为之心，不与人相争。这样就能达到无为－作为之玄。

经过无名－有名、无欲－有欲、无为－作为三个环节的努力，社会就会慢慢形成讲信用、少辩论、不追逐万物、为而不争的上德环境，从而逐渐回归到上德社会。

参考书目

[1] 马王堆汉墓帛书整理小组. 马王堆汉墓帛书老子[M]. 北京：文物出版社，1976.

[2] 《竹帛书法选》编辑组编. 郭店楚墓竹简（老子甲本、乙本、丙本）[M]. 北京：文物出版社，2002.

[3] 韩非. 韩非子[M]. 云南：云南人民出版社，2020.

[4] 河上公. 道德真经注[M]. 北京：中国书店，2015.

[5] 严遵. 老子指归[M]. 北京：中华书局，1994.

[6] 王弼. 道德真经注[M]. 北京：中国书店，2015.

[7] 王弼注、楼宇烈校释. 老子道德注经[M]. 北京：中华书局，2014.

[8] 王弼. 老子微旨例略[M]. 北京：中国书店，2015.

[9] 陆德明. 老子音义[M]. 上海：上海古籍出版社，1995.

[10] 杜光庭. 道德真经广圣义疏[M]. 北京：中国书店，2015.

[11] 陆希声. 道德真经传[M]. 北京：中国书店，2015.

[12] 王真. 道德真经论兵要义述[M]. 北京：中国书店，2015.

[13] 傅奕. 道德经古本篇[M]. 经训堂丛书刻木.1445.

[14] 王安石. 老子注[M]. 上海：华东师范大学出版社，2013.

[15] 陈景元. 道德真经藏室纂微篇[M]. 北京：中国书店，2015.

[16] 司马光. 道德真经论[M]. 北京：中国书店，2015.

[17] 苏辙. 道德真经注 [M]. 北京：中国书店，2015.

[18] 林希逸. 老子鬳斋口义 [M]. 上海：华东师范大学出版社出版，2010.

[19] 范应元. 老子道德经古本集注 [M]. 江苏：江苏广陵书社出版社，2015.

[20] 吴澄. 道德真经注 [M]. 北京：中国书店出版社出版，2018.

[21] 唐玄宗、宋徽宗、明太祖、等注. 御注道德经 [M]. 河南：中州古籍出版社，2020.

[22] 朱熹. 朱子语类 [M]. 北京：中华书局，2020.

[23] 憨山德清. 老子道德经解 [M]. 北京：中华书局，2020.

[24] 薛蕙. 老子集解 [M]. 北京：商务印书馆，1912-1948.

[25] 焦竑. 老子翼 [M]. 上海：华东师范大学出版社，2009.

[26] 王夫之. 老子衍 [M]. 北京：中华书局，2020.

[27] 王引之. 经传释词 [M]. 上海：上海古籍出版社，2016.

[28] 魏源. 老子本义 [M]. 上海：华东师范大学出版社，2010.

[29] 黄元吉. 道德经注释 [M]. 北京：中华书局，2012.

[30] 奚侗. 老子 [M]. 上海：上海古籍出版社，2004.

[31] 马叙伦. 老子校诂 [M]. 浙江：浙江古籍出版社，2020.

[32] 刘师培. 老子全集 [M]. 北京：中共中央党校出版社，1997.

[33] 朱谦之. 老子校释 [M]. 北京：中华书局，1984.

[34] 高亨. 老子正诂 [M]. 北京：清华大学出版社，2011.

[35] 张松如. 老子说解 [M]. 济南：齐鲁书社，1998.

[36] 王念孙. 广雅疏正 [M]. 北京：中华书局，1983.

[37] 朱谦之. 老子校释 [M]. 济南：中华书局，1984.

[38] 严灵峰. 老子章句新编 [M]. 文风书局，1984.

[39] 劳健. 老子古本考 [M]. 辛巳秋手稿影印，1941.

[40] 杨树达. 老子古义 [M]. 吉林：吉林人民出版社，2013.

[41] 张岱年. 中国哲学大纲 [M]. 北京：商务印书馆，2015.

[42] 卢育三. 老子释义 [M]. 天津：天津古籍出版社，1991.

[43] 冯达甫. 老子译注 [M]. 上海：上海古籍出版社，1991.

[44] 楼宇烈. 老子道德经校释 [M]. 北京：中华书局，1980.

[45] 任继愈. 老子新译 [M]. 上海：上海古籍出版社，1985.

[46] 陈鼓应. 老子今注今译 [M]. 北京：商务印书馆，2007.

（河上公的《道德真经注》、王弼的《道德真经注》、《老子微旨例略陆希声》、杜光庭的《道德真经广圣义疏》、陆希声的《道德真经传》、王真的《道德真经论兵要义述》、陈景元的《道德真经藏室纂微篇》、司马光的《道德真经注》、苏辙《道德真经论》均出自中国书店 2015 年版的《道德经集释》）